Theorie der Marktwirtschaft

Springer
*Berlin
Heidelberg
New York
Barcelona
Budapest
Hongkong
London
Mailand
Paris
Santa Clara
Singapur
Tokio*

Werner Güth

Theorie der Marktwirtschaft

Zweite, verbesserte Auflage
Mit 65 Abbildungen

Professor Dr. WERNER GÜTH
Humboldt-Universität zu Berlin
Institut für Wirtschaftstheorie III
Spandauer Straße 1
D-10178 Berlin

Die Deutsche Bibliothek - CIP-Einheitsaufnahme

Güth, Werner:
Theorie der Marktwirtschaft / Werner Güth. - 2., verb. Aufl. -
Berlin ; Heidelberg ; New York ; Barcelona ; Budapest ; Hong
Kong ; London ; Mailand ; Paris ; Santa Clara ; Singapur ;
Tokio : Springer, 1996

ISBN-13: 978-3-540-60904-9   e-ISBN-13: 978-3-642-61451-4
DOI: 10.1007/978-3-642-61451-4

Dieses Werk ist urheberrechtlich geschützt. Die dadurch begründeten Rechte, insbesondere die der Übersetzung, des Nachdrucks, des Vortrags, der Entnahme von Abbildungen und Tabellen, der Funksendung, der Mikroverfilmung oder der Vervielfältigung auf anderen Wegen und der Speicherung in Datenverarbeitungsanlagen, bleiben, auch bei nur auszugsweiser Verwertung, vorbehalten. Eine Vervielfältigung dieses Werkes oder von Teilen dieses Werkes ist auch im Einzelfall nur in den Grenzen der gesetzlichen Bestimmungen des Urheberrechtsgesetzes der Bundesrepublik Deutschland vom 9. September 1965 in der jeweils geltenden Fassung zulässig. Sie ist grundsätzlich vergütungspflichtig. Zuwiderhandlungen unterliegen den Strafbestimmungen des Urheberrechtsgesetzes.

© Springer-Verlag Berlin Heidelberg 1992, 1996

Die Wiedergabe von Gebrauchsnamen, Handelsnamen, Warenbezeichnungen usw. in diesem Werk berechtigt auch ohne besondere Kennzeichnung nicht zu der Annahme, daß solche Namen im Sinne der Warenzeichen- und Markenschutz-Gesetzgebung als frei zu betrachten wären und daher von jedermann benutzt werden dürften.

Satz: Reproduktionsfähige Vorlage vom Autor
Einbandgestaltung: E. Kirchner, Heidelberg
SPIN: 10517253   42/3144 - 5 4 3 2 1 0 - Gedruckt auf säurefreiem Papier

Vorwort zur zweiten erweiterten und verbesserten Auflage

Gegenüber der ersten Auflage wurde das Manuskript in einigen Abschnitten erheblich erweitert (zum Beispiel Kapitel 2 „Präferenzrelationen und Nutzenfunktionen"). Darüber hinaus hoffen wir, alle mehr oder weniger irreführenden Mängel der ersten Auflage eliminiert zu haben, auf die ich zum Teil von Studenten hingewiesen wurde.

Die zweite Auflage wurde völlig neu und unter Verwendung eines neuen Textverarbeitungssystems gesetzt. Dies hat den Vorteil, daß der Seitenumfang dieser Einführung trotz ihrer inhaltlichen Erweiterung nicht nur nicht zugenommen hat, sondern sogar reduziert werden konnte. Die Nummerierung der Kapitel hat sich gegenüber der letzten Auflage geändert.

Die technische Neugestaltung des Manuskripts wurde souverän durch Herrn Diplom-Informatiker Vital Anderhub verantwortet, dem ich sehr herzlich hierfür danke. Hilfreich bei der Neubearbeitung waren auch die studentischen Mitarbeiter Frau Katrin Siewert und Herr Georg von Weizsäcker, wofür ich mich bedanke.

Berlin, im Januar 1996

Werner Güth

Vorwort zur ersten Auflage

Dieses Lehrbuch soll den Leser in die Theorie der Marktwirtschaft einführen. Zunächst wird die Haushaltstheorie dargestellt. Danach werden die wichtigsten konzeptionellen Probleme der Marktwirtschaftstheorie für den einfachen Fall einer Tauschwirtschaft diskutiert. Die meisten Aspekte werden im Kapitel über Produktionsökonomien noch einmal aufgegriffen, das sich an die Darstellung der Theorie der Unternehmung anschließt.

Didaktisches Ziel dieser Einführung in die Marktwirtschaftstheorie ist es, den aktiven Gebrauch der marktwirtschaftlichen Konzepte zu vermitteln. Wir begnügen uns daher nicht mit einer abstrakten Diskussion der Konzepte und ihrer Implikationen, sondern zeigen auch auf, wie man mit ihrer Hilfe die ökonomischen Resultate determiniert. Diese Anwendungen erfordern einige Berechnungen, die jedoch nur elementare Mathematikkenntnisse voraussetzen.

Frau Waltraud Kraft hat das Manuskript geschrieben, und Frau Heike Dreyer hat bei der Erstellung der Grafiken mitgewirkt. Herr Diplom–Physiker Markus Wendel, M.A., hat dafür gesorgt, daß das reproduktionsreife Manuskript sehr zügig erstellt wurde, und mir auch inhaltliche und stilistische Verbesserungen empfohlen. Ich möchte meinen MitarbeiterInnen sehr herzlich für ihre Hilfe danken, insbesondere Herrn Wendel, der die Erstellung des Manuskripts souverän überwacht hat.

Frankfurt am Main, im Juni 1991

Werner Güth

Inhaltsverzeichnis

1 Einleitung   1

   1.1 Die Einordnung der Mikroökonomik 2

   1.2 Der normative Charakter der Mikroökonomie 3

   1.3 Überblick über die Marktwirtschaftstheorie 5

2 Präferenzrelationen und Nutzenfunktionen   7

   2.1 Präferenzrelationen 8

   2.2 Nutzenfunktionen 16

   2.3 Ordinale versus kardinale Nutzenkonzeption 19

   2.4 Wie entstehen Präferenzen? — Eine evolutionstheoretische Erklärung 25

3 Haushaltstheorie   35

   3.1 Der Bereich realisierbarer Konsumvektoren bei vorgegebenen Preisen (Budgetmenge) 36

   3.2 Der optimale Konsumvektor in der Budgetmenge 38

4 Das marktwirtschaftliche Gleichgewicht in Tauschökonomien   57

   4.1 Tauschökonomien 58

   4.2 Allokationen 60

- 4.3 Konkurrenzallokationen 64
- 4.4 Zur Existenz von Konkurrenzallokationen 73
- 4.5 Die Effizienz von Konkurrenzallokationen 78
- 4.6 Zur fehlenden Anreizmonotonie von Konkurrenzallokationen . 89
- 4.7 Wann ist mit Konkurrenzallokationen zu rechnen? 93
  - 4.7.1 Strategische Erklärungen von Konkurrenzverhalten . . 94
  - 4.7.2 Kernallokationen 106
  - 4.7.3 Replika–Tauschökonomien 109
  - 4.7.4 Die Übereinstimmung von Kern- und Konkurrenzallokationen für große Ökonomien 115
- 4.8 Partialanalyse einzelner Tauschaktivitäten 119

5 Die Theorie der Unternehmung 123

- 5.1 Die Technologiemenge 124
- 5.2 Der optimale Produktionsplan 131
- 5.3 Die Beschreibung der Technologiemenge durch Produktionsfunktionen 139
- 5.4 Die Einproduktunternehmung 143
  - 5.4.1 Der gewinnmaximale Inputvektor 144
  - 5.4.2 Minimalkostenkombination und Kostenfunktion 151
  - 5.4.3 Die gewinnmaximale Outputmenge 157
  - 5.4.4 Typen von Produktionsfunktionen 173
  - 5.4.5 Stochastische Produktionsfunktionen 179
- 5.5 Die betriebliche Organisationsproblematik 185
  - 5.5.1 Beispiel eines Prinzipal–Agenten–Problems 185
  - 5.5.2 Die strategische Interaktion von Prinzipal und Agent . 188
  - 5.5.3 Typenverheimlichende und typenoffenbarende Gleichgewichte 190
  - 5.5.4 Zur Bestimmung optimaler Entlohnungssysteme ... 194
  - 5.5.5 Intrinsisch motivierte Agenten 201

6	**Produktionsökonomien**	**203**
	6.1 Die Beschreibung von Produktionsökonomien	204
	6.2 Konkurrenzallokationen	205
	6.3 Effiziente Allokationen	215
	6.4 Der Kern von Produktionsökonomien	218
7	**Abschließende Bemerkungen**	**223**
8	**Literaturverzeichnis**	**225**
9	**Index**	**229**

Kapitel 1

Einleitung

In dieser Einleitung soll zunächst das Gebiet der Mikroökonomie in den Gesamtbereich der Wirtschaftstheorie eingeordnet werden. Danach werden wir kurz die Methodik der Mikroökonomie diskutieren, so wie sie in dieser Einführung dargestellt wird. Der wesentliche Aspekt dieser Methodik ist die streng normative Ausrichtung, d.h. wir werden nur rationales Wirtschaften untersuchen. Mikroökonomische Studien, die sich nicht mit dem rationalen, sondern mit dem tatsächlichen wirtschaftlichen Verhalten beschäftigen (zum Beispiel die empirisch ausgerichtete Literatur zur Industrieökonomik oder die experimentelle Wirtschaftsforschung und die ökonomische Psychologie), werden im Rahmen dieser Einführung überhaupt nicht aufgegriffen. Der abschließende Abschnitt der Einleitung informiert kurz über den Inhalt der anderen Kapitel.

Generell geben wir nur sehr wenige Literaturhinweise und diese nur gezielt bezüglich besonderer Kapitel oder sogar nur kleinerer Abschnitte. Unserer Meinung nach ist Mikroökonomie im wesentlichen ein Instrumentarium, das man sich am besten aneignet, indem man es zur Analyse konkreter ökonomischer Entscheidungsprobleme anzuwenden versucht. Da dieses Instrumentarium auf viele derartige Probleme anwendbar ist, sehen wir wenig Sinn darin, möglichst umfassend alle Anwendungen der Mikroökonomie zu beschreiben. Wir wollen daher den Leser nicht vorrangig veranlassen, weitere Bücher mit anderen Anwendungen/Schwerpunkten usw. zu studieren, sondern selbst Beispiele zu entwickeln und mit Hilfe des dargestellten Instrumentariums bzw. naheliegenden Erweiterungen desselben selbst mikroökonomisch zu arbeiten. Wir empfehlen jedoch, den wenigen Literaturverweisen nachzugehen, da es oft hilfreich ist, denselben Sachverhalt einmal anders dargestellt zu sehen, weitergehende Literatur zu konsultieren und auch andere Ansichten über bestimmte konzeptionelle Sachverhalte zu erfahren.

1.1 Die Einordnung der Mikroökonomik

Mikrountersuchungen zeichnen sich im allgemeinen dadurch aus, daß das Verhalten des Gesamtsystems (zum Beispiel das wirtschaftliche Geschehen in einer Volkswirtschaft) auf Veränderungstendenzen seiner Bestandteile (zum Beispiel auf die Entscheidungen der einzelnen Agenten in der Volkswirtschaft) zurückgeführt wird. **Mikroökonomik** ist also die Form der Wirtschaftstheorie, die ausgehend von individuellen wirtschaftlichen Entscheidungen das wirtschaftliche Geschehen einer Volkswirtschaft ableitet, d.h. die dem methodologischen Individualismus verpflichtet ist.

Im Vergleich dazu basiert die **Makroökonomik** auf Verhaltenshypothesen über Gruppenverhalten (zum Beispiel über das Arbeitsangebot insgesamt bzw. die Gesamtnachfrage nach bestimmten Gütern), d.h. hier wird in der Regel nicht individuelles, sondern aggregiertes Entscheidungsverhalten erklärt.

Die Mikroökonomik zeichnet sich damit durch ein ehrgeizigeres Erklärungsziel als die Makroökonomik aus, was vielleicht den Anspruch mancher Wirtschaftstheoretiker erklärt, daß letztlich nur mikroökonomische Analysen überzeugen können. Dem steht jedoch oft eine kaum handhabbare Komplexität realistischer Mikromodelle gegenüber, die es verständlich erscheinen läßt, sich zunächst mit makroökonomischen Modellen zu begnügen.

Mikroökonomik ist damit eine allgemeine Methodik der Wirtschaftstheorie, d.h. wir können die mikroökonomische Methodik zur Analyse aller wirtschaftlichen Entscheidungen anwenden. Es soll hier nicht einmal versucht werden, die Teilgebiete der Mikroökonomik aufzuzählen, die sich durch die vielfältigen Anwendungsgebiete unterscheiden lassen (zu einigen unüblichen Anwendungen vgl. FREY, 1990).

Mikroökonomik wie Makroökonomik können verbal, aber auch mittels mathematischer Methoden dargelegt werden. Obwohl wir keine Einführung im

Sinne der mathematischen Wirtschaftstheorie anstreben, werden wir uns fast ausschließlich auf eine mathematisch formale Abbildung wirtschaftlicher Entscheidungssituationen beschränken. Der Vorteil dieser präzisen Problemformulierung wird sein, daß bestimmte Sachverhalte logisch stringent nachgewiesen werden können, was für eine rein verbale Problemformulierung nur sehr selten möglich ist. Allerdings werden wir nur relativ einfache Aussagen mathematisch streng beweisen. Viel stärker gewichtet wird die praktische Anwendung der ökonomischen Konzepte auf einfache Beispiele. Die konkreten Beispiele verdeutlichen hoffentlich nicht nur das algorithmische Lösungsverfahren, sondern vertiefen auch das Verständnis der konzeptionellen Ideen.

1.2 Der normative Charakter der Mikroökonomie

Die traditionelle Mikroökonomie geht generell vom Rationalverhalten aller explizit in die Analyse einbezogenen Agenten aus. Welches Verhalten konkret individuell rational ist, kann häufig aus grundlegenden Rationalitätsanforderungen, d.h. entscheidungstheoretischen Axiomen abgeleitet werden, die als solche nur rein intuitiv begründbar sind. Obwohl es uns in der Regel schwerfällt und manchmal sogar praktisch unmöglich ist, das Optimalverhalten der individuellen Agenten abzuleiten, werden wir stets davon ausgehen, daß für die ökonomischen Agenten derartige Schwierigkeiten nicht existieren, d.h. wir unterstellen den ökonomischen Agenten unbeschränkte analytische Fähigkeiten und Kapazitäten zur Informationsaufnahme und Informationsverarbeitung.

Dieser grundlegende Mangel kann nicht dadurch behoben werden, daß die Kosten der Informationssuche sowie die Mühen, das optimale Verhalten abzuleiten, in den Optimierungskalkül einbezogen werden, was zu einem absurden infiniten Regress führen würde. Hiermit schließen wir natürlich nicht aus, daß es manchmal sinnvoll sein kann, Modelle der Informationssuche und Verarbeitung zu analysieren, wenn diese Aspekte für das interessierende Verhalten sehr bedeutsam sind. Aber auch für derartige Modelle wird im Rahmen der traditionellen Mikroökonomik das individuell rationale Verhalten bestimmt.

Die heroischen Annahmen individueller Rationalität schließen aus, daß reale ökonomische Agenten ihr Verhalten in der Art und Weise festlegen, wie es in dieser Einführung dargelegt und illustriert wird. Das schließt natürlich nicht aus, daß in bestimmten — zum Beispiel sehr einfach strukturierten — Situationen die Rationalitätshypothese zutrifft. Aber generell kann es unserer Überzeugung gemäß keinen Zweifel daran geben, daß die normative Mikroökonomik durch eine mehr auf Erklärung des wirklichen individuellen Verhaltens ausgerichtete (**behavioristische/verhaltenstheoretische**) Mikroökonomik zu ergänzen ist, die den Beschränkungen menschlicher Kognition sowie den Mühen der Informationsverarbeitung adäquat Rechnung trägt. Wichtige Beiträge hierzu liefert die mikroökonomische Feldforschung sowie die experimentelle Wirtschaftsforschung und die ökonomische Psychologie, die nicht nur von Ökonomen betrieben werden (vgl. zum Beispiel das „Handbook of Economic Psychology" und das „Handbook of Experimental Economics"). Obwohl wir die Bedeutung einer verhaltenstheoretischen Mikroökonomie bejahen, werden wir im Rahmen dieser Einführung hierauf nicht eingehen. Zum einen würde dies die Einführung zu umfangreich werden lassen, zum anderen ist es sehr viel schwieriger, ein aus vielen unabhängigen, zum Teil inkonsistenten Beiträgen bestehendes junges Forschungsgebiet zu beschreiben.

Die Tatsache, daß die Rationalitätshypothese als generelle Verhaltenshypothese nicht haltbar ist, beinhaltet nicht, daß man sich nicht mit dem ökonomischen Rationalverhalten beschäftigen sollte. Viele verhaltenstheoretische Beiträge benutzen das individuelle Rationalverhalten als Orientierungspunkt, um das beobachtbare reale Verhalten einzuordnen und zu klassifizieren. Abweichungen vom Rationalverhalten werden auch als Anomalien bezeichnet, obwohl die Norm wirklichen Verhaltens darin besteht, nicht rational zu entscheiden. Das normative Modell ist oft Ausgangspunkt für verhaltenstheoretische Analysen, indem man konkrete Bausteine des normativen Modellrahmens durch empirisch gehaltvollere Hypothesen ersetzt. Zum anderen gibt es ein originäres wissenschaftliches Interesse, das rationale Entscheidungsverhalten zu erforschen. In vielen Fällen sind wir nicht daran interessiert, ein bestimmtes „Fehlverhalten" zu erklären, sondern wollen herausfinden, wie man sich in der gegebenen Situation hätte verhalten sollen. Nur so kann man auch die vorherrschende Ausrichtung der Betriebswirtschaftslehre rechtfertigen, die sich weitgehend als normative Mikroökonomik versteht und dennoch glaubt, für die Praxis interessante Aussagen zu generieren. Grundsätzlich ist die Kenntnis der normativen Mikroökonomie das (fast) alle Ökonomen vereinigende Band und damit unerläßlicher Bestandteil jeder wirtschaftswissenschaftlichen Ausbildung.

1.3 Überblick über die Marktwirtschaftstheorie

Marktwirtschaften sind Volkswirtschaften, in denen einzelne Agenten, zum Beispiel Haushalte und Unternehmen, autonom über ihr wirtschaftliches Handeln entscheiden können. Den offenbaren Vorteilen eigennützigen und eigenverantwortlichen Handelns steht ein immenser Koordinierungsbedarf der individuell Agierenden gegenüber. Marktwirtschaften zeichnen sich dadurch aus, daß diese Koordinierung durch für alle Tauschpartner gleiche Marktpreise erfolgt. Sind die Marktpreisrelationen richtig gesetzt, so kann sich jeder Agent an diesen Marktpreisrelationen orientieren. Da alle Agenten ferner von denselben Marktpreisrelationen ausgehen, ist ihr individuelles Verhalten auch wohlkoordiniert. Allerdings ist es ein noch weitgehend ungelöstes Problem, was die individuellen Agenten tun (müssen), um die „richtigen Marktpreisrelationen" zu induzieren.

Um Marktwirtschaften analysieren zu können, muß man zunächst die wirtschaftlichen Akteure beschreiben. In den Kapiteln 2 und 3 werden zunächst Präferenzrelationen und Nutzenfunktionen eingeführt, mit deren Hilfe sich der optimale Konsumvektor bei vorgegebenen Preisen und damit vorgegebener Budgetrestriktion ableiten läßt. Das zentrale Kapitel 4 widmet sich dann besonderen Marktwirtschaften, in denen es nur Haushalte, aber keine Unternehmen gibt. Das wirtschaftliche Handeln besteht damit im wesentlichen nur aus Tauschverhalten, weshalb man derartige Marktwirtschaften auch als Tauschökonomien bezeichnet. Für den einfachen institutionellen Rahmen der Tauschwirtschaft lassen sich die meisten marktwirtschaftlichen Konzepte einfach und anschaulich darstellen und (graphisch) illustrieren. Dies ist der Grund dafür, daß Kapitel 4 den wohl zentralen Teil dieses Bandes darstellt.

Die fundamentalen Konzepte des Kapitels 4 sind Konkurrenzallokationen sowie effiziente und Kernallokationen. Allokationen sind hierbei Tauschergebnisse, die auf allen Gütermärkten zur Markträumung führen. Eine derartige Allokation ist eine Konkurrenzallokation, falls es Güterpreise gibt, die als allgemeingültige Güterpreise jedes individuelle Tauschergebnis als optimal im Sinne der Kapitel 2 und 3 erscheinen lassen. Wir diskutieren die Effizienzeigenschaften von Konkurrenzallokationen — Konkurrenzallokationen sind effizient bei gegebenen Erstausstattungen, können aber Anreize zur Gütervernichtung implizieren — und stellen uns dann die Frage, wie Konkurrenzallokationen realisiert werden und wann daher mit Konkurrenzallokationen zu rechnen ist. Bei der letzten Frage verwenden wir teilweise das Konzept von Kernallokationen, das völlig von Güterpreisen abstrahiert und nur solche Allokationen als stabil ansieht, die es keiner Gruppe ermöglichen, sich allein durch Tausch innerhalb dieser Gruppe zu verbessern. Während Kernallokationen auf beliebiger Gruppenbildung basieren, besteht die einzige Verbindung der Haushalte gemäß der Konkurrenzallokation darin, sich an denselben relativen Güterpreisen zu orientieren. Trotz dieses extremen Unterschieds implizieren beide Konzepte für Tauschwirtschaften mit sehr vielen Haushalten dieselben Tauschergebnisse.

In Kapitel 5 werden dann Unternehmen mittels des abstrakten, dafür aber allgemeinen Konzepts der Technologiemenge beschrieben. Bei gegebenen Güterpreisen kann dann wiederum der optimale/gewinnmaximale Produktionsplan abgeleitet werden. Durch Beispiele wird verdeutlicht, daß damit sowohl der Fall der Mehrproduktunternehmung, als auch der einfache Fall der Einproduktunternehmung erfaßt ist. Wir betrachten auch stochastische Produktionsvorgänge, gemäß denen einem bestimmten Gütereinsatz nicht ein bestimmtes Produktionsergebnis entspricht, sondern nur eine Wahrscheinlichkeitsverteilung über der Menge möglicher Produktionsergebnisse. Hierdurch wird das Konzept der Kostenfunktion und allgemeiner das Gebiet der Kostentheorie als wenig relevant nachgewiesen, das auf der Annahme deterministischer Produktionszusammenhänge basiert. Diskutiert wird ferner die betriebliche Organisationsproblematik, die resultiert, wenn in einer Unternehmung mehrere Personen mit unterschiedlichen Interessen begrenzt autonom entscheiden können.

Das abschließende Kapitel 6 betrachtet dann Produktionsökonomien, in denen Haushalte und Unternehmen interagieren, wobei im wesentlichen auf die Konzepte des dritten Kapitels zurückgegeriffen wird.

Kapitel 2

Präferenzrelationen und Nutzenfunktionen

In der mikroökonomischen Theorie geht man traditionell vom Rationalverhalten aller Entscheidenden aus. Aus diesem Grunde wird Rationalverhalten häufig als das ökonomische Prinzip bezeichnet. Zwar wird seit einiger Zeit versucht, statt des Rationalverhaltens das wirkliche Entscheidungsverhalten menschlicher Individuen mit allen ihren kognitiven Beschränkungen zu analysieren (einen gewissen Überblick über diese Versuche geben das „Handbook of Experimental Economics", 1995, sowie das „Handbook of Economic Psychology", 1988). Aber diese zumeist neueren Entwicklungen sollen hier nicht näher betrachtet und vertieft werden.

Wir werden Rationalverhalten zunächst mittels Anforderungen an das Entscheiden zwischen jeweils zwei Handlungsalternativen, d.h. über Eigenschaften von Relationen definieren. Relationen, die diesen Axiomen oder Anforderungen genügen, werden Präferenzrelationen genannt. Im zweiten Abschnitt dieses Kapitels wird dann untersucht, wann Präferenzrelationen durch (reellwertige) Nutzenfunktionen repräsentiert werden können, die den Vergleich von Handlungsalternativen auf den Vergleich reellwertiger Bewertungsziffern für die verschiedenen Handlungsalternativen zurückführen. In einem Exkurs wird abschließend vorgeführt, wie man das Entstehen von Präferenzen evolutionstheoretisch erklären könnte.

2.1 Präferenzrelationen

Ausgangspunkt für die Theorie rationalen Entscheidens ist, daß der betrachtete Akteur sich jeweils zwischen zwei Wahlmöglichkeiten entscheiden kann. Es sei

Ω die Menge der Wahlmöglichkeiten ω.

Für zwei unterschiedliche Wahlmöglichkeiten $\omega, \omega' \in \Omega$ verlangen wir, daß der Akteur weiß, ob er

ω gegenüber ω' vorzieht (Schreibweise: $\omega \succ \omega'$)

oder

ω' gegenüber ω vorzieht (Schreibweise: $\omega' \succ \omega$)

oder

zwischen ω und ω' indifferent ist (Schreibweise: $\omega \sim \omega'$),

d.h.

es gilt weder $\omega \succ \omega'$ noch $\omega' \succ \omega$.

Beispiel: $\Omega = \mathbb{R}_+^2 = \{(\omega_1, \omega_2) : \omega_1 \geq 0, \omega_2 \geq 0\}$ sei die Menge der Vektoren $\omega = (\omega_1, \omega_2)$ mit nichtnegativen Komponenten, die Geldbeträge in den Währungen 1 (z.B. DM) und 2 (z.B. \$) ausdrücken sollen. Der Akteur habe die Möglichkeit, beliebige Mengen zum Kurs 1 \$ = 2 DM umzutauschen, ohne daß ihm dadurch sonstige Kosten und Mühen entstehen. Es gilt dann

$$\begin{aligned} \omega &\succ \omega', \text{ falls } \omega_1 + 2\omega_2 > \omega_1' + 2\omega_2' \\ \omega' &\succ \omega, \text{ falls } \omega_1' + 2\omega_2' > \omega_1 + 2\omega_2 \\ \omega' &\sim \omega, \text{ falls } \omega_1 + 2\omega_2 = \omega_1' + 2\omega_2'. \end{aligned}$$

Offensichtlich ist die Menge der Alternativenpaare

$$\{(\omega,\omega') : \omega \succ \omega'\}$$

eine Teilmenge von

$$\Omega^2 = \Omega \times \Omega = \{(\omega,\omega') : \omega \in \Omega, \omega' \in \Omega\},$$

d.h. eine **Relation** über Ω. Im Fall

$$\Omega = \mathbb{R}_+ = \{\omega \in \mathbb{R} : \omega \geq 0\}$$

und

$$\omega \succ \omega', \text{ falls } \omega > \omega'$$

kann man diese Teilmenge graphisch veranschaulichen:

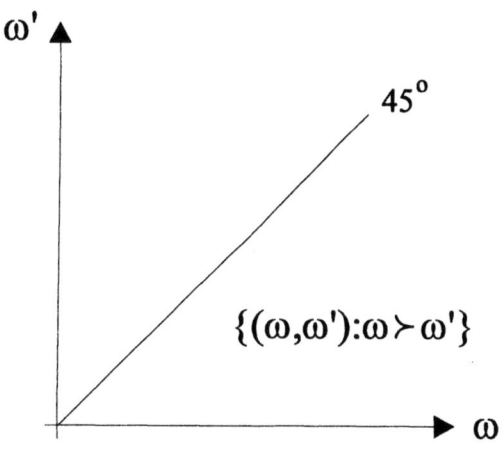

Abbildung 2.1.1

In der Abbildung 2.1.1 gehören nur die Punkte unterhalb der 45°-Linie zu der Größer-Relation „>" über $\Omega = \mathbb{R}_+$.

Im folgenden formulieren wir einige sinnvolle Anforderungen für rationales Entscheidungsverhalten als Axiome, die die „Relation $\succ$" erfüllen sollte:

1. Axiom: „Vollständigkeit"

Für alle Paare $(\omega,\omega') \in \Omega^2$ soll der Akteur festlegen können, ob $\omega \succ \omega'$ oder $\omega' \succ \omega$ oder $\omega \sim \omega'$ gilt. Hierbei besagt $\omega \sim \omega'$, daß weder $\omega \succ \omega'$ noch $\omega' \succ \omega$ gilt.

Die Vollständigkeit der Relation $\succ$ ist offensichtlich unumgänglich, wenn man rational entscheiden will. Denn wie soll man rational auswählen, wenn bestimmte Vergleiche von Alternativen gar nicht möglich sind?

2. Axiom: „Transitivität"

Für alle $\omega, \omega', \omega'' \in \Omega$ soll gelten: Aus $\omega \succ \omega'$ und $\omega' \succ \omega''$ folgt $\omega \succ \omega''$.

Sicherlich ist Transitivität eine vernünftige Anforderung für einen individuellen Entscheider. Wie sollte jemand rational entscheiden, wenn $\omega \succ \omega' \succ \omega'' \succ \omega$? Allerdings gilt dies nicht für Gruppen von Entscheidern, was man leicht anhand des Mehrheitsprinzips verdeutlichen kann.

Beispiel: „Abstimmungsparadox"

Betrachtet sei eine Gemeinschaft mit den Wählern $i = 1, 2$ und 3, die mehrheitlich eine der drei sozialen Handlungsalternativen A, B und C auswählen können. Die individuelle Bewertung der Alternativen für Wähler 1 sei

$$A \succ_1 C \succ_1 B,$$

d.h. 1 zieht A gegenüber C und C gegenüber B vor.

Die Bewertungen für 2 und 3 seien

$$B \succ_2 A \succ_2 C$$

und

$$C \succ_3 B \succ_3 A.$$

Alle individuellen Bewertungen seien transitiv. Definiert man eine gesellschaftliche Bewertungsrelation $\succ$ über $\{A, B, C\}$, die die Mehrheitsentscheidungen widerspiegelt, so erhält man offenbar: $A \succ C$, da 1 und 2 die Alternative A gegenüber C vorziehen. Analog gilt $C \succ B$, da C für 1 und 3 besser als B ist, sowie $B \succ A$, da 2 und 3 die Alternative B gegenüber A vorziehen. Damit ist aber die gesellschaftliche Bewertungsrelation $\succ$ wegen $A \succ C \succ B \succ A$ intransitiv. □

Statt der Relation $\succ$ kann man auch die Relation $\succsim$ betrachten, die durch $\succ$ wie folgt definiert ist:

$$\omega \succsim \omega', \text{ falls } \omega \succ \omega' \text{ oder } \omega \sim \omega'.$$

Im Fall $\omega \succsim \omega'$ gilt offenbar, daß ω nicht schlechter als ω' bewertet wird, d.h. ω ist mindestens so gut wie ω'.

3. Axiom: „Stetigkeit"

Für alle $\omega' \in \Omega$ sei die Obermenge von ω'

$$O(\omega') := \{\omega \in \Omega : \omega \succsim \omega'\}$$

und die Untermenge von ω'

$$U(\omega') := \{\omega \in \Omega : \omega' \succsim \omega\}$$

abgeschlossen.

Eine Menge M heißt **abgeschlossen**, falls jede konvergente Folge $\{m^k\} = \{m^0, m^1, m^2, ...\}$ ($k \in \mathbb{N}$) von Punkten $m^k \in M$, $k \in \mathbb{N}$, mit $\lim_{k \to \infty} m^k = m$ die Bedingung $m \in M$ erfüllt. Mit anderen Worten: Wenn alle Punkte einer konvergenten Folge in der Menge M liegen, so muß auch der Grenzwert in der abgeschlossenen Menge M enthalten sein.

Beispiel: $\Omega = \mathbb{R}^2_+ = \{x = (x_1, x_2) : x_1 \geq 0, x_2 \geq 0\}$. Hierbei sei x_i die vom Akteur zum Verzehr gewünschte Menge des Gutes i. Der Vektor x ist dementsprechend der Vektor der Konsummengen der beiden Güter 1 und 2, den wir im folgenden den **Konsum(mengen)vektor** nennen wollen. Die Relation $\succsim$ über Ω sei definiert durch

$$x \succsim x', \text{ falls } x_1 \cdot x_2 \geq x'_1 \cdot x'_2$$

Die Ober- und Untermenge eines Konsumvektors x' mit $x'_1 \cdot x'_2 > 0$ kann für dieses Beispiel leicht graphisch veranschaulicht werden:

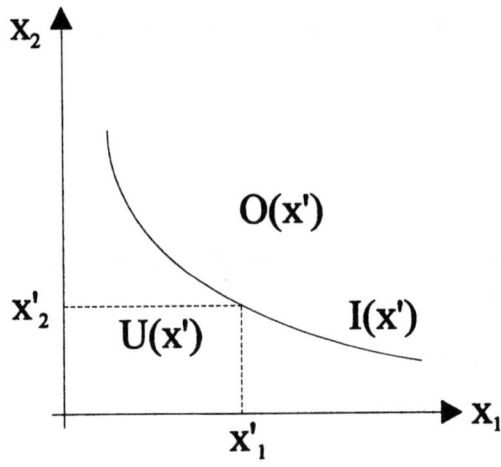

Abbildung 2.1.2

Die Kurve $I(x')$, die die Menge

$$I(x') = \{x \in \mathbb{R}_+^2 : x_1 \cdot x_2 = x_1' \cdot x_2'\} = \{x \in \Omega : x \sim x'\}$$

beschreibt, wird als die **Indifferenzkurve** durch x' bezeichnet. Die Obermenge $O(x')$ und die Untermenge $U(x')$ sind abgeschlossen, weil sie jeweils die Indifferenzkurve $I(x')$ einschließen, d.h. ihren Rand enthalten. □

Die Anforderung der Stetigkeit ist nicht unproblematisch, was wir an dem folgenden Beispiel verdeutlichen wollen.

Beispiel: „Lexikographische Relation"

$\Omega = \mathbb{R}_+^2$ sei definiert wie oben als der Raum der Konsumvektoren $x = (x_1, x_2)$. Die lexikographische Relation $\succ_L$ über Ω sei definiert durch

$$x \succ_L x' \text{ genau dann, wenn } (x_1 > x_1') \text{ oder } (x_1 = x_1' \text{ und } x_2 > x_2').$$

Die Bezeichnungsweise „**Lexikographische Relation**" erinnert an die Anordnung von Wörtern in einem Lexikon: Zunächst entscheidet der erste Buchstabe über die Reihenfolge, dann der zweite usw. Analog kann ein Minderkonsum des unendlich wichtigeren Gutes 1 nicht durch einen noch so großen Mehrkonsum des unwichtigeren Gutes 2 ausgeglichen werden.

Anhand der graphischen Veranschaulichung der lexikographischen Präferenzrelation in Abbildung 2.1.3 erkennt man, daß die Indifferenzkurve $I(x')$ für die Relation $\succ_L$ nur aus einem Punkt, nämlich x', besteht. Alle Punkte oberhalb und rechts von x' gehören zu $O(x')$, alle Punkte unterhalb und links von x' gehören zu $U(x')$. In der graphischen Darstellung zeigt die Schraffierung an, daß der Teil der Senkrechten $x_1 = x_1'$ oberhalb (bzw. unterhalb) von x' zu $O(x')$ (bzw. $U(x')$) gehört. Damit sind aber beide Mengen nicht abgeschlossen.

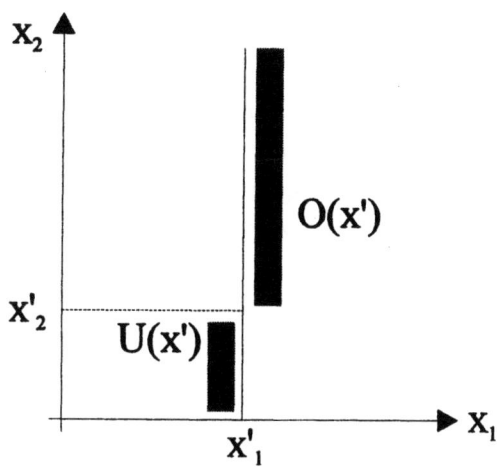

Abbildung 2.1.3

Die extreme Form der Nichtsubstitutierbarkeit (ein Minderkonsum von Gut 1 kann durch keine noch so große Besserversorgung durch Gut 2 im Sinne der Indifferenz ausgeglichen werden) läßt die lexikographische Relation als eine sehr spezielle Bewertungsrelation von Konsumvektoren erscheinen. Die „Unstetigkeit" ist nicht der Normalfall, sondern der Grenzfall, den wir im folgenden ausklammern werden. □

Bewertungsrelationen $\succ$, die die Anforderungen „Vollständigkeit", „Transitivität" und „Stetigkeit" erfüllen, werden **Präferenzrelationen** genannt. Ist Ω der Raum der Konsumgütervektoren

$$\mathbb{R}_+^L = \{x = (x_1, ..., x_L) : x_i \geq 0 \ (i = 1, ..., L)\},$$

wobei $L (\geq 2)$ die Anzahl der verschiedenen Konsumgüter bezeichnet, so sollen Präferenzrelationen $\succ$ über $\mathbb{R}_+^L$ noch zwei weiteren Anforderungen genügen:

4. Axiom: „Monotonie"

Für alle $x, x' \in \mathbb{R}_+^L$ mit $x \neq x'$ und $x \geq x'$ gilt $x \succ x'$.

Hierbei besagt $x \geq x'$, daß $x_i \geq x'_i$ für $i = 1, ..., L$, d.h. keine Komponente von x ist kleiner als die entsprechende Komponente von x'. Inhaltlich schließt die Monotonie aus, daß ein höherer Konsum eines Gutes unerwünscht sein kann. „Monotonie" ist sicherlich keine realistische Annahme, sondern dient lediglich der Vereinfachung. Für den Fall $L = 2$ kann die Monotonieannahme graphisch veranschaulicht werden. Alle Punkte im rechtwinkligen Bereich rechts und oberhalb von x' müssen zur Obermenge $O(x')$ gehören und alle Punkte dieses Bereichs, außer x' selbst, dürfen nicht auf der Indifferenzkurve $I(x')$ durch x' liegen. Damit ist gezeigt, daß „Monotonie" einen fallenden Verlauf der Indifferenzkurven impliziert.

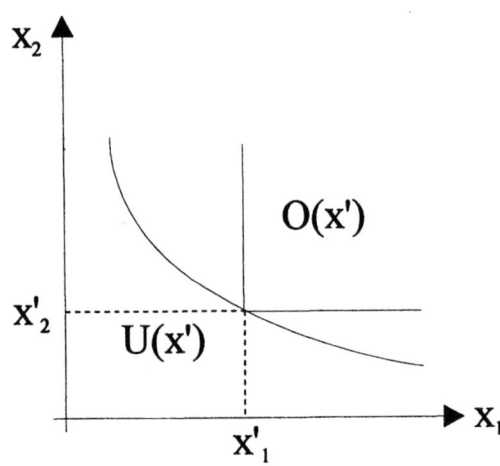

Abbildung 2.1.4

5. Axiom: „Konvexität"

Für alle $x \in \mathbb{R}_+^L$ sei die Obermenge $O(x)$ (streng) konvex.

Die Menge M heißt (streng) konvex, falls für alle $x', x'' \in M$ mit $x' \neq x''$ und $0 < \lambda < 1$ gilt, daß $(\lambda x' + (1-\lambda)x'') \in \overset{\circ}{M}$, wobei $\overset{\circ}{M}$ die Menge M ohne ihre Randpunkte bezeichnet. Graphisch ausgedrückt: Die Verbindungsstrecke der Punkte x' und x'' muß mit Ausnahme der Endpunkte in $\overset{\circ}{M}$ (im „Inneren" von M) liegen, was sich für $L = 2$ wieder leicht graphisch veranschaulichen läßt:

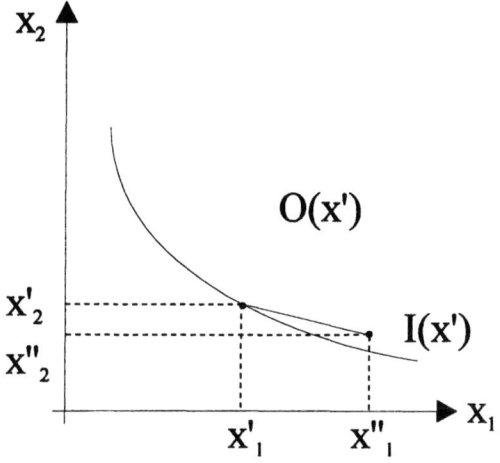

Abbildung 2.1.5

In der graphischen Darstellung mit $L = 2$ und $x'' \succ x'$ liegen alle Punkte der Form $(\lambda x' + (1-\lambda)x'')$ mit $0 \leq \lambda \leq 1$ auf der Verbindungsstrecke von x' und x''. Man bewegt sich ausgehend von $\lambda = 0$ von x'' mit zunehmenden λ in Richtung x', das man mit $\lambda = 1$ erreicht. Bei strenger Konvexität müssen alle Punkte $(\lambda x' + (1-\lambda)x'')$ mit $0 < \lambda < 1$ in $O(x')$, aber nicht auf der Indifferenzkurve $I(x')$ durch x' liegen.

Im Fall $L = 2$ wird die Steigung der Indifferenzkurve $I(x')$ in x' auch als **Grenzrate der Substitution** im Punkte x' bezeichnet. Bezeichnet man mit $f : \mathbb{R}_+ \to \mathbb{R}_+$ die (als differenzierbar unterstellte) Funktion, deren Graph

$$graph(f) = \left\{ x \in \mathbb{R}_+^2 : \text{x}_2 = \text{f}(\text{x}_1) \right\}$$

die Indifferenzkurve $I(x')$ darstellt, so ist die Grenzrate der Substitution in x' offenbar die Ableitung $f'(x_1')$ der Funktion f im Punkt x_1'. Mittels der Grenzrate der Substitution wird die Anforderung der Konvexität häufig auch als Annahme einer abnehmenden Grenzrate der Substitution beschrieben. Hiermit ist gemeint, daß mit zunehmenden x_1' der Absolutwert der Steigung, $|f'(x_1')|$, abnimmt, d.h. die Indifferenzkurve verläuft für große Werte von x_1' flacher als für kleinere Werte x_1'.

Im folgenden werden wir stets von Präferenzrelationen ausgehen, die die Axiome 1 bis 3 erfüllen und, sofern die Menge Ω der Raum $\mathbb{R}_+^L$ von Konsumgütervektoren x ist, zusätzlich auch den Axiomen 4 und 5 genügen. Wie schon angedeutet, ist der Grund hierfür weniger, daß alle diese Anforderungen vernünftig oder realistisch sind, sondern unser Bestreben, die zentralen Aussagen der Mikroökonomie in möglichst einfacher Form entwickeln zu können.

2.2 Nutzenfunktionen

Betrachtet sei eine Präferenzrelation $\succ$, die den Axiomen 1 bis 5 genügt, d.h. Ω ist der Raum $\mathbb{R}_+^L$ von Konsumgütervektoren mit $L(\geq 2)$ Komponenten. Eine Funktion

$$u: \quad \mathbb{R}_+^L \longrightarrow \mathbb{R}$$
$$(x_1,...,x_L) \longmapsto u(x_1,...,x_L),$$

die jedem Konsumgütervektor x eine Nutzenzahl $u(x)$ zuordnet, bezeichnen wir als **Nutzenfunktion** mit der Bedeutung, daß ein Konsumvektor mit einer höheren Nutzenzahl demjenigen mit einer niedrigeren Nutzenzahl vorzuziehen ist.

Wir sagen, daß die Nutzenfunktion u die Präferenzrelation $\succ$ **repräsentiert**, falls für alle $x, x' \in \mathbb{R}_+^L$ gilt, daß

$$u(x) > u(x') \iff x \succ x'$$

wobei das Symbol „$\iff$" beinhaltet, daß die rechte Bedingung die linke impliziert und umgekehrt. Falls die Präferenzrelation $\succ$ durch u repräsentierbar ist, kann der Vergleich von Konsumgütervektoren auf den von (Nutzen–)Zahlen zurückgeführt werden.

Früher hat man Nutzenfunktionen als originäres Konzept zur Bewertung von Konsumgütervektoren eingeführt und nicht als Mittel zur Repräsentation von zugrundeliegenden Bewertungsrelationen. Da nicht alle Bewertungsrelationen $\succ$ durch (reellwertige) Nutzenfunktionen repräsentierbar sind (die lexikographische Relation zum Beispiel ist nicht durch (reellwertige) Nutzenfunktionen repräsentierbar), haben sich (reellwertige) Nutzenfunktionen jedoch als ein zu eng definiertes Konzept erwiesen, um alle möglichen Bewertungen von Konsumgütervektoren zu erfassen.

Theorem: Jede Bewertungsrelation $\succ$ über dem Raum $\mathbb{R}_+^L$ von Konsumgütervektoren $x = (x_1, ..., x_L)$, die den Axiomen 1 bis 5 genügt, ist durch eine (reellwertige) Nutzenfunktion repräsentierbar.

Beweis: Der Beweis ist konstruktiv in dem Sinne, daß wir nicht nur die Repräsentierbarkeit nachweisen, sondern mittels des Beweises auch eine repräsentierende Nutzenfunktion ableiten. Es sei $x' \in \mathbb{R}_+^L$ beliebig. Es gibt genau einen Konsumvektor $\bar{\alpha}(x') = (\alpha, ..., \alpha) \in \mathbb{R}_+^L$ mit gleichen Komponenten, der die Bedingung $\bar{\alpha}(x') \in I(x')$ erfüllt:

(i) Bei zwei unterschiedlichen Vektoren $\bar{\alpha}$ müßte wegen der Monotonie (Axiom 4) einer dem anderen vorgezogen werden, womit sich ein Widerspruch zur Transitivität (Axiom 2) ergibt. Dies beweist die Eindeutigkeit.

(ii) Offenbar enthält die Obermenge $O(x')$ Vektoren mit gleichen Komponenten (zum Beispiel all jene Vektoren $(\alpha, ..., \alpha)$, deren α größer als die größte Komponente von x' ist). Da mit $\bar{\alpha}(x') \in O(x')$ auch alle Vektoren $(\hat{\alpha}, ..., \hat{\alpha})$ mit $\hat{\alpha} > \alpha$ in der abgeschlossenen Menge $O(x')$ liegen (Monotonieaxiom), existiert wegen des Stetigkeitsaxioms ein **minimales** $\alpha(x')$ mit der Eigenschaft, daß $(\alpha(x'), ..., \alpha(x')) \in O(x')$. Da $(\alpha(x'), ..., \alpha(x')) \succ x'$ im Widerspruch zur Minimalität von $\alpha(x')$ steht, folgt $\bar{\alpha}(x') \sim x'$ und damit auch die Existenz eines Vektors $(\alpha(x'), ..., \alpha(x')) \in I(x')$.

Wir definieren die die Präferenzrelation $\succ$ repräsentierende Nutzenfunktion u durch $u(x') = u(\alpha(x'), ..., \alpha(x')) = \alpha(x')$ für alle $x' \in \mathbb{R}_+^L$. Die Repräsentationseigenschaft von u folgt wegen

$$\alpha(x) > \alpha(x') \iff x \sim (\alpha(x), ..., \alpha(x)) \succ (\alpha(x'), ..., \alpha(x')) \sim x'$$

aufgrund der Transitivität und der Monotonie von $\succ$. $\square$

Für $L = 2$ läßt sich die Idee des konstruktiven Beweises auch graphisch veranschaulichen. In Abbildung 2.2.1 ist $(\alpha(x'), \alpha(x'))$ der Schnittpunkt der Winkelhalbierenden $x_2 = x_1$ mit der Indifferenzkurve $I(x')$ durch x'. Die Nutzenzahl $u(x') = \alpha(x')$ ist damit die Güterversorgungsmenge des Konsumvektors $(\alpha(x'), \alpha(x'))$ mit gleichen Komponenten, der zu x' indifferent ist.

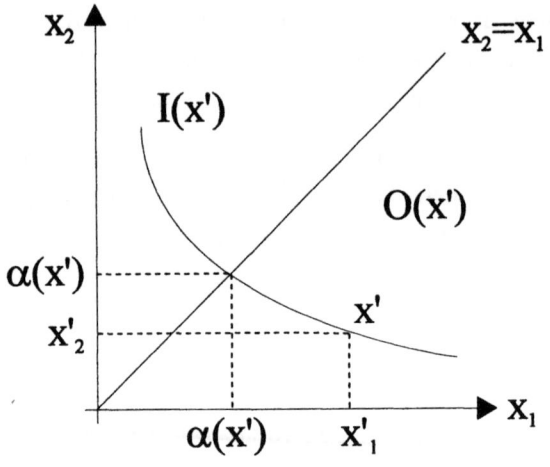

Abbildung 2.2.1

Der konstruktive Beweis des Repräsentationstheorems sei für den Spezialfall $L = 2$ und die Präferenzrelation $x \succsim y \iff (x_1+c_1)(x_2+c_2) \geq (y_1+c_1)(y_2+c_2)$ mit $c_1 > 0$ und $c_2 > 0$ für alle $x, y \in \mathbb{R}_+^2$ nochmals explizit und in etwas allgemeinerer Form vorgestellt:

Es sei $x = (x_1, x_2) \in \mathbb{R}_+^2$ beliebig. Wir wollen $u(x)$ festlegen.

1. Schritt: Wahl eines beliebigen Urprungstrahls mit positiver Steigung, d.h. $y_2 = \lambda y_1$ mit $\lambda > 0$.

2. Schritt: $y = (y_1, y_2)$ mit $y_2 = \lambda y_1$ habe den Nutzen $u(y)$, der der Länge des Streckenabschnitts von $\overline{0} = (0,0) \in \mathbb{R}_+^2$ bis zum Punkt y auf dem Ursprungsstrahl entspricht:

$$u(y) = \sqrt{y_1^2 + y_2^2} = \sqrt{y_1^2 + (\lambda y_1)^2} = y_1\sqrt{1 + \lambda^2}$$

3. Schritt: Festlegung von $u(x)$ durch $u(y)$, wobei $y = (y_1, y_2)$ auf dem Ursprungsstrahl $y_2 = \lambda y_1$ und auf der Indifferenz„-kurve" $I(x) = \{y \in \mathbb{R}_+^2 : y \sim x\}$ liegt:

$y \sim x$ impliziert

$$(y_1 + c_1)(y_2 + c_2) = (x_1 + c_1)(x_2 + c_2)$$

bzw.

$$(y_1 + c_1)(\lambda y_1 + c_2) = (x_1 + c_1)(x_2 + c_2)$$

bzw.
$$y_1^2 + \frac{c_1\lambda + c_2}{\lambda} y_1 = \frac{(x_1 + c_1)(x_2 + c_2)}{\lambda} - \frac{c_1 c_2}{\lambda}$$

bzw.
$$y_1 = -\frac{c_1\lambda + c_2}{2\lambda} + \sqrt{\left(\frac{c_1\lambda + c_2}{2\lambda}\right)^2 + \frac{(x_1 + c_1)(x_2 + c_2)}{\lambda} - \frac{c_1 c_2}{\lambda}}, \text{ da } y_1 \geqq 0$$

Das Resultat ist damit

$$\begin{aligned} u(x) &= u(y) \\ &= y_1\sqrt{1+\lambda^2} \\ &= \sqrt{1+\lambda^2} \\ &\quad \left[\sqrt{\left(\frac{c_1\lambda + c_2}{2\lambda}\right)^2 + \frac{(x_1+c_1)(x_2+c_2)}{\lambda} - \frac{c_1 c_2}{\lambda}} - \frac{c_1\lambda + c_2}{2\lambda}\right] \end{aligned}$$

Der **Grenzfall** $c_1 = c_2 = 0$ impliziert $u(x) = \sqrt{\frac{1+\lambda^2}{\lambda}} \cdot \sqrt{x_1 \cdot x_2}$. Dieser Grenzfall beschreibt keine Präferenzrelation in unserem engen Sinn, da die Monotonie auf der Indifferenzkurve $I(x)$ mit $x_1 \cdot x_2 = 0$ verletzt ist.

Natürlich hätte man $u(x)$ auch als Funktion $u(x) = y_1(x)$ mit $x = (x_1, x_2)$ festlegen können. Ferner kann man für λ jede positive Zahl einsetzen — die obige Gleichung illustriert jedoch, daß man den Grenzfall $\lambda = 0$ ausschließen muß.

2.3 Ordinale versus kardinale Nutzenkonzeption

Ist $v : \mathbb{R} \to \mathbb{R}$ eine strikt ansteigende Funktion, so ist mit u auch die Funktion

$$\begin{aligned} f: \quad &\mathbb{R}_+^L \longrightarrow \mathbb{R} \\ &x \longmapsto f(x) = v(u(x)) \end{aligned}$$

eine die Präferenzrelation ≻ repräsentierende Nutzenfunktion. Die die Präferenzrelation ≻ repräsentierende Nutzenfunktion ist also nur bis auf **positiv monotone Transformationen** eindeutig festgelegt. Anders ausgedrückt: Repräsentiert u die Präferenzrelation ≻, so ist die Klasse der ≻ repräsentierenden Nutzenfunktionen die Menge der Funktionen, die sich als eine positiv monotone Transformation von u beschreiben lassen. Ist die repräsentierende Nutzenfunktion nur bis auf positiv monotone Transformationen eindeutig festgelegt, so spricht man vom **ordinalen Nutzenkonzept**. Hiermit ist gemeint, daß bei Nutzendifferenzen der Form $u(x) - u(x')$ und bei Relationen von Nutzendifferenzen wie $(u(x) - u(x'))/(u(x'') - u(x'''))$ mit $u(x'') \neq u(x''')$ zwar die Vorzeichen eindeutig festgelegt sind, daß aber die Absolutwerte durch Anwendung positiv monotoner Transformationen beliebig variiert werden können.

In der Marktwirtschaftstheorie wird meist nur die ordinale Nutzenkonzeption zugrundegelegt bzw. benötigt, was aber nur durch Ausschluß jeder Ungewißheitsproblematik möglich ist. Wir wollen dies etwas vertiefen. Ist $f(\cdot)$ eine **positiv monotone Transformation**, so gilt für alle $\bar{r}, \underline{r} \in \mathbb{R}$ mit $\bar{r} > \underline{r}$, daß $f(\bar{r}) > f(\underline{r})$. Der Größenvergleich und damit die Repräsentationseigenschaft wird durch positiv monotone Transformationen daher nicht gefährdet.

Theorem: Ist $u(\cdot)$ eine die Präferenzrelation $\succsim$ repräsentierende Nutzenfunktion und $f(\cdot)$ eine monotone Transformation, so erweist sich auch

$$r: \mathbb{R}_+^L \longrightarrow \mathbb{R}$$
$$x \longmapsto v(x) = f(u(x))$$

als repräsentierende Nutzenfunktion.

Beweis: Man muß für alle Paare $x, y \in \mathbb{R}_+^L$ mit $x \succsim y$ zeigen, daß $v(x) \geq v(y)$. Da $f(\cdot)$ monotone Transformation ist, gilt $v(x) \geq v(y)$ genau dann, falls $u(x) \geq u(y)$. Die Behauptung folgt daher aus der Repräsentationseigenschaft von $u(\cdot)$. □

Mit der Nutzenfunktion $u(\cdot)$ repräsentieren daher alle monotonen Transformationen $v(\cdot) = f(u(\cdot))$ die Relation $\succsim$. Mit anderen Worten: Die repräsentierende Nutzenfunktion ist nur **bis auf monotone Transformationen eindeutig** bestimmt. Man spricht daher vom **ordinalen Nutzenkonzept** (es wird nur nach „größer oder gleich" angeordnet, die absoluten Differenzen zweier Nutzenzahlen sind nur hinsichtlich ihres Vorzeichens bedeutsam).

Eine monotone Transformation heißt **lineare Transformation**, falls

$$f(r) = a + br \text{ mit } b > 0 \text{ für alle } r \in \mathbb{R}.$$

Ist die Klasse der eine Präferenzrelation $\succsim$ repräsentierenden Nutzenfunktionen **eindeutig bis auf lineare Transformationen** festgelegt, so spricht man vom **kardinalen Nutzenkonzept**.

Anmerkung: Auch gemäß dem kardinalen Nutzenkonzept ist die absolute Differenz zweier Nutzenzahlen nur hinsichtlich ihres Vorzeichens bedeutsam; allerdings sind die Verhältnisse von Nutzendifferenzen eindeutig bestimmt.

Beweis: Durch Wahl von $b > 0$ kann jede absolute Nutzendifferenz

$$|v(x) - v(y)| = b\,|u(x) - u(y)|$$

beliebig groß oder klein gewählt werden. Für $x, y, q, z \in \mathbb{R}_+^L$ mit $u(q) \neq u(z)$ gilt

$$\frac{v(x) - v(y)}{v(q) - v(z)} = \frac{a + bu(x) - a - bu(y)}{a + bu(q) - a - bu(z)} = \frac{u(x) - u(y)}{u(q) - u(z)}. \quad \Box$$

Man benötigt das restriktivere Konzept kardinaler Nutzenfunktionen, wenn man die Präferenzrelation $\succsim$ nicht nur für sichere Ereignisse definiert, sondern auch unsichere Ereignisse (sogenannte Lotterien, d.h. Wahrscheinlichkeitsverteilungen über sicheren Ereignissen) bewerten will. Das Konzept kardinaler Nutzenfunktionen läßt sich axiomatisch begründen, wenn wir unseren Anforderungen an die verallgemeinerte Präferenzrelation $\succsim$ weitere hinzufügen (vgl. GÜTH, 1992).

Um die Notwendigkeit der kardinalen Nutzenkonzeption bei Ungewißheit zu verdeutlichen, sei der Kauf eines Lotterieloses L zum Preis von $P > 0$ betrachtet. L soll mit Wahrscheinlichkeit w mit $0 < w < 1$ den Gewinn $\overline{G}(> P)$ und mit der Restwahrscheinlichkeit $1 - w$ nur den Gewinn $\underline{G}(< P)$ bereitstellen. Offenbar muß der Käufer den positiven Verdienst $\overline{G} - P$ mit Wahrscheinlichkeit w mit dem Verlust $P - \underline{G}$ vergleichen, der mit Wahrscheinlichkeit $1 - w$ eintritt. Insbesondere wird man die Relation der Nutzendifferenzen

$$\frac{u(\overline{G}) - u(P)}{u(P) - u(\underline{G})}$$

mit der relativen (Gewinn–)Wahrscheinlichkeit $(1-w)/w$ vergleichen wollen. Dies verdeutlicht, daß bei Entscheidungen unter Unsicherheit, wie dem Kauf von Lotterielosen oder Versicherungen, aber auch von Konsumgütern mit nicht genau bekannter Qualität, die Relationen von Nutzendifferenzen eindeutig bestimmt sein sollten.

Bei der Bewertung von Lotterielosen geht es offenbar nur um die Nutzenbewertung verschiedener Geld- oder Einkommensbeträge und deren jeweiligen Eintrittswahrscheinlichkeiten. Im allgemeinen kann eine Lotterie L durch $L = ((P_i, w_i)_{i=1,\dots,n})$ beschrieben werden, d.h. durch ihre Geldpreise P_i und deren Eintrittswahrscheinlichkeiten w_i mit $w_1 + \dots + w_n = 1$. Die prominenteste kardinale Nutzenkonzeption ist die des **Erwartungsnutzen**, die eine Lotterie gemäß

$$u(L) = \sum_{i=1}^{n} w_i \cdot u(P_i)$$

bewertet. Hierbei bezeichnet $u(P_i)$ den Nutzen der extremen Lotterie, die den Geldpreis P_i mit der Wahrscheinlichkeit 1 bereitstellt.

Allgemein heißt ein Entscheider **risikofreudig**, falls für jede echte Lotterie L mit $w_i > 0$ für zwei verschiedene Geldpreise P_i stets

$$u(L) > u(\sum_{i=1}^{n} w_i \cdot P_i)$$

gilt. Ein risikofreudiger Entscheider zieht also die riskante Lotterie L der sicheren Gelderwartung

$$\sum_{i=1}^{n} w_i \cdot P_i$$

vor, während für einen **risikoaversen** Entscheider die Umkehrung zutrifft. Anhand der einfachen Lotterie $L = (\underline{P}, w; \overline{P}, 1-w)$ mit $\overline{P} > \underline{P} > 0$ und $1 > w > 0$ kann dies einfach graphisch veranschaulicht werden.

In Abbildung 2.3.1 verläuft die Nutzenkurve $u(P_i)$ konkav, d.h. mit abnehmender zweiter Ableitung. Entsprechend übersteigt der Nutzen $u(w\underline{P}+(1-w)\overline{P})$ des sicheren Geldbetrages $w\underline{P}+(1-w)\overline{P}$ den Nutzen $u(L)$ der Lotterie L mit $u(L) = w \cdot u(\underline{L}) + (1-w) \cdot u(\overline{L})$, der durch die (gestrichelte) Strecke von $(\underline{P}, u(\underline{P}))$ nach $(\overline{P}, u(\overline{P}))$ beschrieben wird. Entscheider mit konkaven

Nutzenkurven $u(P_i)$ sind daher risikoavers und solche mit konvexen Nutzenkurven $u(P_i)$ sind risikofreudig. Im Grenzfall linearer Nutzenkurven spricht man von **Risikoneutralität**.

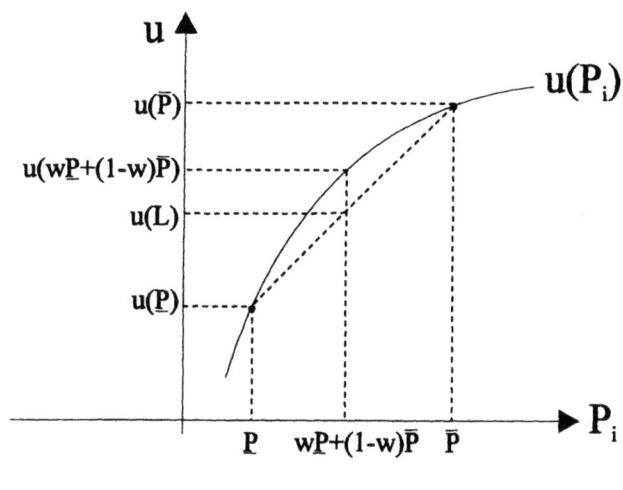

Abbildung 2.3.1

Das Ausmaß der Risikofreude bzw. -aversion an der Stelle P_i wird üblicherweise durch das Verhältnis $u''(P_i)/u'(P_i)$ gemessen. Risikoaversion an der Stelle P_i besagt daher, daß $u''(P_i)/u'(P_i)$ negativ ist, während bei Risikofreude dieser Wert positiv ist — im Grenzfall der Risikoneutralität gilt $u''(P_i)/u'(P_i) = 0$. Ist $u''(P_i)/u'(P_i)$ unabhängig von P_i, so spricht man von konstanter Risikoeinstellung. In der ökonomischen Theorie wird häufig konstante Risikoeinstellung für die Entscheider unterstellt, obwohl in der Realität menschliche Entscheider typischerweise manchmal risikofreudig und manchmal risikoavers sind.

Ist eine Nutzenfunktion $u(P_i)$ quadratisch, zum Beispiel von der Form

$$u(P_i) = \alpha + \beta P_i + \frac{\gamma}{2} P_i^2 \text{ mit } \alpha, \beta > 0 \text{ für alle } P_i \text{ mit } 0 < \beta + \gamma P_i,$$

so ist wegen

$$u_i'(P_i) = \beta + \gamma P_i > 0$$

und

$$u_i''(P_i) = \gamma$$

das Vorzeichen der Risikoeinstellung $u_i''(P_i)/u_i'(P_i)$ vom Vorzeichen des Parameters γ abhängig. Ferner variiert für $\gamma \neq 0$ das Außmaß der Risikofreude

($\gamma > 0$) bzw. Risikoaversion ($\gamma < 0$) mit P_i. Da für eine quadratische Nutzenfuktion

$$\begin{aligned} u(L) &= \sum_{i=1}^{n} w_i \cdot u(P_i) \\ &= \sum_{i=1}^{n} w_i \cdot (\alpha + \beta P_i + \frac{\gamma}{2} P_i^2) \\ &= \alpha + \beta \sum_{i=1}^{n} w_i \cdot P_i + \frac{\gamma}{2} \sum_{i=1}^{n} w_i \cdot P_i^2 \end{aligned}$$

gilt und da $\mu = \sum_{i=1}^{n} w_i \cdot P_i$ die Gelderwartung der Lotterie $L = ((P_i, w_i)_{i=1,\ldots,n})$ und

$$\sigma^2 = \sum_{i=1}^{n} w_i \cdot P_i^2 - \mu^2$$

die Varianz σ^2 der Gelderwartung von L beschreibt, hängt die Nutzenerwartung einer Lotterie bei quadratischen Nutzenfunktionen nur von μ und σ^2 ab. Die Gewichtung des Gelderwartungswertes μ und der Varianz σ^2 einer Lotterie L hängt natürlich von den Parametern β bzw. γ ab. Ob eine größere Varianz σ^2 bei gleichem Gelderwartungswert μ den Erwartungsnutzen vergrößert oder nicht, wird allein durch das Vorzeichen von γ bestimmt, da

$$u(P) = \alpha + \beta\mu + \frac{\gamma}{2}(\mu^2 + \sigma^2).$$

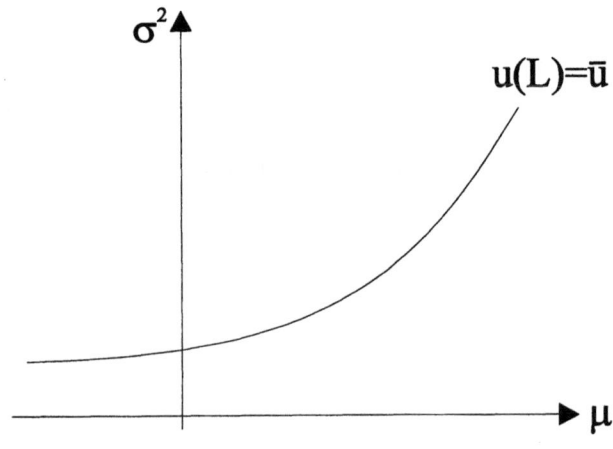

Abbildung 2.3.2

Ist der Entscheider risikovers, d.h. ist $\gamma < 0$, so müssen in Abbildung 2.3.2 alle Lotterien L mit gleichem Nutzenerwartungswert $u(L) = \bar{u}$ auf einer steigend verlaufenden Indifferenzkurve im μ, σ^2-Diagramm verlaufen.

Eine Nutzenfunktion, die auf konstanter Risikoaversion basiert, wird in Abschnitt 5.6.3 weiter unten vorgestellt.

2.4 Wie entstehen Präferenzen? — Eine evolutionstheoretische Erklärung

In der ökonomischen Theorie werden die Präferenzen eines Entscheiders im allgemeinen als vorgegeben angesehen. Erst in letzter Zeit versucht man, auch Präferenzen endogen abzuleiten. Nun spricht vieles dafür, daß sich zumindest grundlegende Präferenzen — zum Beispiel das Verlangen nach bestimmten Nahrungsmitteln, die Mangelerscheinungen vermeiden — im Zuge der Evolution des Menschen entwickelt haben. Gemäß dem Ansatz der Evolutionsbiologie wäre dann mit solchen Nutzenfunktionen zu rechnen, die den Entscheider die Gütermengenkombination wählen lassen, die ihm den höchsten reproduktiven Erfolg sichert.

Reproduktiver Erfolg wird dabei im allgemeinen als die erwartete Anzahl der Nachkommenschaft verstanden. Die zu wählende Gütermengenkombination muß also nicht immer das eigene Überleben bestmöglich garantieren, sondern nur dann, wenn das Überleben vieler Nachkommen dies erfordert. Würde ein Elternteil seinen Kindern nur noch zur Last fallen, so ließe sich unter Umständen Appetitlosigkeit und dadurch bedingte Nahrungsverweigerung („Selbstmord durch Verhungern") unter geeigneten Annahmen als evolutionär stabile Präferenz nachweisen. In der Tat gibt es ähnliche Phänomene: Ein (Spinnen-)Männchen, das vom (Spinnen-)Weibchen aufgefressen wird, verbessert das Nahrungsangebot und damit die Überlebenschancen seiner Nachkommen.

Die Entwicklungsgeschichte der Menschheit muß nicht frei von solchen krassen Beispielen sein. Man stelle sich Nomadenstämme vor, bei denen Rücksicht auf nicht transportfähige Kranke und Alte eine Hungerkatastrophe implizieren würde. Tatsache ist jedoch, daß sich der menschliche Genotyp nicht so drastisch geändert haben kann, wie die natürliche und soziale Umwelt der

Menschen in entwickelten Volkswirtschaften. Es ist daher eine naheliegende Idee, nur grundlegende Präferenzen als genetisch bedingt zu betrachten, während Präferenzen für neuere Produkte allenfalls durch kulturevolutorische Prozesse erklärt werden können. Insbesondere sollte der evolutionäre Ansatz es zulassen, daß menschliche Entscheider bewußt und sinnvoll ihr Verhalten festlegen und nicht ausschließlich triebhaft handeln.

Eine Perspektive hierfür bietet der indirekte evolutionstheoretische Ansatz, gemäß dem man zunächst für gegebene „Stimuli" das Verhalten eines oder mehrerer interagierender Entscheider determiniert, um dann die evolutionär stabilen „Stimuli" abzuleiten. „Stimuli" können im allgemeinen alle üblicherweise exogenen Aspekte eines Entscheidungsmodells sein, d.h. insbesondere Parameter, die die Präferenzen der beteiligten Akteure definieren. Der indirekte evolutionstheoretische Ansatz ist mittlerweile auf verschiedene Entscheidungssituationen angewandt worden (vgl. zum Beispiel GÜTH und YAARI, 1992) und soll hier nicht abstrakt diskutiert werden. Stattdessen soll er kurz anhand eines einfachen Beispiels verdeutlicht werden.

Hierfür sein von $L = 2$ und damit von Konsumgütervektoren $x = (x_1, x_2)$ ausgegangen. Der (reproduktive) Erfolg eines Konsumvektors x sei durch

$$R(x) = x_1^\alpha \cdot x_2^{c-\alpha} \text{ mit } c > \alpha > 0$$

bestimmt. Die möglichen Nutzenfunktionen — in biologischer Terminologie: die Mutanten — seien von ähnlicher Form, nämlich des Typs

$$V(x) = x_1^m \cdot x_2^{c-m} \text{ mit } 0 < m < c.$$

Die Umgebung sei stochastischer Natur, wobei der Zufallscharakter durch die Wahrscheinlichkeitsdichte $f(e, p)$ über der Menge der Vektoren (e, p) mit $e = (e_1, e_2)$ als Erstausstattung und $p = (p_1, p_2)$ als Preisvektor beschrieben wird ($e_1, e_2, p_1, p_2 > 0$). Der gemäß V — bzw. dem Parameter m — optimale Konsumvektor ist dann durch $x^*(m) = (x_1^*(m), x_2^*(m))$ mit

$$\begin{aligned} x_1^*(m) &= \frac{mp \cdot e}{c \cdot p_1} \\ x_2^*(m) &= \frac{(c-m)p \cdot e}{c \cdot p_2} \end{aligned}$$

determiniert (die genaue Ableitung eines optimalen Konsumvektors für vorgegebene Güterpreise und gegebene Nutzenfuktion wird ausführlich in Kapitel 3 vorgestellt). Dieses Anpassungsverhalten an (e,p) impliziert den (reproduktiven) Erfolg

$$R(m) = \int x_1^*(m)^\alpha \cdot x_2^*(m)^{c-\alpha} f(e,p) de dp$$
$$= m^\alpha (c-m)^{c-\alpha} \int \frac{(p \cdot e)^c}{c^c \cdot p_1^\alpha \cdot p_2^{c-\alpha}} f(e,p) de dp.$$

Daher wird $R(m)$ durch denjenigen Parameter m^* im Intervall $0 < m < c$ maximiert, für den das Produkt

$$P(m) = m^\alpha (c-m)^{c-\alpha}$$

maximal ist. Aus

$$P'(m^*) = \frac{\alpha}{m^*} P(m^*) - \frac{c-\alpha}{c-m^*} P(m^*) = 0$$

und

$$P''(m) = P(m) \left[-\frac{\alpha}{m^2} - \frac{c-\alpha}{(c-m)^2} \right] < 0$$

für $m = m^*$ folgt $m^* = \alpha$ und damit

$$V^*(x) = R(x)$$

als einzige evolutionär stabile Nutzenfunktion. Dieses Phänomen wird häufig „survival of the fittest" genannt: Es kann nur der Nutzenfunktionstyp $V(x)$ überleben, der den (reproduktiven) Erfolg maximiert, nämlich

$$V^*(x) = R(x).$$

Das obige Beispiel hat die Interaktionsproblematik von Tauschpartnern ausgeklammert. Konkret geschah dies dadurch, daß wir von einer vorgegebenen

Wahrscheinlichkeitsdichte $f(e,p)$ über den Vektoren (e,p) ausgegangen sind, die von dem Populationszusammenhang unabhängig ist. Ein einfaches interaktives Entscheidungsproblem liegt dem folgenden Beispiel zugrunde, auf das der indirekte evolutionstheoretische Ansatz erstmalig angewandt wurde (GÜTH und YAARI, 1992).

Im folgenden soll eine Antwort auf die Frage vorgestellt werden, wie man das Verlangen nach Reziprozität erklären kann. Wir wollen dies an dem in Abbildung 2.4.1 dargestellten Beispiel verdeutlichen, in dem zwei Individuen, die wir 1 und 2 nennen wollen, strategisch interagieren.

Die dort gewählte **Spielbaumdarstellung** ist wie folgt zu interpretieren: Zunächst muß Spieler 1 und dann Spieler 2 zwischen X und F wählen, wobei Spieler 2 nicht die (vorherige) Entscheidung des 1 kennt. Die Informationsannahme wird dadurch zum Ausdruck gebracht, daß die beiden Entscheidungsknoten des 2, an denen er zwischen X und F wählt, in einer Einkreisung bzw. in einem **Informationsbezirk** liegen. Wenn man entscheidet, kennt man den Informationsbezirk, aber nicht den Entscheidungsknoten im Informationsbezirk, an dem man sich befindet. Enthält der Informationsbezirk nur einen einzigen Entscheidungsknoten, so ist der Spieler in dieser Entscheidungssituation vollkommen über den bisherigen Spielverlauf informiert.

Haben beide Spieler die gleiche Entscheidung getroffen, so ist das Spiel zu Ende. Hat der eine X, der andere F gewählt, so muß der F-Wähler nochmals zwischen U und V entscheiden, womit das Spiel endet.

Man kann dieses Spiel als einen Ressourcenkonflikt interpretieren, in dem die Handlung F eine faire (50:50)-Aufteilung anstrebt, während X darauf abzielt, alles für sich zu gewinnen. Normiert man die Ressource auf den Wert 1, so erhalten beide Spieler 1/2, wenn beide F wählen. Wählen hingegen beide X, d.h. wollen beide den gesamten Kuchen nur für sich, so sei keiner von beiden in der Lage, etwas für sich zu gewinnen, da sie sich gegenseitig bekämpfen (und ein Dritter die Ressource entwenden kann).

Hat einer X, der andere F gewählt, so sei die Ressource für den F-Wähler verloren. Der F-Wähler soll jedoch noch darüber befinden können, ob er die gesamte Ressource dem X-Wähler überläßt (das ist die Entscheidung U) oder die Ressource unbrauchbar macht (das ist die Entscheidung V). Nach V erhalten also beide Spieler nichts von der Ressource. In der obigen Darstellung werden die Ressourcenanteile der beiden Spieler 1 und 2 immer in der

Reihenfolge 1 und 2 an den unteren Enden des Spielbaums (den Endpunkten) angegeben.

Nach der Entscheidung U bekommt, wie man der Spielbaumdarstellung entnehmen kann, der X-Wähler die ganze Ressource. Die Werte c_1 und c_2, die 1 bzw. 2 nach der Wahl von V erhalten, seien nicht durch Ressourcenanteile bestimmt, sondern sollen einfach irgendwelche positiven (für $c_i > 0$) oder negativen (für $c_i < 0$) „Gefühlsbewegungen" widerspiegeln, die wir im Fall $c_i > 0$ als positive bzw. im Fall $c_i < 0$ als negative Revanchegelüste bezeichnen wollen.

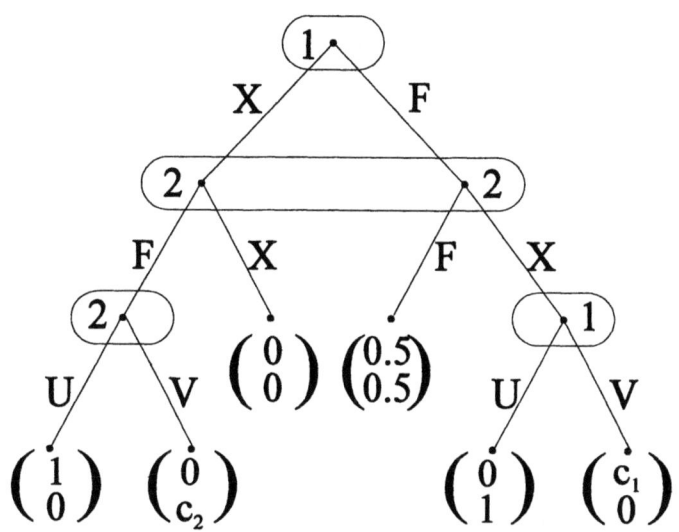

Abbildung 2.4.1

Wir möchten erklären, wie solche „Gefühlsbewegungen" entstehen können. Da es nur darauf ankommt, ob man die Entscheidung U der Wahl von V vorzieht oder umgekehrt, kann man davon ausgehen, daß nur ein c_i-Wert mit $c_i < 0$ und ein c_i-Wert mit $c_i > 0$ für jeden der beiden Spieler i möglich ist. Damit gibt es genau 4 Kombinationsmöglichkeiten von c_i-Werten für die Spieler 1 und 2, die den vier Feldern I, II, III und IV der folgenden Matrix entsprechen:

1\2	$c_2>0$	$c_2<0$
$c_1>0$	I	II
$c_1<0$	III	IV

Im **Fall I** würden beide Spieler den Zug V dem Zug U vorziehen. Antizipiert man diese Entscheidungen, so lassen sich die Bewertungen der möglichen Entscheidungen für X oder F anhand folgender Bimatrix verdeutlichen:

1\2	XV	FV
XV	0, 0	0, c_2
FV	c_1, 0	1/2, 1/2

Eine **Bimatrix** ist eine Matrix, deren Felder Vektoren mit zwei Komponenten enthalten (die erste (linke obere) Komponente ist die Bewertungsziffer für Spieler 1, die zweite (rechte untere) Komponente die Bewertungsziffer des 2). Die Präferenzrelation eines Spielers sei dadurch bestimmt, daß er eine Situation mit höherem Ressourcengewinn für ihn selbst einer anderen mit geringerem eigenen Ressourcengewinn vorzieht und daß bei 0-Ressourcen für ihn eine Situation mit positivem Gefühl ($c_i > 0$) besser ist als eine ohne solche Gefühlsbewegungen. Spieler 1 wählt die Zeile der Matrix, nämlich XV oder FV, Spieler 2 die Spalte der Matrix. Damit entspricht jedem Feld der Matrix ein **Strategienvektor**, mit einer Strategie für den 1 und einer für den 2.

Wie man der Matrix für den Fall I mit $c_i > 0$ für $i = 1,2$ entnimmt, ist die Entscheidung des 1 für FV immer besser als XV — unerheblich, welche Strategie der 2 spielt. Da wegen der Symmetrie das gleiche für den 2 gilt, kann man daher folgern, daß beide Spieler die Strategie FV verwenden und jeweils die Hälfte der Ressource bekommen.

Im **Fall IV** wählen beide Spieler U. Die Bimatrix

1\2	XU	FU
XU	0 , 0	1 , 0
FU	0 , 1	1/2 , 1/2

der Ressourcenanteile ist damit symmetrisch. Wählt Spieler 2 die Strategie XU, so ist die Entscheidung des 1 für den 1 selbst offenbar unerheblich, er erhält in jedem Fall einen Ressourcenanteil von Null. Wählt 2 hingegen FU, so ist für Spieler 1 die Strategie FU eindeutig schlechter als XU. Bei Ungewißheit über das Verhalten des 2 wird der 1 stets XU wählen. Wegen der Symmetrie ist also im Fall IV davon auszugehen, daß beide Spieler XU wählen und jeweils den Ressourcenanteil Null erlangen.

Im **Fall II** wird Spieler 1 den Zug V, Spieler 2 hingegen den Zug U wählen. Als Bimatrix ergibt sich dann:

1\2	XU	FU
XV	0 , 0	1 , 0
FV	c_1 , 0	1/2 , 1/2

Bei Unsicherheit über die Entscheidung des 1 ist für Spieler 2 die Strategie FU immer besser als XU. Wenn aber der 2 in jedem Fall FU wählt, so ist XV die eindeutig bessere Wahl für Spieler 1. Spieler 1 erhält damit die ganze Ressource für sich, während Spieler 2 leer ausgeht.

Analog folgt für den **Fall III**, daß Spieler 1 die Strategie FU und Spieler 2 die Strategie XV wählt und daß Spieler 2 den Ressourcenanteil 1 und Spieler 1 den Ressourcenanteil Null erhält.

Da wir nun für alle vier Kombinationsmöglichkeiten von positiven und negativen c_i-Werten ($i = 1, 2$) bestimmt haben, welche Ressourcenanteile die beiden Spieler erlangen werden, können wir versuchen, positive Revanchegelüste ($c_i > 0$) evolutionstheoretisch zu erklären. Die grundlegende Idee des evolutionstheoretischen Ansatzes ist es, daß positive Revanchegelüste dann verstärkt vorliegen werden, wenn sie höhere Ressourcenanteile verdienen als der negative Typ ($c_i < 0$) solcher Gefühlszustände. In der Evolutionsbiologie geht man zum Beispiel davon aus, daß mehr Ressourcen mehr Nachkommen und damit weitere Verbreitung des betreffenden Gens in der Genpopulation bewirken. Wir wollen hier einfach vom größeren **reproduktiven Erfolg** sprechen, der durch größere Ressourcenanteile bewirkt wird. Der reproduktive Erfolg des positiven ($c_i > 0$) und negativen ($c_i < 0$) Revanchegefühls kann anhand der folgenden Bimatrix verdeutlicht werden, die die Ergebnisse der vier Fälle I bis IV zusammenfaßt:

1 \ 2	$c_2>0$	$c_2<0$
$c_1>0$	1/2 1/2	1 0
$c_1<0$	0 1	0 0

Wie üblich steht oben links der Ressourcenanteil von Spieler 1 und unten rechts derjenige von Spieler 2. Allerdings sind die Spalten und Zeilen der Bimatrix nicht mehr Strategien, sondern die beiden Typen von Revanchegelüsten. Die reproduktiven Erfolge sind gemäß den Ergebnissen für die Fälle I bis IV bestimmt.

Unabhängig davon welcher Gefühlstyp beim anderen Spieler vorliegt, schneidet der positive Gefühlstyp ($c_i > 0$) immer besser ab. Gemäß diesem grösseren reproduktiven Erfolg wird sich der positive Typ von Revanchegelüsten immer stärker ausbreiten, da er stets mehr Ressourcen für sich gewinnt als der negative Gefühlstyp. Im Endeffekt wird in der gesamten Population bis auf gelegentliche Mutanten nur noch der Typ positiver Revanchegelüste vorliegen. Wir können diese Aussage ohne genauere Analyse des Evolutionsprozesses treffen, da der größere „reproduktive Erfolg" positiver Revanchegelüste von der Zusammensetzung der Population unabhängig ist.

Um evolutionstheoretische Aussagen abzuleiten, kann man in vielen Fällen auf die explizite dynamische Analyse des Evolutionsprozesses verzichten. Man verwendet stattdessen den Begriff der **evolutionär stabilen Strategie**. Unter „Strategie" wird dabei stets ein genetisches Programm verstanden. In unserem Beispiel sind die möglichen genetischen Programme genetisch determinierte positive Revanchegelüste sowie die genetische Verankerung negativer Revanchegelüste.

Für eine vorgegebene Genpopulation und einen vorgegebenen Bereich von Mutanten, d.h. möglichen Gentypen, erweist sich ein bestimmter Gentyp als **beste Antwort auf die Population**, falls in dieser Population kein anderer Gentyp einen größeren reproduktiven Erfolg als der betrachtete Gentyp erzielen kann.

Ein genetisches Programm c (die „Strategie" c) ist evolutionär stabil, falls es beste Antwort auf eine Population ist, die nur dieses Programm c verwendet, und falls für jede alternative beste Antwort $\hat{c}$ auf diese Population gilt, daß sie eine schlechtere Reaktion auf $\hat{c}$ als c darstellt. Wenn also eine Population nur aus c–Genen besteht, dann kann es zwar alternative beste Antworten $\hat{c}$ auf diese Population geben. Tritt jedoch ein solches Gen $\hat{c}$ häufiger in der Population auf, so wird es wieder zurückgedrängt, da sein reproduktiver Erfolg in einer Population, die c– und $\hat{c}$–Gene enthält, geringer ist als der von c. In unserem Beispiel ist es offensichtlich, daß nur positive Revanchegelüste eine evolutionär stabile Strategie sind, da sie eindeutig beste Antwort auf jede Populationszusammensetzung sind.

Zusammenfassend läßt sich feststellen, daß sich positive Revanchegelüste evolutionstheoretisch begründen lassen. Ausgangspunkt war die Frage, wie es zu bewerten sei, dem anderen den Ausbeutungsgewinn streitig zu machen. Konkret war der Parameter c_i unbestimmt, der keinen direkten reproduktiven Erfolg widerspiegelt. Die evolutionstheoretische Analyse hat gezeigt, daß nur positive c_i–Werte evolutionär stabil sind, d.h. letztlich kann es nur positive Revanchegelüste geben. Wir konnten also evolutionstheoretisch das Vorliegen bestimmter Präferenzen, nämlich positiver Revanchegelüste, erklären. GÜTH (1995) hat dieses Ereignis verallgemeinert, indem er zuläßt, daß der Nutzenparameter c_i nur dem Partner i selbst bekannt ist, d.h. c_1 und c_2 sind nicht mehr allgemein bekannt.

Im folgenden werden wir meistens wegen ihrer einfachen Handhabung statt der Präferenzrelationen die sie repräsentierenden Nutzenfunktionen zugrundelegen und nur auf die Annahmen für die Präferenzrelationen Bezug nehmen. Wenn es sich um Konsumvektoren handelt, sollen ohne explizite Erwähnung stets die fünf Axiome (Vollständigkeit, Transitivität, Stetigkeit, Monotonie und Konvexität) erfüllt sein. Desweiteren werden wir stets implizit davon ausgehen, daß die repräsentierenden Nutzenfunktionen alle die Differenzierbarkeitsbedingungen erfüllen, die unser analytisches Vorgehen erfordert. Auch dies dient der einfacheren Ableitung grundlegender mikroökonomischer Sachverhalte und ist keine Bedingung der im folgenden zu diskutierenden ökonomischen Konzepte.

Als ergänzende Literatur zu Kapitel 2 empfehlen wir:

– DEBREU (1959)

– GÜTH (1992)

– HILDENBRAND und KIRMAN (1988)

– VARIAN (1991)

Kapitel 3

Haushaltstheorie

Im folgenden betrachten wir zunächst einen Haushalt, der allein durch Tausch Geld zum Erwerb von Konsumgütern erlangen kann (später werden auch Gewinneinkünfte aus Unternehmen hierzu verwendet werden können). Die Tauschmöglichkeiten des Haushalts sind dabei durch seinen Vorrat an Gütern, d.h. seinen **Erstausstattungsvektor**

$$e = (e_1, ..., e_L) \in \mathbb{R}^L_+$$

beschränkt. Der Erstaustattungsvektor e ist der Konsumgütervektor des Haushalts, wenn er nicht tauscht.

Außer durch seinen Erstausstattungsvektor e ist der Haushalt durch seine Präferenzrelation $\succ$ über $\mathbb{R}^L_+$ bzw. durch seine $\succ$ repräsentierende Nutzenfunktion u beschrieben, die seine vergleichende Bewertung von unterschiedlichen Konsumgütervektoren festlegen. Sofern die Axiome 1 bis 5 erfüllt sind, kann der Haushalt sowohl durch das Paar $(e, \succ)$ als auch durch das Paar (e, u) beschrieben werden, das man auch die **Charakteristik des Haushalts** nennt. Wir werden im folgenden von der Beschreibung durch (e, u) ausgehen.

Um die anhand des „Abstimmungsparadoxons" in Kapitel 2 verdeutlichten Probleme mit der Transitivität auszuschließen, ist man, wenn man den Haushalt durch eine einzige Präferenzrelation oder Nutzenfunktion beschreibt, implizit von einem Ein–Personen–Haushalt oder von analogen Modellen eines

Mehr–Personen–Haushalts ausgegangen. Ansonsten hätte man zu zeigen, wie es dazu kommt, daß alle Haushaltsmitglieder völlig gleichgerichtete Bewertungsrelationen haben oder wie man ihre unterschiedlichen Bewertungen in eine einzige Haushaltspräferenzrelation $\succ$ überführen kann.

3.1 Der Bereich realisierbarer Konsumvektoren bei vorgegebenen Preisen (Budgetmenge)

In der Haushaltstheorie geht man davon aus, daß der Haushalt die Preise p_i (≥ 0) der Konsumgüter $i = 1, ..., L$ ($L \geq 2$) nicht beeinflussen kann. Dies ist zum Beispiel der Fall, wenn die Preise vorher von den Verkäufern dieser Güter festgelegt werden, wie es typischerweise für Massenkonsumgüter zutrifft. Mit

$$p = (p_1, ..., p_L) \in \mathbb{R}_+^L$$

sei künftig der **Preisvektor** der L Konsumgüter bezeichnet. Für gegebenen Preisvektor p und Erstausstattungsvektor e ist ein Konsumvektor

$$x = (x_1, ..., x_L) \in \mathbb{R}_+^L$$

für den Haushalt dann realisierbar, falls

$$x \cdot p = \sum_{i=1}^{L} x_i \cdot p_i \leq e \cdot p = \sum_{i=1}^{L} e_i \cdot p_i,$$

d.h. falls die Konsumausgaben $x \cdot p$ den Wert $e \cdot p$ des Erstausstattungsvektors e beim Preisvektor p nicht übersteigen. $x_i \cdot p_i$ ist die Konsumausgabe für Gut i und $x \cdot p$ damit die Summe der Ausgaben für die L Konsumgüter insgesamt. Ein Konsumvektor $x \neq e$ basiert auf Tausch, da in aller Regel den Gütern j mit $x_j > e_j$ andere Güter i mit $x_i < e_i$ gegenüberstehen. Da immer $e \cdot p \leq e \cdot p$ gilt, ist die Menge realisierbarer Konsumvektoren niemals leer.

Die Menge

$$B(e, p) := \{x \in \mathbb{R}_+^L : x \cdot p \leq e \cdot p\}$$

realisierbarer Konsumvektoren x beim Erstausstattungsvektor e und Preisvektor p wird als **Budgetmenge** bezeichnet. Aus der Definition von $B(e,p)$ folgt, daß diese Menge unverändert bleibt, wenn alle Preise mit demselben positiven Faktor multipliziert werden. Für den Fall $L = 2$ läßt sich $B(e,p)$ leicht graphisch veranschaulichen:

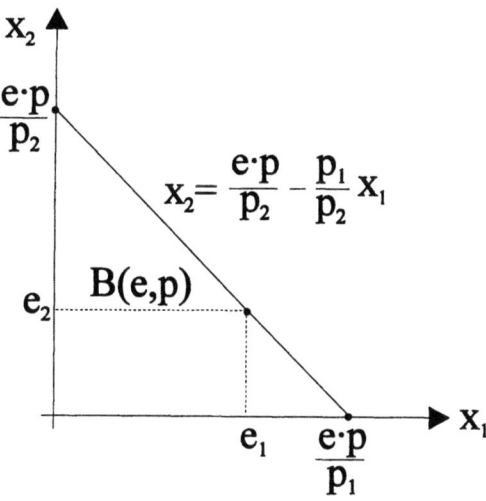

Abbildung 3.1.1

Außer durch die Achsen von $\mathbb{R}^2_+$ wird $B(e,p)$ durch die fallende Gerade $x \cdot p = e \cdot p$ oder

$$x_2(x_1) = \frac{e \cdot p - p_1 \cdot x_1}{p_2}$$

begrenzt, die als **Budgetgerade** bezeichnet wird. Wegen $e \cdot p = e \cdot p$ liegt der Erstausstattungsvektor e stets auf der Budgetgeraden. Man kann also die Budgetmenge $B(e,p)$ für $L = 2$ dadurch konstruieren, daß man durch e eine Gerade mit der Steigung $-p_1/p_2$ einzeichnet. Eine Änderung der Budgetgeraden erfolgt nur durch die Variation des Preisverhältnis p_1/p_2 oder des Erstausstattungspunktes e. Der graphischen Darstellung liegt natürlich die Annahme zugrunde, daß beide Güterpreise positiv sind.

Bei Monotonie und beschränkten Ressourcen sind alle Konsumgüterpreise stets positiv. Ein Konsumgut mit dem Preis Null würde der Haushalt in unendlich großer Menge nachfragen, was der endlichen Verfügbarkeit an Gütern widerspricht. Desgleichen wollen wir den Fall $e = \bar{0} = (0,...,0)$, d.h. $e_i = 0$ für alle $i = 1,...,L$ im folgenden ausklammern. Bei positiven Preisen p_i kann ein Haushalt mit $e = \bar{0}$ offenbar nicht tauschen, d.h. sein optimaler Konsumvektor ist $x = e = \bar{0}$, da seine Budgetmenge nur diesen Vektor enthält.

3.2 Der optimale Konsumvektor in der Budgetmenge

Wegen der Monotonie kann ein Konsumvektor $x \in B(e,p)$ mit $x \cdot p < e \cdot p$ nicht optimal sein, denn man kann von jedem Gut mehr kaufen, ohne die Budgetbedingung $x \cdot p \leq e \cdot p$ zu verletzen. Wegen $x \cdot p = e \cdot p$ für den optimalen Konsumvektor $x \in B(e,p)$ kann man damit den optimalen Konsumvektor durch Maximierung der folgenden **Lagrange–Funktion** ableiten:

$$L(x,\lambda) = u(x) - \lambda(x \cdot p - e \cdot p)$$

Im möglichen Lösungsbereich $x \cdot p = e \cdot p$, d.h. im Fall $L = 2$ auf der Budgetgeraden, stimmt $L(x,\lambda)$ mit der Nutzenfunktion $u(x)$ überein. Damit maximieren wir in diesem Bereich auch $u(x)$, wenn wir $L(x,\lambda)$ maximieren. Die Zahl λ wird als **Lagrange–Multiplikator** bezeichnet. Der Wert von λ für den optimalen Konsumplan kann ökonomisch als Grenznutzengröße (Grenznutzen des Geldes) interpretiert werden. Die notwendigen Bedingungen für ein lokales Nutzenextremum sind

$$\frac{\partial L(x,\lambda)}{\partial x_i} = \frac{\partial u(x)}{\partial x_i} - \lambda p_i = 0 \text{ für alle } i = 1,...,L$$

sowie

$$\frac{\partial L(x,\lambda)}{\partial \lambda} = x \cdot p - e \cdot p = 0.$$

Die hinreichende Bedingung für ein lokales Nutzenmaximum ist, daß die Matrix der zweiten Ableitungen (die sogenannte **Hesse–Matrix**)

$$\left[\frac{\partial^2 u(x)}{\partial x_i \partial x_j}\right] i,j = 1,...,L$$

negativ definit an der betrachteten Nullstelle ist (vgl. HENDERSON und QUANDT, 1983). Wir wollen hier unterstellen, daß diese Bedingung erfüllt ist, und später anhand eines Beispiels illustrieren, wie man die hinreichende Bedingung prüft.

Aus den notwendigen Bedingungen folgt, daß

$$\lambda = \frac{\frac{\partial u(x)}{\partial x_i}}{p_i} \text{ für alle } i = 1, ..., L.$$

Die partielle Ableitung $\frac{\partial u(x)}{\partial x_i}$ der Nutzenfunktion u an der Stelle x wird als der **Grenznutzen des Gutes** i an der Stelle x bezeichnet. Analog wird $\frac{\partial u(x)}{\partial x_i}/p_i$ als der **Grenznutzen des Geldes** beim Kauf des Gutes i an der Stelle x bezeichnet. Da $1/p_i$ die Menge des Gutes i bezeichnet, die man für eine Geldeinheit erwerben kann, ist $\frac{\partial u(x)}{\partial x_i}/p_i$ der Grenznutzen einer zusätzlichen Geldeinheit zum Kauf von Gut i an der Stelle x. Wie schon oben angedeutet, ist im Nutzenmaximum der Lagrange–Multiplikator λ gleich dem für alle Güter gleichen Grenznutzen des Geldes. Die Bedingung des für alle Güter gleichen Grenznutzens des Geldes kann auch wie folgt ausgedrückt werden:

$$\frac{\frac{\partial u(x)}{\partial x_i}}{\frac{\partial u(x)}{\partial x_j}} = \frac{p_i}{p_j} \text{ für } i,j = 1, ..., L.$$

Im Nutzenmaximum stimmt das Verhältnis der Grenznutzen zweier Güter mit ihrem Preisverhältnis überein.

Im allgemeinen kann die Bewegung auf einer Indifferenzkurve von $x^o \in \mathbb{R}^L_+$ nach $x^1 \in \mathbb{R}^L_+$ mit $u(x^o) = u(x^1)$ durch den Vektor

$$\Delta x = x^1 - x^0 = (\Delta x_1, ..., \Delta x_L) \in \mathbb{R}^L$$

beschrieben werden, der typischerweise positive und negative Komponenten enthält. Der Gesamtnutzeneffekt der Veränderung von x^o nach x^1 läßt sich abschätzen durch

$$\Delta u = \sum_{i=1}^{L} \frac{\partial u(x^0)}{\partial x_i} \Delta x_i = \frac{\partial u(x^0)}{\partial x_1} \Delta x_1 + ... + \frac{\partial u(x^0)}{\partial x_L} \Delta x_L,$$

d.h. durch die Summe der Effekte Δx_i gewichtet mit den partiellen Grenznutzen der verschiedenen Güter in x^0. Falls die Nutzenfunktion beliebig oft stetig differenzierbar in x^0 ist, muß der Gesamtnutzeneffekt Δu gegen Null konvergieren, wenn die diskreten Mengenänderungen Δx_i $(i = 1, ..., L)$ sehr klein sind, da $x^1 = x^0 + \Delta x$ denselben Nutzen wie x^0 impliziert: Der Gesamtnutzeneffekt ist für jede Bewegung auf einer Indifferenzkurve stets gleich Null. Gemäß der üblichen Schreibweise ist aber die Bedingung

$$\lim_{\substack{\Delta x_i \to 0 \\ (i=1,...,L)}} \sum_{i=1}^{L} \frac{\partial u(x^0)}{\partial x_i} \Delta x_i = 0$$

äquivalent zu

$$\sum_{i=1}^{L} \frac{\partial u(x^0)}{\partial x_i} dx_i = \frac{\partial u(x^0)}{\partial x_1} dx_1 + ... + \frac{\partial u(x^0)}{\partial x_L} dx_L = 0.$$

Gilt nun für $dx = (dx_1, ..., dx_L)$, daß

$$dx_k = 0 \text{ für alle } k = 1, ..., L \text{ mit } k \neq i \text{ und } k \neq j,$$

so folgt

$$dx_i \frac{\partial u(x)}{\partial x_i} + dx_j \frac{\partial u(x)}{\partial x_j} = 0$$

oder

$$\frac{\frac{\partial u(x)}{\partial x_i}}{\frac{\partial u(x)}{\partial x_j}} = -\frac{dx_j}{dx_i}.$$

Im Nutzenmaximum gilt daher auch

$$\frac{\frac{\partial u(x)}{\partial x_i}}{\frac{\partial u(x)}{\partial x_j}} = \frac{p_i}{p_j} = -\frac{dx_j}{dx_i} \text{ für } i,j = 1, ..., L.$$

Nun bezeichnet $\frac{dx_j}{dx_i}$ die Ableitung der Indifferenzkurve im (x_i, x_j)-Diagramm an der Stelle x (die Mengen aller übrigen Konsumgüter $k \neq i, j$ bleiben unverändert). Diese Ableitung wird auch als **Grenzrate der Substitution** der Güter i und j an der Stelle x bezeichnet. Im Nutzenmaximum stimmt damit das Grenznutzen- und Preisverhältnis zweier beliebiger Konsumgüter mit dem Absolutwert der Grenzrate der Substitution dieser Güter überein.

Für $L = 2$ kann der optimale Konsumvektor wie folgt graphisch veranschaulicht werden:

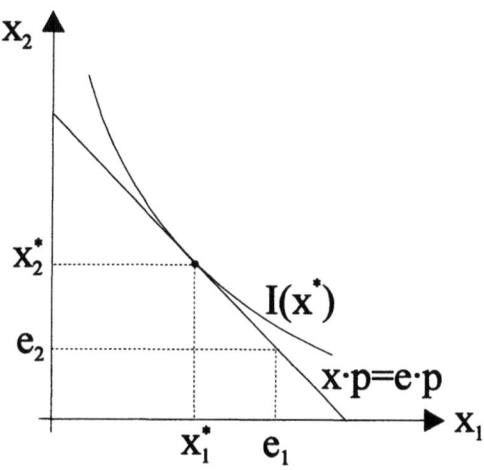

Abbildung 3.2.1

Wegen

$$\frac{\partial L(x, \lambda)}{\partial \lambda} = x \cdot p - e \cdot p = 0$$

muß der optimale Konsumvektor $x^* = (x_1^*, x_2^*)$ auf der Budgetgeraden $x \cdot p = e \cdot p$ liegen, die durch den Erstausstattungsvektor $e = (e_1, e_2)$ verläuft. In x^* tangiert die Indifferenzkurve $I(x^*)$ die Budgetgerade $x \cdot p = e \cdot p$, d.h. die Steigung der Budgetgeraden und die Steigung der Indifferenzkurve in x^*— das ist die Grenzrate der Substitution in x^* — stimmen überein:

$$-\frac{dx_2(x^*)}{dx_1} = \frac{p_1}{p_2} = \frac{\frac{\partial u(x^*)}{\partial x_1}}{\frac{\partial u(x^*)}{\partial x_2}}$$

Die Annahme der Konvexität impliziert, daß es höchstens eine innere lokale Lösung x^* im Sinne von $x_i^* > 0$ für $i = 1, ..., L$ geben kann und daß eine solche Lösung x^* immer ein globales Nutzenmaximum beschreibt. Durch die Konvexität werden jedoch nicht notwendig Randlösungen x^* mit $x_i^* = 0$ für wenigstens ein Gut $i = 1, ..., L$ ausgeschlossen. In den Abbildungen 3.2.2 und 3.2.3 entsprechen die Indifferenzkurven $I(x^*)$ jeweils unseren Anforderungen der Konvexität. Während in Abbildung 3.2.3 trotz der Randlösung die Steigungen von Budgetgerade und Indifferenzkurve $I(x^*)$ in x^* übereinstimmen, erweist sich die Randlösung x^* in Abbildung 3.2.2 als Schnittpunkt der beiden Kurven und damit nicht als eine Lösung des Systems der notwendigen Bedingungen für ein lokales Nutzenmaximum.

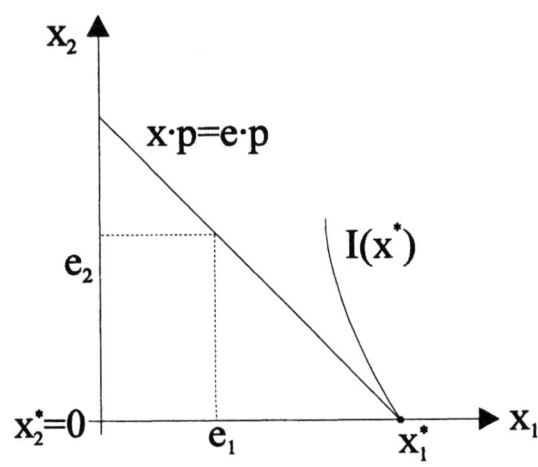

Abbildung 3.2.2

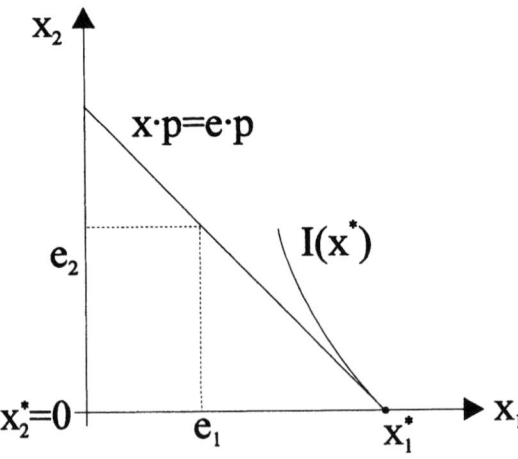

Abbildung 3.2.3

Um Randlösungen für Erstausstattungsvektoren $e \neq (0,...,0) \in \mathbb{R}_+^L$ auszuschließen, kann man zusätzlich zur Konvexität der Präferenzrelationen unterstellen, daß alle Indifferenzkurven $I(x)$ durch (innere) Punkte $x \in \mathbb{R}_+^L$ mit $x_i > 0$ für $i = 1,...,L$ niemals die Achsen (Die Mengen $\{x \in \mathbb{R}_+^L : x_i = 0 \text{ für ein Gut i} = 1,...,L\}$) schneiden. Bei Erstausstattungsvektoren $e \neq (0,...,0) \in \mathbb{R}_+^L$ und positiven Preisen p_i für $i = 1,...,L$ sind dann Randlösungen ausgeschlossen.

Konvexe Präferenzrelationen, die Randlösungen ermöglichen, und daher Schnittpunkte der Achsen mit Indifferenzkurven $I(x)$ durch innere Punkte x mit $x_i > 0$ für $i = 1,...,L$ aufweisen, sind teilweise solche, die sich durch additive Nutzenfunktionen der Form

$$u(x) = \sum_{i=1}^{L} u_i(x_i)$$

mit $\frac{\partial u(x)}{\partial x_i} > 0$ und $\frac{\partial^2 u(x)}{\partial^2 x_i} < 0$ für $i = 1,...,L$ repräsentieren lassen. Ein Beispiel hierfür ist die Nutzenfunktion

$$u(x) = -\sum_{i=1}^{L} (x_i + c_i)^{-3} \text{ mit } c_i > 0 \text{ für } i = 1,...,L$$

mit

$$\frac{\partial u(x)}{\partial x_i} = 3(x_i + c_i)^{-4} > 0 \text{ und } \frac{\partial^2 u(x)}{\partial x_i^2} = -12(x_i + c_i)^{-5} < 0$$

für $i = 1,...,L$. Bei derartigen Nutzenfunktionen $u(x)$ hängt es offensichtlich von den Preisverhältnissen der Güter ab, ob der optimale Konsumvektor x^* eine Randlösung oder eine innere Lösung ist. Eine additive Nutzenfunktion $u(x)$, die Randlösungen ausschließt, ist zum Beispiel

$$u(x) = \sum_{i=1}^{L} x_i^{\frac{1}{2}}$$

mit

$$\frac{\partial u(x)}{\partial x_i} = \frac{1}{2} x_i^{-\frac{1}{2}} > 0 \text{ und } \frac{\partial^2 u(x)}{\partial x_i^2} = -\frac{1}{4} x_i^{-\frac{3}{2}} < 0$$

für $i = 1, ..., L$. Eine Indifferenzkurve $I(x)$ durch x mit $x_i > 0$ für $i = 1, ..., L$ schneidet niemals eine Achse, da der Grenznutzen eines Gutes i mit $x_i \to 0$ unendlich groß wird.

Beispiel: Wir unterstellen eine Nutzenfunktion der Form $u(x) = \prod_{i=1}^{L} (x_i + c_i)^{\alpha_i}$ mit $\alpha_i > 0$, $c_i > 0$ und $i = 1, ..., L$ (für $c_i \leq 0$ ist die zugrundeliegende Präferenzrelation nicht auf ganz $\mathbb{R}_+^L$ monoton). Aus

$$\frac{\partial u(x)}{\partial x_k} = \alpha_k \frac{u(x)}{x_k + c_k} \text{ für } k = 1, ..., L$$

folgt

$$\frac{\frac{\partial u(x)}{\partial x_i}}{\frac{\partial u(x)}{\partial x_j}} = \frac{\alpha_i(x_j + c_j)}{\alpha_j(x_i + c_i)}$$

Einsetzen in die Bedingung „Grenznutzenverhältnis = Preisverhältnis" impliziert dann

$$\alpha_i^{-1}(x_i + c_i)p_i = \alpha_j^{-1}(x_j + c_j)p_j \text{ für } i, j = 1, ..., L.$$

Löst man nun diese Gleichung nach $x_j p_j$ auf, bestimmt $x p$, indem man über alle Güter j addiert, und setzt $x p$ dann in

$$\frac{\partial L(x, \lambda)}{\partial \lambda} = x \cdot p - e \cdot p = 0$$

ein, so erhält man mit Hilfe von $c = (c_1, ..., c_L)$ die Gleichungen

$$\frac{a}{\alpha_i} p_i(x_i + c_i) = (e + c) \cdot p \text{ für alle } i = 1, ..., L.$$

Der optimale Konsumvektor $x^*(p)$ ist damit durch

$$x_i^*(p) = \frac{(e + c) \cdot p}{p_i} \frac{\alpha_i}{a} - c_i$$

gegeben, sofern die hinreichenden Bedingungen für ein lokales bzw. globales Nutzenmaximum erfüllt sind. Um dies zu prüfen, soll aber nicht die Nutzenfunktion u, sondern die Funktion $v(x) = \ln(u(x))$, die durch eine positiv monotone Transformation aus u entsteht, untersucht werden. Wir erhalten dann:

$$v(x) = \sum_{i=1}^{L} \alpha_i \ln(x_i + c_i)$$

$$\frac{\partial v(x)}{\partial x_i} = \alpha_i(x_i + c_i)^{-1}$$

$$\frac{\partial^2 v(x)}{\partial x_i \partial x_j} = \begin{cases} -\alpha_i(x_i + c_i)^{-2} & \text{für } i = j \\ 0 & \text{sonst} \end{cases}$$

Hieraus ergibt sich, daß die Hauptminoren der Hesse–Matrix für alle $x \in \mathbb{R}_+^L$ ihr Vorzeichen ändern. Damit ist die Existenz eines Maximums an der Stelle x^* gezeigt. $\square$

Beispiel: Für Nutzenfunktionen der Form

$$u(x) = \sum_{i=1}^{L} x_i^{c_i} \text{ mit } 0 < c_i < 1$$

erhält man

$$\frac{\partial}{\partial x_i} u(x) = c_i x_i^{c_i - 1}$$

sowie

$$\frac{\partial^2}{\partial x_i \partial x_j} u(x) = \begin{cases} c_i(c_i - 1)x_i^{c_i - 2} & \text{für } j = i \\ 0 & \text{für } j \neq i \end{cases},$$

so daß die hinreichende Bedingung für ein Nutzenmaximum im Bereich $x_i > 0$ für $i = 1, ..., n$ stets erfüllt ist. Wegen

$$c_i(c_i - 1)x_i^{c_i - 1} = \lambda p_i \text{ für } i = 1, ..., n$$

erhält man

$$x_j^*(x_i) = \left(\frac{p_j \cdot c_i(c_i - 1)}{p_i \cdot c_j(c_j - 1)} \right)^{\frac{1}{c_j - 1}} \cdot x_i^{\frac{c_i - 1}{c_j - 1}} \text{ für } j = 1, ..., n$$

und damit

$$p \cdot e = \sum_{j=1}^{n} p_j \left(\frac{p_i \cdot c_j(c_j-1)}{p_j \cdot c_i(c_i-1)} \right)^{\frac{1}{1-c_j}} \cdot x_i^{\frac{1-c_i}{1-c_j}},$$

eine Gleichung in der noch verbleibenden Unbekannten x_i. Bezeichnet x_i^* die Lösung dieser Gleichung, so ist durch $x^*(p) = (x_1^*(p), ..., x_L^*(p))$ mit $x_i^*(p) = x_i^*$ und $x_j^*(p) = x_j^*(x_i^*)$ für $j = 1, ..., L$ der optimale Konsumvektor $x^*(p)$ für alle Preisvektoren p mit $p_i > 0$ für $i = 1, ..., L$ bestimmt. Im Spezialfall $c_i = c$ für $i = 1, ..., n$ kann die Lösung mit

$$x_i^* = \frac{pe}{\sum_{j=1}^{L} p_j \left(\frac{p_i}{p_j} \right)^{\frac{1}{1-c}}}$$

explizit angegeben werden. Trotz der additiven Nutzenfunktion $u(x)$ kann es keine Randlösungen geben, da der Grenznutzen eines Gutes i für $x_i \to 0$ unendlich groß wird. Indifferenzkurven $I(x)$ durch Punkte $x \in \mathbb{R}_+^L$ mit $x_i > 0$ für $i = 1, ..., L$ schneiden also niemals die Achsen. Für

$$u(x) = \sum_{i=1}^{L} (x_i + d_i)^{c_i}$$

mit $0 < c_i < 1$ und $d_i > 0$ für $i = 1, ..., L$ ließen sich Randlösungen nicht in dieser Weise ausschließen. □

Die Abbildung

$$\begin{aligned} x^* : \quad \mathbb{R}_+^L &\longrightarrow \mathbb{R}_+^L \\ p &\longmapsto x^*(p), \end{aligned}$$

die jedem Preisvektor p den optimalen Konsumvektor $x^*(p)$ beim Preisvektor p zuordnet, heißt die **Konsumnachfragefunktion oder Tauschkurve** des Haushalts. Die Komponentenfunktion

$$\begin{aligned} x^* : \quad \mathbb{R}_+^L &\longrightarrow \mathbb{R}_+ \\ p &\longmapsto x^*(p), \end{aligned}$$

ist dann die Konsumnachfragefunktion für Gut $i = 1, ..., L$. Das dimensionsfreie Maß

$$\epsilon_{x_i p_i} = \frac{\partial x_i^*(p)}{\partial p_i} \frac{p_i}{x_i^*(p)} = \frac{\partial x_i^*(p)}{x_i^*(p)} : \frac{\partial p_i}{p_i}$$

heißt die **Preiselastizität der Nachfrage nach Gut i** beim Konsumpreisvektor p. Analog wird

$$\epsilon_{x_i p_j} = \frac{\partial x_i^*(p)}{\partial p_j} \frac{p_j}{x_i^*(p)} = \frac{\partial x_i^*(p)}{x_i^*(p)} : \frac{\partial p_j}{p_j}$$

für $j \neq i$ die **Kreuzpreiselastität der Nachfrage nach Gut i** in Abhängigkeit von p_j genannt.

Beispiel: Für die obige Nutzenfunktion $n(x) = \prod_{i=1}^{L} (x_i + c_i)^{\alpha_i}$ ergibt sich

$$\frac{\partial x_i^*(p)}{\partial p_i} = -\frac{\alpha_i}{a} \cdot \frac{\sum_{k \neq i}(e_k + c_k)p_k}{p_i^2}$$

und

$$\frac{\partial x_i^*(p)}{\partial p_j} = \frac{\alpha_i}{a} \cdot \frac{e_j + c_j}{p_i} \quad (j \neq i)$$

Für die Elastizität und die Kreuzpreiselastizität ergeben sich damit folgende Formeln:

$$\epsilon_{x_i,p_i} = \frac{-\alpha_i \sum_{k \neq i}(e_k + c_k)p_k}{\alpha_i \sum_{k=1}^{L}(e_k + c_k)p_k - a\, c_i p_i}$$

$$\epsilon_{x_i,p_j} = \frac{\alpha_i(e_j + c_j)p_j}{\alpha_i \sum_{k=1}^{L}(e_k + c_k)p_k - a\, c_i p_i} \quad \square$$

Beispiel: „Isoelastische Funktion" $f : \mathbb{R} \to \mathbb{R}''$.

Eine Funktion $f : \mathbb{R} \to \mathbb{R}$ heißt **isoelastisch**, wenn für alle x

$$\epsilon = f'(x) \cdot \frac{x}{f(x)}$$

konstant ist. Durch Integration von

$$\frac{\epsilon}{x} = \frac{f'(x)}{f(x)}$$

erhalten wir

$$\begin{aligned} \ln f(x) &= \epsilon \ln x + c, \\ f(x) &= e^c \cdot x^\epsilon, \end{aligned}$$

wobei c die Integrationskonstante bezeichnet. Isoelastische Funktionen $f : \mathbb{R} \to \mathbb{R}$ haben damit stets die Form $f(x) = A \cdot x^\epsilon$, wobei die konstante Elastizität durch ϵ gegeben ist. $\Box$

Beispiel: Elastizität und lineare Nachfragekurven

Für die Nachfragefunktion $x(p) = (A-p)/B$ bzw. $p = A - Bx$ mit $L = 1$, d.h. $x = x_1$ und $p = p_1$, $A > 0$ und $B > 0$ gilt

$$\epsilon_{x,p} = -\frac{A - Bx}{Bx} \text{ für } 0 < x \leq \frac{A}{B}$$

Damit ist $\epsilon_{x,p} = 0$ für $x = \frac{A}{B}$ und

$$\lim_{x \to 0} \epsilon_{x,p} = -\infty$$

Für $x = A/2B$ gilt $\epsilon_{x,p} = -1$. Der Parameter A wird üblicherweise als **Prohibitivpreis** bezeichnet. Der Prohibitivpreis ist der kleinste Preis, der die Nachfragemenge Null impliziert. A/B nennt man **Sättigungsmenge**. Dies ist die Nachfragemenge beim Preis Null. Die folgende graphische Darstellung versucht, die Ergebnisse für die lineare Nachfragekurve zusammenzufassen:

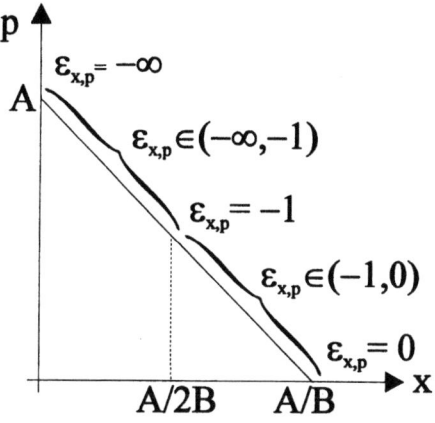

Abbildung 3.2.4

□

Für den Fall $L = 2$ kann man die Nachfragefunktion $x^*(p)$ auch graphisch veranschaulichen (vgl. Abbildung 3.2.5). Da alle Budgetgeraden stets durch den Erstausstattungspunkt $e = (e_1, e_2)$ verlaufen, führt jede Veränderung des Preisverhältnisses p_1/p_2 zu einer Drehung der Budgetgeraden im Punkt e. Die Nachfragefunktion $x^*(p)$ verbindet alle Tangentialpunkte von solchen in e gedrehten Budetgeraden und Indifferenzkurven.

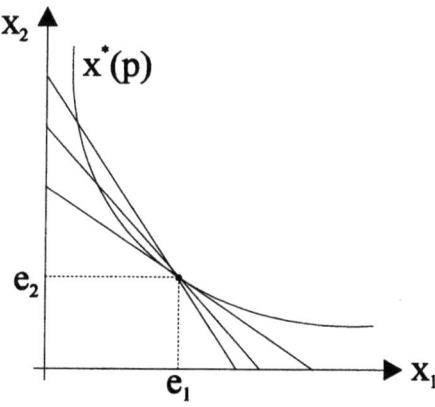

Abbildung 3.2.5

Analog läßt sich die Nachfragefunktion nach Gut 1 graphisch ableiten (vgl. Abbildung 3.2.6), indem man die Nachfragemengen $x_1^*(p_1, \bar{p}_2)$ von Gut 1 für Preisvektoren $p = (p_1, \bar{p}_2)$ mit konstantem Preis $\bar{p}_2$ in das x_1, p_1–Nachfragediagramm überträgt. Dies läßt sich natürlich auch für die Kreuznachfrage $x_1^*(\bar{p}_1, p_2)$ nach Gut 1 bewerkstelligen, die angibt, wie die nachgefragte Menge von Gut 1 durch p_2 beeinflußt wird.

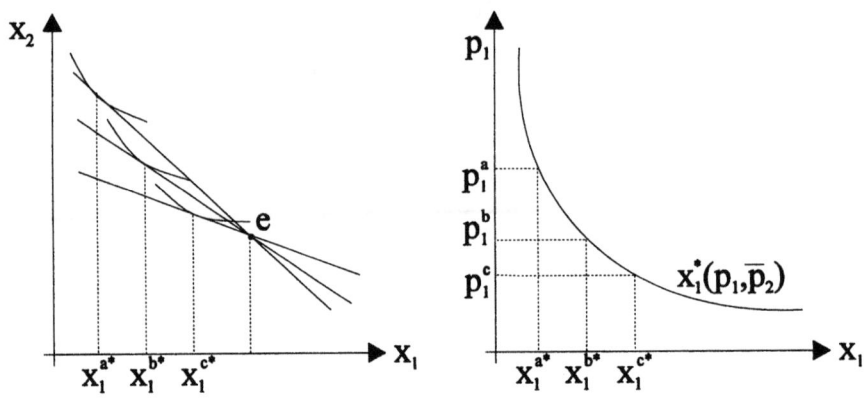

Abbildung 3.2.6

Die Verbindungskurve $x^*(p)$ aller Tangentialpunkte der jeweiligen Indifferenzkurve und Budgetgeraden bei konstanter Erstausstattung e ist die Nachfragekurve bzw. Tauschkurve, d.h. der Graph der Konsumnachfragefunktion $x^*(p)$. Verändert sich e derart, daß $e \cdot p$ steigt, so spricht man von einer **Einkommenserhöhung** durch die Veränderung der Erstausstattung. Führt eine solche Einkommenserhöhung zu einer Verringerung der Nachfrage nach Gut i, so sagt man, das Gut i sei **inferior**. Eine Preiserhöhung von Gut i kann zu einer höheren Nachfrage nach Gut i führen, wenn Gut i inferior ist, wie Abbildung 3.2.7 mit einer Preiserhöhung von Gut 1 von p_1^0 auf $p_1^1 (> p_1^0)$ verdeutlicht.

In Anlehnung an empirische Befunde werden solche Güter häufig **Giffen–Güter** genannt. Wir zerlegen den positiven Gesamteffekt

$$x_1^*(p_1^1, \bar{p}_2) - x_1^*(p_1^0, \bar{p}_2)$$

der Preiserhöhung von p_1^0 auf p_1^1 auf die nachgefragte Menge von Gut 1 in den **Einkommenseffekt**

$$\Delta x_1^E = x_1^*(p_1^1, \bar{p}_2) - x_1^S$$

und den negativen **Substitutionseffekt**

$$\Delta x_1^S = x_1^S - x_1^*(p_1^0, \bar{p}_2)$$

anhand eines Vergleichspunktes x^S, der der optimale Punkt auf der Indifferenzkurve durch $x^*(p_1^0, \bar{p}_2)$ beim neuen Preisverhältnis $p_1^1/\bar{p}_2$ wäre (vgl. Abbildung 3.2.7). Um den negativen Substitutionseffekt zu kompensieren, muß der Einkommenseffekt positiv sein.

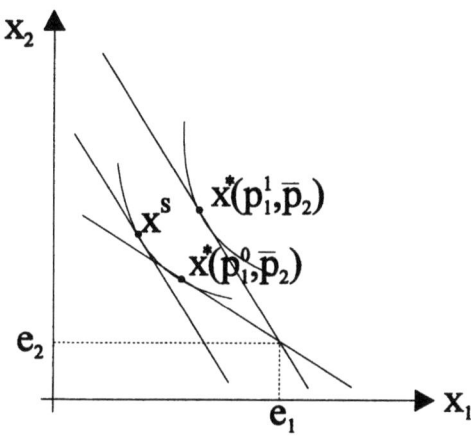

Abbildung 3.2.7

Beispiel:

$$u(x) = \prod_{i=1}^{L} (x_i + c_i)^{\alpha_i} \text{ mit } c_i > 0, \alpha_i > 0 (i = 1, ..., L)$$

sowie

$$\sum_{i=1}^{L} \alpha_i = a < 1 \text{ und } e = (e_1, ..., e_L) \text{ mit } e_i > 0 \ (i = 1, ..., L).$$

In der Ausgangssituation sei der Preisvektor $\bar{p} = (\bar{p}_1, ..., \bar{p}_L)$ gegeben mit $\bar{p}_i > 0$ $(i = 1, ..., L)$. Der neue Preisvektor $\hat{p} = (\hat{p}_1, ..., \hat{p}_L)$ unterscheide sich von $\bar{p}$ lediglich dadurch, daß das Gut i teurer ist, d.h., es gilt $\hat{p}_i > \bar{p}_i$ und $\bar{p}_j = \hat{p}_j$ für alle $j \neq i$. Gemäß der Formel (vgl. Beispiel in Abschnitt 3.2)

$$x_i^*(p) = \frac{(e+c) \cdot p}{p_i} \cdot \frac{\alpha_i}{a} - c_i$$

ist der Gesamteffekt der Preiserhöhung von $\bar{p}_i$ auf $\hat{p}_i$ durch

$$\Delta x_i = \frac{(e+c) \cdot \hat{p}}{\hat{p}_i} \cdot \frac{\alpha_i}{a} - c_i - \left[\frac{(e+c) \cdot p}{\bar{p}_i} \cdot \frac{\alpha_i}{a} - c_i\right]$$

$$= \frac{\alpha_i}{a}(e+c) \cdot \left[\frac{\hat{p}}{\hat{p}_i} - \frac{\bar{p}}{\bar{p}_i}\right]$$

gegeben. Um den Substitutionseffekt Δx_i^S und damit wegen $\Delta x_i^S + \Delta x_i^E = \Delta x_i$ auch den Einkommenseffekt Δx_i^E zu bestimmen, leiten wir den optimalen Konsumpunkt in der Indifferenzmenge $I(x^*(\bar{p}))$ beim neuen Preisvektor $\hat{p}$ ab. Wir erreichen dies zum Beispiel, indem wir die Konsumausgaben beim Preisvektor $\hat{p}$ unter der Nebenbedingung

$$u(x) = \prod_{j=1}^{L} (x_j^*(\bar{p}) + c_j)^{\alpha_j}$$

minimieren, d.h. durch Minimierung der Funktion

$$L = L(x, \lambda) = \sum_{j=1}^{L} \hat{p}_j x_j - \lambda \left[\prod_{l=1}^{L} (x_l + c_l)^{\alpha_l} - \prod_{l=1}^{L} (x_l^*(\bar{p}) + c_l)^{\alpha_l}\right].$$

Wegen

$$\frac{\partial L}{\partial x_j} = \hat{p}_j - \lambda \, \alpha_j \frac{\prod_{l=1}^{L} (x_l + c_l)^{\alpha_l}}{x_j + c_j} = 0 \text{ für } j = 1, ..., L$$

erhält man

$$\frac{\hat{p}_j}{\hat{p}_l} = \frac{\alpha_j(x_l + c_l)}{\alpha_l(x_j + c_j)} \text{ für } j, l = 1, ..., L$$

bzw.

$$x_l + c_l = \frac{\alpha_l \hat{p}_j}{\alpha_j \hat{p}_l}(x_j + c_j) \text{ für } j, l = 1, ..., L.$$

Substituiert man diese Bedingung in

$$\frac{\partial L}{\partial \lambda} = \prod_{l=1}^{L} (x_l + c_l)^{\alpha_l} - \prod_{l=1}^{L} (x_l^*(\overline{p}) + c_l)^{\alpha_l} = 0,$$

so ergibt sich

$$\prod_{l=1}^{L} \left[\frac{\alpha_l}{\alpha_j} \frac{\widehat{p}_j}{\widehat{p}_l} (x_j + c_j)^{\alpha_l} \right] = \prod_{l=1}^{L} (x_l^*(\overline{p}) + c_l)^{\alpha_l}$$

bzw.

$$(x_j + c_j)^a = \left(\frac{\alpha_j}{\widehat{p}_j} \right)^a \prod_{l=1}^{L} (x_l^*(\overline{p}) + c_l)^{\alpha_l} / \prod_{l=1}^{L} \left(\frac{\alpha_l}{\widehat{p}_l} \right)^{\alpha_l}.$$

Aus

$$x_i^S = \frac{\alpha_i}{p_i} \left[\frac{\prod_{l=1}^{L} [x_l^*(\overline{p}) + c_l]^{\alpha_l}}{\prod_{l=1}^{L} \left[\frac{\alpha_l}{p_l} \right]^{\alpha_l}} \right]^{\frac{1}{a}} - c_i$$

ergibt sich der negative Substitutionseffekt Δx_i^S gemäß

$$\Delta x_i^S = x_i^S - x_i^*(\overline{p})$$

und der Einkommenseffekt Δx_i^E gemäß

$$\Delta x_i^E = x_i^*(\widehat{p}) - x_i^S.$$

Wegen

$$\Delta x_i^S + \Delta x_i^E = x_i^*(\widehat{p}) - x_i^*(\overline{p})$$

ergänzen sich beide Effekte zum Gesamteffekt der Preiserhöhung. □

Beispiel: Homogenität vom Grade 0 in den Preisen

Eine Funktion $f : D \subset \mathbb{R}^n \to \mathbb{R}$ heißt **homogen vom Grade t**, wenn für alle $x \in D$ und $\lambda \in \mathbb{R}$ gilt:

$$f(\lambda x) = \lambda^t f(x)$$

Individuelle Nachfragefunktionen sind homogen vom Grade 0 in den Preisen, weil sie nur vom Preisverhältnis, aber nicht von den absoluten Preisen abhängen. So ist die Nachfragefunktion, die man aus der **Cobb-Douglas-Nutzenfunktion**

$$u(x) = \prod_{i=1}^{L} x_i^{\alpha_i} \text{ mit } \alpha_i > 0 \text{ für } i = 1, ..., L \text{ und } \sum_{i=1}^{L} \alpha_i = a$$

ableitet, homogen vom Grade 0 in den Preisen, denn es gilt:

$$x_i^*(\lambda p) = \frac{\alpha_i e \lambda p}{\lambda p_i} = \frac{\alpha_i e p}{p_i} = \lambda^0 x_i^*(p)$$

Die Nutzenfunktion selbst ist homogen vom Grade a in den Gütermengen, da

$$u(\lambda x) = \prod_{i=1}^{L} (\lambda x_i)^{\alpha_i} = \lambda^a \prod_{i=1}^{L} x_i^{\alpha_i} = \lambda^a u(x)$$

für alle $x \in \mathbb{R}_+^L$ und $\lambda > 0$ gilt. Im Fall von $a > 1$, $a = 1$ bzw. $a < 1$ spricht man von zunehmenden, konstanten bzw. abnehmenden **Skalenerträgen**. Durch eine geeignete, positive monotone Transformation kann die Skaleneigenschaft jedoch manipuliert werden.

Verwendet man zum Beispiel die transformierte Nutzenfunktion

$$v(x) = \ln(u(x)) = \sum_{i=1}^{L} \alpha_i \ln x_i$$

statt $u(\cdot)$, so liegen wegen

$$v(\lambda x) = \sum_{i=1}^{L} \alpha_i \ln(\lambda x_i)$$

unabhängig vom Parameterwert a keine konstanten Skalenerträge vor.

Die Nutzenfunktion

$$u(x) = \sum_{i=1}^{L} x_i^{c_i}$$

mit $0 < c_i < 1$ für $i = 1, ..., L$ ist wegen

$$u(\lambda x) = \sum_{i=1}^{L} \lambda^{c_i} \cdot x_i^{c_i}$$

nur homogen, falls $c_i = c$ für $i = 1, ..., L$ gilt. In diesem Fall ist der Homogenitätsgrad von $u(x)$ durch den Parameter c bestimmt. □

Kapitel 4

Das marktwirtschaftliche Gleichgewicht in Tauschökonomien

Im folgenden wollen wir zunächst vom Fall des reinen Tauschs ausgehen, d.h. die Güterversorgung der einzelnen Konsumenten in der Volkswirtschaft kann nur durch Tausch vorhandener Güter verbessert werden. Die Rechtfertigung für diese vereinfachende Annahme ist, daß fast alle wesentlichen Aspekte marktwirtschaftlicher Gleichgewichte für derartige Tauschökonomien besonders leicht und anschaulich dargestellt werden können.

Nach der formalen Definition von Tauschökonomien werden wir zunächst Allokationen definieren. Das sind Güterumverteilungen, gemäß denen von sämtlichen Gütern genau so viel angeboten wie nachgefragt wird. Im folgenden werden dann Konkurrenzallokationen diskutiert, für die Güterpreise existieren, so daß alle individuellen Tauschvektoren optimal sind. Nach dem Nachweis, daß Konkurrenzallokationen effizient sind, werden wir fragen, unter welchen Voraussetzungen mit Tauschverhalten im Sinne von Konkurrenzallokationen zu rechnen ist. Zunächst diskutieren wir einige einfache strategische Modellansätze, die die Preisentscheidungen als individuell rationales Verhalten der einzelnen Haushalte zu begründen versuchen. Danach bedienen wir uns eines Konzepts der sogenannten kooperativen Spieltheorie, nämlich des Kerns, der eine Allokation als stabil ansieht, falls sich keine Gruppe von

Tauschteilnehmern allein durch Tausch innerhalb dieser Gruppe verbessern kann. Insbesondere zur Vertiefung des Zusammenhangs von Konkurrenz- und Kernallokationen empfehlen wir die sehr gelungene Einführung von HILDENBRAND und KIRMAN (1988).

4.1 Tauschökonomien

In einer Tauschökonomie können lediglich vorhandene Güter getauscht werden. Es muß daher beschrieben werden, wer über welche Güter verfügt. Die Tauschpartner werden im folgenden als Haushalte bezeichnet. Tausch kann sich nur vollziehen, wenn beide Tauschpartner dem Güteraustausch zustimmen. Wir gehen also von Privateigentum an Konsumgütern und von der Freiwilligkeit des Tauschs aus.

$1, ..., L$ (≥ 2) seien wie bisher die Indices für die L verschiedenen Konsumgüter, d.h. ein **Konsumvektor**

$$x = (x_1, ..., x_L) \in \mathbb{R}_+^L$$

gibt die nichtnegativen Konsummengen x_i der L verschiedenen Güter $i = 1, ..., L$ an. Da Tausch ein Zusammenwirken mehrerer voraussetzt, muß genau beschrieben werden, welcher Haushalt welchen Konsumvektor erhält. Es sei

$$H = \{a, b, ...\}$$

die (endliche) Menge aller Haushalte. Immer wenn wir über einen beliebigen Haushalt sprechen, so soll dieser als Haushalt $h \in H$ bezeichnet werden. Für alle $h \in H$ sei

$$x^h = (x_1^h, ..., x_L^h) \in \mathbb{R}_+^L$$

der Konsumvektor des Haushalts h. Mit

$$e^h = (e_1^h, ..., e_L^h) \in \mathbb{R}_+^L$$

bezeichnen wir den Konsumvektor des Haushalts h, wenn h nicht tauscht, d.h. e^h beschreibt den exogen vorgegebenen Gütervorrat des Haushalts h. Wir nennen e^h den **Erstausstattungsvektor des Haushalts** $h \in H$.

Ein Konsumvektor x^h des Haushalts $h \in H$, für den $x^h \neq e^h$ gilt, setzt voraus, daß der Haushalt h Konsumgüter von anderen Haushalten bezieht bzw. Konsumgüter an andere abgibt. Mit

$$z^h = (z_1^h, ..., z_L^h) = x^h - e^h = (x_1^h - e_1^h, ..., x_L^h - e_L^h)$$

bezeichnen wir den **Nettotauschvektor des Haushalts** h. Man beachte, daß $z^h \in \mathbb{R}^L$, d.h. es gilt typischerweise nicht $z^h \in \mathbb{R}_+^L$, da Tausch in aller Regel darauf basiert, daß man bestimmte Güter i abgibt ($x_i^h < e_i^h$), um andere Güter j zu bekommen ($x_j^h > e_j^h$).

Für $L = 2$ kann der Nettotauschvektor leicht graphisch veranschaulicht werden:

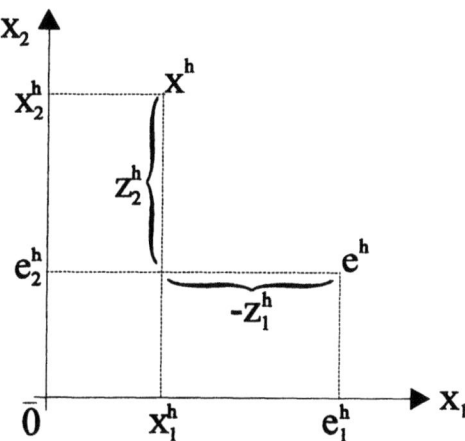

Abbildung 4.1.1

Ausgehend von seinem Erstausstattungsvektor e^h kann der Haushalt h den Konsumvektor x^h durch folgenden Tausch realisieren: Er tauscht die Menge

$$-z_1^h = e_1^h - x_1^h$$

von Gut 1 gegen die Menge

$$z_2^h = x_2^h - e_2^h$$

von Gut 2. Der Nettotauschvektor

$$z^h = (x_1^h - e_1^h, x_2^h - e_2^h)$$

hat also eine negative erste sowie eine positive zweite Komponente.

Um eine Tauschökonomie zu beschreiben, genügt es, für alle Haushalte $h \in H$ den Erstausstattungsvektor sowie die **Präferenzrelation** $\succ_h$ bzw. die $\succ_h$ repräsentierende **Nutzenfunktion**

$$u^h : x^h \longmapsto u^h(x^h)$$

des Haushalts h anzugeben. Hierbei ist $u^h(x^h)$ der Nutzen des Haushalts h, wenn er x^h konsumiert. Wir wollen die Haushalte $h \in H$ mittels des sie charakterisierenden Vektors

$$(u^h, e^h)$$

beschreiben. Eine **Tauschökonomie** $\mathcal{E}$ ist dann definiert durch den Vektor

$$\mathcal{E} = ((u^h, e^h)_{h \in H}) = [(u^a, e^a), (u^b, e^b), ...]\,,$$

der für alle Haushalte $h \in H$ die charakterisierenden Vektoren (u^h, e^h) ergibt.

Der einfachste Fall einer Tauschökonomie $\mathcal{E}$ ist durch $L = 2$ und $H = \{a, b\}$, d.h. durch den Fall zweier Güter und zweier Haushalte a und b gegeben. Wir werden derartige Tauschökonomien zugrundelegen, wenn wir die im folgenden einzuführenden Konzepte graphisch illustrieren wollen.

4.2 Allokationen

Das Tauschergebnis für eine Tauschökonomie $\mathcal{E} = ((u^h, e^h)_{h \in H})$ ist eine Umverteilung der Gesamterstausstattung

$$\sum_{h \in H} e^h = \left(\sum_{h \in H} e_1^h, ..., \sum_{h \in H} e_L^h \right)$$

auf die verschiedenen Haushalte. Eine derartige Umverteilung wollen wir Allokation nennen. Formal ist eine **Allokation** damit ein Vektor

$$X = \left((x^h)_{h \in H} \right) = (x^a, x^b, ...)$$

von Konsumvektoren $x^h \in \mathbb{R}_+^L$ für die Haushalte $h \in H$, der die Umverteilungsbedingung

$$\sum_{h \in H} x^h = \sum_{h \in H} e^h$$

erfüllt. Die Umverteilungsbedingung verlangt mithin, daß für alle L Güter die aggregierte Konsumnachfrage, d.h. die Summe der individuellen Konsumgütermengen, genau der Höhe der aggregierten Erstausstattung entspricht. Mit Hilfe der Nettotauschvektoren $z^h = x^h - e^h$ kann diese Umverteilungsbedingung auch in folgender Weise beschrieben werden:

$$\sum_{h \in H} z^h = \left(\sum_{h \in H} z_1^h, ..., \sum_{h \in H} z_L^h \right) = (0, ..., 0) = \bar{0}$$

Eine Allokation setzt also voraus, daß die aggregierte Nettonachfrage

$$\sum_{h \in H} z_i^h = \sum_{h \in H} (x_i^h - e_i^h)$$

für alle L Güter $i = 1, ..., L$ gleich Null ist. Dies wird häufig als **Markträumungsbedingung** bezeichnet, da für alle L Güter die Märkte in dem Sinne geräumt werden, daß die insgesamt angebotene und die insgesamt nachgefragte Menge übereinstimmen. Der Allokationsbegriff beinhaltet damit im wesentlichen die Markträumungsbedingung.

Im Fall $L = 2$ und $H = \{a, b\}$ wollen wir die Menge der Allokationen graphisch verdeutlichen. Wegen $H = \{a, b\}$ vereinfacht sich die Markträumungsbedingung zu

$$x^a + x^b = e^a + e^b$$

Ist damit der Konsumvektor $x^a \in \mathbb{R}^L_+$ des Haushalts a festgelegt, so ergibt sich daraus wegen der Markträumungsbedingung der Konsumvektor x^b gemäß

$$x^b = e^a + e^b - x^a$$

Wegen $x^b \in \mathbb{R}^L_+$ setzt dies natürlich voraus, daß x^a nur im Bereich

$$\bar{0} = (0, ..., 0) \leq x^a \leq e^a + e^b$$

gewählt werden kann. Diesen Bereich wollen wir den **Allokationsbereich** nennen, der für $L = 2$ wie folgt graphisch veranschaulicht werden kann:

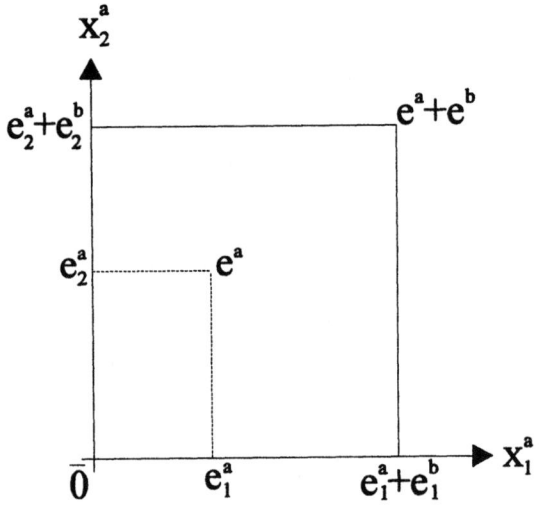

Abbildung 4.2.1

Alle Punkte x^a im Rechteck mit den gegenüberliegenden Ecken $\bar{0} = (0,0)$ und $e^a + e^b$ liegen im Allokationsbereich

$$\bar{0} = (0,0) \leq x^a = (x_1^a, x_2^a) \leq e^a + e^b = (e_1^a + e_1^b, e_2^a + e_2^b)$$

Wegen $x^b = e^a + e^b - x^a$ kann jede Allokation

$$X = (x^a, x^b) = (x^a, e^a + e^b - x^a)$$

mit dem sie definierenden Konsumvektor x^a des Haushalts a identifiziert werden. Der Allokationsbereich verdeutlicht damit die Menge der Allokationen, d.h. zwei unterschiedlichen Punkten $\tilde{x}^a$ und $\hat{x}^a$ im Allokationsbereich entsprechen die unterschiedlichen Allokationen

$$\tilde{X} = (\tilde{x}^a, e^a + e^b - \tilde{x}^a) \text{ bzw. } \hat{X} = (\hat{x}^a, e^a + e^b - \hat{x}^a).$$

Schon im einfachen Fall $L = 2$ und $H = \{a, b\}$ gibt es damit eine große Vielfalt an Allokationen, sofern die Gesamterstausstattungsmengen beider Güter positiv sind.

Eine Allokation $X = ((x^h)_{h \in H})$ determiniert den Konsumvektor x^h und damit den Nettotauschvektor $z^h = x^h - e^h$ für alle Haushalte $h \in H$. Offen bleibt jedoch, welche Tauschaktivitäten ein Haushalt h vollziehen muß, um letztlich z^h zu erhalten. Lediglich im Fall $H = \{a, b\}$ ist klar, daß der Haushalt a seinen Nettotausch allein mit dem Haushalt b realisiert. Sind jedoch mehr als zwei Haushalte vorhanden, so wird es in der Regel keinen anderen Haushalt geben, der genau den negativen Nettotauschvektor eines gegebenen Haushalts h zu realisieren wünscht, d.h. die Tauschwünsche z^h des Haushalts h sind nicht durch einen einzigen Tauschakt realisierbar.

Dies offenbart den wesentlichen Mangel des Allokationsbegriffs, der zwar die Tauschergebnisse, aber nicht die bilateralen Tauschaktivitäten beschreibt, die derartige Tauschergebnisse ermöglichen. Allokationen beantworten daher nicht das wesentliche Koordinationsproblem, wer welche Mengen mit wem tauschen soll. Es sei z_j^{hk} die Menge des Gutes j, die der Haushalt h vom Haushalt k bezieht. Im Fall $L = 2$ und $H = \{a, b, c\}$ impliziert eine Allokation $X = (x^a, x^b, x^c)$ das folgende System unabhängiger Bedingungen (die analogen Bedingungen für Haushalt c ergeben sich aus der Allokationseigenschaft von X):

$$\begin{aligned} z_1^{ab} + z_1^{ac} &= x_1^a - e_1^a \\ -z_1^{ab} + z_1^{bc} &= x_1^b - e_1^b \\ z_2^{ab} + z_2^{ac} &= x_2^a - e_2^a \\ -z_2^{ab} + z_2^{bc} &= x_2^b - e_2^b \end{aligned}$$

Da es sich hierbei um 4 unabhängige Gleichungen in den 6 Variablen z_j^{hk} handelt, verfügt das Gleichungssystem über mindestens zwei Freiheitsgrade und damit über eine unendliche Vielfalt von Lösungen. Bezeichnet $|H|$ die Anzahl der Haushalte in H, so hat man im allgemeinen $L \cdot |H| \cdot (|H|-1)/2$ verschiedene Tauschmengen z_j^{hk}, die $L \cdot (|H|-1)$ unabhängige Gleichungen zu erfüllen haben. Die Zahl der Freiheitsgrade beträgt daher im allgemeinen mindestens $L \cdot (|H|-1) \cdot (|H|-2)/2$, was nochmals verdeutlicht, daß nur im Spezialfall $|H| = 2$ die bilateralen Tauschakte eindeutig durch die Allokation determiniert sind.

Im allgemeinen kann daher eine Allokation durch sehr viele Konstellationen bilateraler Tauschaktivitäten z_j^{hk} verwirklicht werden, von denen die Tauschpartner genau eine auszuwählen haben. Mit der Auswahl einer Allokation ist daher in der Regel das eigentliche Koordinationsproblem noch nicht gelöst. Trotz einiger neuerer und bislang noch unbefriedigender Lösungsansätze, die Tauschverhalten auf bilaterale Tauschverhandlungen zurückführen (vgl. den Überblick von OSBORNE und RUBINSTEIN, 1990), ist dieses Koordinationsproblem durch die Theorie der Marktwirtschaft weitgehend vernachlässigt worden.

4.3 Konkurrenzallokationen

Während der Begriff der Allokation keinerlei Tauschpreise für die L verschiedenen Güter voraussetzt, geht die Konkurrenzallokation davon aus, daß für alle L Güter Tauschpreise existieren, an die sich die Tauschpartner in der Weise optimal anpassen, wie es im vorangehenden Kapitel über die Haushaltstheorie dargestellt wurde.

Ein Preisvektor

$$p = (p_1, ..., p_L) \in \mathbb{R}_+^L$$

spezifiziert für jedes Gut $i = 1, ..., L$ den nichtnegativen Verkaufspreis p_i, den man erhält (zahlt), wenn man genau eine Mengeneinheit vom Gut i verkauft (kauft). Wir bezeichnen mit

$$x^{*h}(p) = \left(x_1^{*h}(p), ..., x_L^{*h}(p)\right)$$

den für den Preisvektor $p \in \mathbb{R}^L_+$ optimalen Konsumvektor des Haushalts h in der durch p bestimmten Budgetmenge

$$B(e^h, p) = \{x^h \in \mathbb{R}^L_+ : x^h \cdot p \leq e^h \cdot p\}$$

Mit Hilfe dieser Notation können **Konkurrenzallokationen** einfach als solche Allokationen

$$X = ((x^h)_{h \in H})$$

definiert werden, für die ein Preisvektor $p \in \mathbb{R}^L_+$ existiert, so daß für alle $h \in H$ die Optimalitätsbedingung

$$x^h = x^{*h}(p)$$

erfüllt ist. Ist

$$X = ((x^h)_{h \in H})$$

eine Konkurrenzallokation der Tauschökonomie $\mathcal{E}$, so soll der zugehörige Preisvektor p als **Konkurrenzpreisvektor** bezeichnet werden. Die Idee der Konkurrenz(allokation) besteht darin, daß hier alle L Gütermärkte geräumt werden (das bedingt die Allokationseigenschaft) und daß gleichzeitig alle Tauschpartner mit ihrem Nettotauschvektor optimal an den Konkurrenzpreisvektor angepaßt sind.

Wäre ein Güterpreis p_i gleich Null, so würde wegen der Monotonie der individuellen Präferenzen von diesem Gut unendlich viel nachgefragt werden. Da aber der Gesamtgütervorrat

$$\sum_{h \in H} e^h_i$$

für jedes Gut $i = 1, ..., L$ endlich ist, müssen bei Monotonie der individuellen Präferenzen Konkurrenzpreise positiv sein, was wir im folgenden stets voraussetzen werden.

Wegen der Monotonie der individuellen Präferenzen gilt für jeden Konkurrenzpreisvektor p und jeden Haushalt $h \in H$ einer Tauschökonomie $\mathcal{E}$ die Budgetgleichung

$$p \cdot x^{*h}(p) = p \cdot e^h$$

bzw.

$$p \cdot z^{*h}(p) = 0,$$

wobei $z^{*h}(p)$ den optimalen Nettotauschvektor

$$z^{*h}(p) = x^{*h}(p) - e^h$$

beim Preisvektor p bezeichnet. Damit folgt für jeden Konkurrenzpreisvektor die Bedingung

$$p \cdot \sum_{h \in H} z^{*h}(p) = 0,$$

d.h. der aggregierte Nettotauschvektor hat den Wert Null.

Es sei X eine Konkurrenzallokation, p der zugehörige Konkurrenzpreisvektor und $Z = ((z^h)_{h \in H})$ die durch X implizierten Nettotauschvektoren. Gilt für die $L-1$ Güter $j(\neq i)$ die Markträumungsbedingung

$$\sum_{h \in H} z_j^h = 0,$$

so folgt wegen $p_i > 0$ und

$$0 = p \cdot \sum_{h \in H} z^h(p) = \sum_{\substack{j \neq i \\ j=1}}^{L} p_j \underbrace{\sum_{h \in H} z_j^h}_{=0} + p_i \sum_{h \in H} z_i^h = p_i \sum_{h \in H} z_i^h$$

auch notwendig die Markträumungsbedingung

$$\sum_{h \in H} z_i^h = 0$$

für den verbleibenden Markt des Gutes i. In der Literatur wird dieser Sachverhalt gelegentlich als „**Walras–Gesetz**" bezeichnet. Bei Konkurrenz genügt es damit, für nur $L-1$ der L Gütermärkte die Markträumung zu gewährleisten.

Für alle $\lambda > 0$ folgt ferner wegen

$$\begin{aligned} B(e^h, \lambda p) &= \{x^h \in R_+^L : (\lambda p)x^h \leq (\lambda p)e^h\} \\ &= \{x^h \in R_+^L : px^h \leq pe^h\} \\ &= B(e^h, p) \end{aligned}$$

für alle Haushalte $h \in H$ die Bedingung

$$x^{*h}(\lambda p) = x^{*h}(p),$$

d.h. ebenso wie der Konkurrenzpreisvektor p sind auch alle Preisvektoren

$$\lambda p = (\lambda p_1, ..., \lambda p_L) \text{ mit } \lambda > 0$$

Konkurrenzpreisvektoren zur Konkurrenzallokation X. Konkurrenzallokationen sind damit invariant gegenüber gleichen proportionalen Veränderungen aller Preise (bzw. homogen vom Grade 0 in den Preisen). In der Regel sind nur die relativen Preisverhältnisse

$$\frac{p_j}{p_i} \text{ für } i,j = 1, ..., L$$

eindeutig. Häufig schließt man die Uneindeutigkeit des Konkurrrenzpreisvektors durch eine geeignete Normierung aus. Legt man zum Beispiel willkürlich den Preis des Gutes i gemäß $p_i = 1$ fest, so sind die Preise der anderen Güter $j(\neq i)$ gemäß $p_j/p_i = p_j$ durch die eindeutigen Preisrelationen auch in ihrer absoluten Höhe eindeutig fixiert. Gut i dient dann als „Geldgut" bzw. Numeraire, d.h. alle Güterpreise p_j drücken aus, wie viele Einheiten des Gutes i eine Mengeneinheit des Gutes j kostet.

Beispiel: Für $u^h(x^h) = \prod_{i=1}^{L}(x_i^h + c_i)^{\alpha_i}$ mit $\alpha_i > 0$, $c_i > 0$ für $i = 1, ..., L$ und $\sum_{i=1}^{L} \alpha_i = a > 1$ für alle $h \in H$ folgt

$$x_i^{*h}(p) = \frac{(e^h + c) \cdot p}{p_i} \cdot \frac{\alpha_i}{a} - c_i$$

für alle $i = 1, ..., L$ und $h \in H$. Wir bezeichnen mit

$$E = (E_1, ..., E_L) = (\sum_{h \in H} e_1^h, ..., \sum_{h \in H} e_L^h)$$

den Gesamterstausstattungsvektor und mit $n (\geq 2)$ die Anzahl der Haushalte $h \in H$. Als Markträumungsbedingung für das Gut $i = 1, ..., L$ ergibt sich

$$E_i = \sum_{h \in H} x_i^{*h}(p) = \sum_{h \in H} \left(\frac{\alpha_i p}{a p_i} (e^h + c) - c_i \right) = \frac{\alpha_i p}{a p_i} (E + nc) - nc_i$$

bzw.

$$\frac{p}{a}(E + nc) = \frac{p_i}{\alpha_i}(E_i + nc_i)$$

Für zwei Güter $i, j = 1, ..., L$ folgt damit aus den L Markträumungsbedingungen, daß

$$\frac{p_i}{p_j} = \frac{\alpha_i(E_j + nc_j)}{\alpha_j(E_i + nc_i)} \text{ für alle } i, j = 1, ..., L,$$

d.h. die Konkurrenzpreisverhältnisse sind durch die Gesamtverfügbarkeiten $E_1, ..., E_L$ der Güter sowie durch die Präferenzparameter $\alpha_1, ..., \alpha_L$ und $c_1, ..., c_L$ der für alle Haushalte gleichen Nutzenfunktion bestimmt. Man beachte, daß die Konkurrenzpreisverhältnisse völlig unabhängig davon sind, wie die Gesamterstausstattung auf die einzelnen Haushalte verteilt ist.

Die durch diese Konkurrenzpreisverhältnisse implizierten Konsumvektoren erhält man, indem man zunächst die optimalen Konsumnachfragemengen $x_i^{*h}(p)$ als Funktion der relativen Preise p_i/p_j beschreibt und dann in diese Beziehungen die Konkurrenzpreisverhältnisse einsetzt: Für $i = 1, ..., L$ und alle $h \in H$ gilt offenbar (vgl. Beispiel in Abschnitt 3.2)

$$x_i^{*h}(p) = \frac{\alpha_i}{a}(e^h + c)\frac{p}{p_i} - c_i = \frac{\alpha_i}{a} \sum_{j=1}^{L} (e_j^h + c_j)\frac{p_j}{p_i} - c_i,$$

d.h. die optimale Konsumnachfrage nach Gut i hängt lediglich von den relativen Preisen p_j/p_i ab. Setzt man in diese Beziehung die Konkurrenzpreisverhältnisse ein, so erhält man

$$x_i^{*h} = \frac{\alpha_i}{a} \sum_{j=1}^{L} (e_j^h + c_j) \frac{\alpha_j(E_i + nc_i)}{\alpha_i(Ej + nc_j)} - c_i = \frac{E_i + nc_i}{a} \sum_{j=1}^{L} \frac{\alpha_j(e_j^h + c_j)}{E_j + nc_j} - c_i$$

für alle $i = 1, ..., L$ und $h \in H$. Der Konsumvektor x^h eines Haushalts $h \in H$ gemäß der Konkurrenzallokation

$$X = ((x^h)_{h \in H})$$

mit

$$x^h = x^{*h} = (x_1^{*h}, ..., x_L^{*h})$$

für alle Haushalte $h \in H$ hängt also, anders als die relativen Preise, nicht nur von den Präferenzparametern und den allgemeinen Verfügbarkeitsparametern $E_1, ..., E_L$, sondern auch von seinem eigenen Erstausstattungsvektor ab. Alle zur Konkurrenzallokation X zugehörigen Konkurrenzpreisvektoren p müssen ferner dieselben relativen Preise

$$\frac{p_i}{p_j} = \frac{\alpha_i(E_j + nc_j)}{\alpha_j(E_i + nc_i)} \text{ für } i, j = 1, ..., L$$

beinhalten. □

Im allgemeinen ist die Berechnung von Konkurrenzallokationen nicht in so einfacher Weise möglich. Meist gelingt dies überhaupt nur für numerisch konkretisierte Tauschökonomien mit Hilfe algorithmischer Verfahren (vgl. die Pionierarbeit von SCARF, 1973).

Für den einfachsten Fall $L = 2$ und $H = \{a, b\}$ einer Tauschökonomie kann das Konzept der Konkurrenzallokation und seine Bestimmung auch graphisch verdeutlicht werden. In der Abbildung 4.3.1 sind in dem Tauschbereich, der die Menge der Allokationen darstellt, auch die Indifferenzkurvensysteme der beiden Haushalte a und b illustrativ verdeutlicht. Wie aus den Achsenbezeichnungen hervorgeht, wird dabei der Konsumgüterraum des Haushalts a

vom Ursprungspunkt $\bar{0} = (0,0)$ ausgehend dargestellt, während dies für den Haushalt b vom Gesamterstausstattungspunkt $e^a + e^b$ ausgehend geschieht. Gemäß der Annahme der Monotonie entsprechen höheren Indices k der Indifferenzkurven I_k^h höhere Nutzenniveaus.

In dem Tauschdiagramm der Abbildung 4.3.2 ist eine Konkurrenzallokation $X = (x^a, x^b)$ dann gegeben, wenn im Punkte x^a beide Indifferenzkurven die Budgetgerade tangieren, die durch e^a und x^a verläuft.

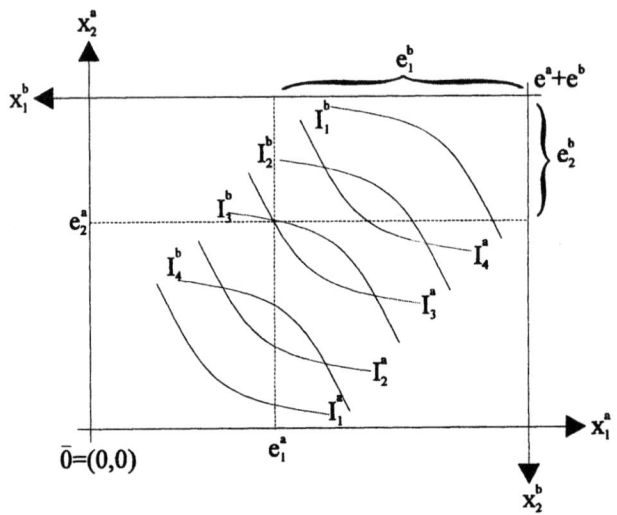

Abbildung 4.3.1

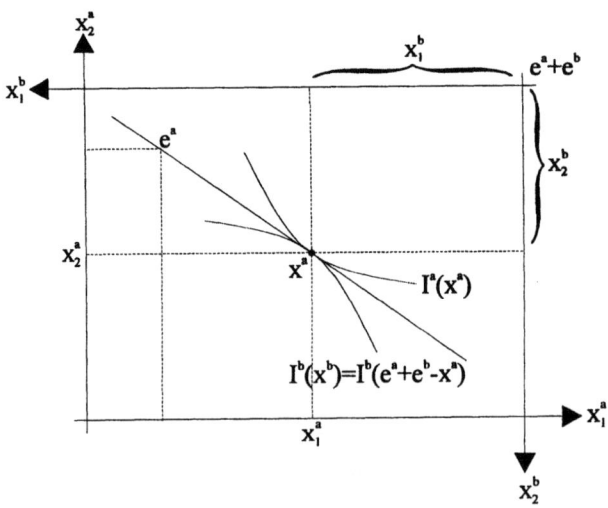

Abbildung 4.3.2

Die Allokation x^a bzw. $X = (x^a, e^a + e^b - x^a)$ in Abbildung 4.3.2 ist eine Konkurrenzallokation, da bei dem Preisverhältnis p_1/p_2, das durch die Steigung $-p_1/p_2$ der Geraden durch e^a und x^a bestimmt ist, beide Haushalte in ihrer jeweiligen Budgetmenge mit x^a bzw. $x^b = e^a + e^b - x^a$ optimal an diese Preisrelation angepaßt sind. Dies beruht auf der Tatsache, daß die Gerade durch e^a und x^a nicht nur für den Haushalt a, sondern auch für den Haushalt b die Budgetgerade beim Preisverhältnis

$$\frac{p_1}{p_2} = \frac{e_2^a - x_2^a}{x_1^a - e_1^a}$$

darstellt.

Konkurrenzallokationen lassen sich graphisch mit Hilfe der **Konsumnachfragekurven** $x^{*h}(p)$, d.h. den graphischen Darstellungen der Konsumnachfragefunktionen ermitteln. Definitionsgemäß bestimmt die Konsumnachfragekurve $x^{*h}(p)$ für jeden Preisvektor p und damit jedes Preisverhältnis p_1/p_2 den bei diesem Preisverhältnis optimalen Konsumvektor $x^{*h}(p)$ des Haushalts h. Im Fall $L = 2$ und $H = \{a, b\}$ erfordert daher eine Konkurrenzallokation, daß die Bedingung

$$x^{*a}(p) + x^{*b}(p) = e^a + e^b$$

beim Preisvektor $p = (p_1, p_2)$ bzw. beim Preisverhältnis p_1/p_2 erfüllt ist.

In der folgenden Abbildung 4.3.3 sind in das Tauschdiagramm der Abbildung 4.3.1 die Konsumnachfragekurven beider Haushalte eingezeichnet, die häufig auch als **Tauschkurven** bezeichnet werden. Da jede Allokation $X = (x^a, x^b)$ voraussetzt, daß

$$x^b = e^a + e^b - x^a$$

gilt, kann eine Konkurrenzallokation nur dann vorliegen, wenn bei dem durch die Steigung der Geraden durch e^a und x^a implizierten Preisverhältnis p_1/p_2 bzw. bei einem Preisvektor $p = (p_1, p_2)$ mit dieser Preisrelation die folgenden Bedingungen gelten:

$$\begin{aligned} x^a &= x^{*a}(p), \\ e^a + e^b - x^a &= x^{*b}(p). \end{aligned}$$

Diese beiden Bedingungen besagen aber, daß sich die beiden Tauschkurven $x^{*a}(p)$ und $x^{*b}(p)$ im Punkt x^a schneiden müssen, d.h. jeder Schnittpunkt x^a der beiden Tauschkurven definiert eine Konkurrenzallokation $X = (x^a, e^a + e^b - x^a)$.

Im konkreten Beispiel der Abbildung 4.3.3 gibt es genau drei Schnittpunkte $x^a (\neq e^a)$ der Tauschkurven $x^{*a}(p)$ und $x^{*b}(p)$ und damit drei Konkurrenzallokationen. Obwohl beide Tauschkurven durch e^a verlaufen, ist e^a im allgemeinen keine Konkurrenzallokation. Da sich die Indifferenzkurven $I^a(e^a)$ und $I^b(e^b)$ in der Regel in e^a schneiden, basiert der Punkt $e^a = x^{*a}(p)$ auf einem anderen Preisverhältnis p_1/p_2 als der Punkt $e^b = x^{*b}(p)$. Nur wenn $I^a(e^a)$ und $I^b(e^b)$ sich in e^a tangieren, sind die beiden Preisverhältnisse gleich und e^a bzw. $X = (e^a, e^b)$ ist eine Konkurrenzallokation.

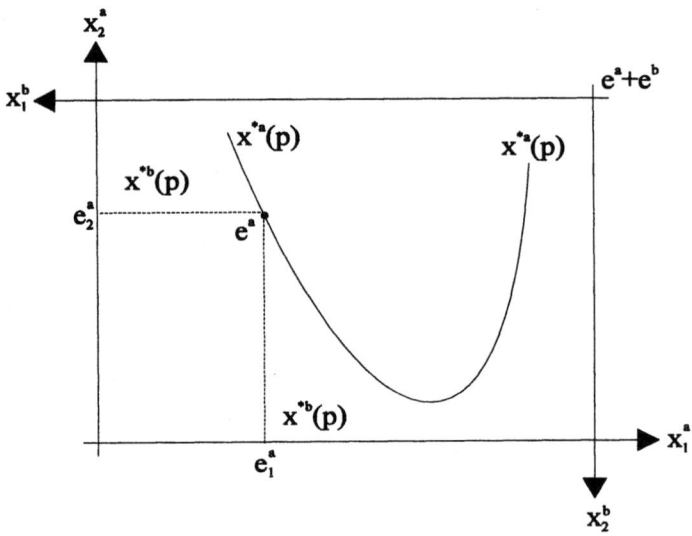

Abbildung 4.3.3

Natürlich entspricht einem Schnittpunkt der Tauschkurven genau die Situation, wie sie in Abbildung 4.3.2 verdeutlicht wurde. Wir wollen dies nochmals an einem Beispiel mit genau einer Konkurrenzallokation verdeutlichen. Im Schnittpunkt x^a der beiden Tauschkurven in der Abbildung 4.3.4 tangieren die durch x^a verlaufenden Indifferenzkurven $I^a(x^a)$ und $I^b(x^b) = I^b(e^a + e^b - x^a)$ die durch e^a und x^a verlaufende gemeinsame Budgetgerade. Da die Steigung der Indifferenzkurven in x^a der Steigung der Budgetgeraden entspricht, sind Konkurrenzallokationen stets Tangentialpunkte von Indifferenzkurven.

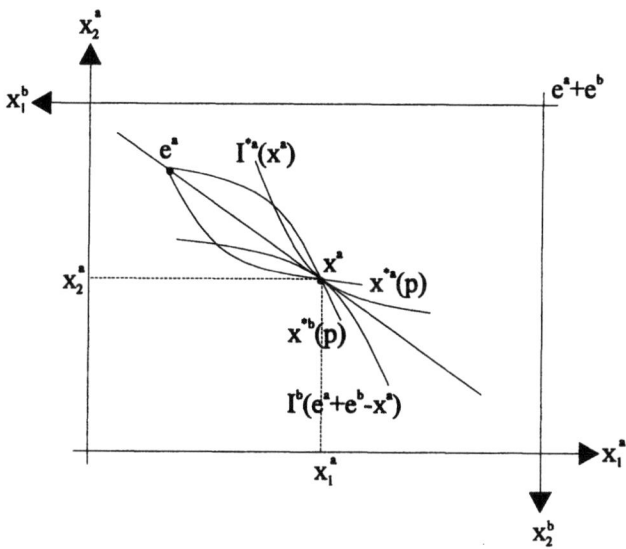

Abbildung 4.3.4

4.4 Zur Existenz von Konkurrenzallokationen

Wir wollen die Existenz von Konkurrenzallokationen nicht streng formal für Tauschökonomien der von uns betrachteten Form beweisen, sondern lediglich die grundlegende Beweisidee skizzieren. Verschiedene Variationen des Beweises findet man in HILDENBRAND und KIRMAN (1988), Chapter 6.

Um Konkurrenzallokationen nachzuweisen, muß die Existenz eines Preisvektors $p \in \mathbb{R}_+^L$ garantiert werden, bei dem die Summe der Nettotauschvektoren

$$Z^*(p) = \sum_{h \in H} z^{*h}(p)$$

bei generellem Optimalverhalten aller Haushalte dem Nullvektor $\bar{0} \in \mathbb{R}^L$ entspricht. Ist für einen Preisvektor $p^o \in \mathbb{R}_+^L$ die Markträumungsbedingung nicht erfüllt, d.h. gilt

$$Z^*(p^o) \neq \bar{0},$$

so muß man offenbar Preise verändern, um die Markträumungsbedingung gewährleisten zu können.

Da alle Nachfragefunktionen $x^{*h}(p)$ homogen vom Grade Null in den Preisen sind, kann jeder Preisvektor $p \in \mathbb{R}_+^L$ mit $p \neq \bar{0}$ derart normiert werden, daß p_i durch

$$\hat{p}_i = \frac{p_i}{\sum\limits_{j=1}^{L} p_j} \text{ für } i = 1, ..., L$$

ersetzt wird. Für den normierten Preisvektor $\hat{p} = (\hat{p}_1, ..., \hat{p}_L)$ gilt dann

$$\sum_{i=1}^{L} \hat{p}_i = 1 \text{ und } \hat{p} \in \mathbb{R}_+^L.$$

Damit ist gezeigt, daß wir die Suche nach einem Konkurrenzpreisvektor auf den Simplex

$$S = \{p \in \mathbb{R}_+^L : \sum_{i=1}^{L} p_i = 1\}$$

beschränken können.

Für alle $p \in S$ sei

$$Z(p) = \sum_{h \in H} (x^{*h}(p) - e^h)$$

die Gesamtüberschußnachfrage beim Preisvektor p. Wegen

$$p \cdot x^{*h}(p) = p \cdot e^h$$

für alle $h \in H$ muß natürlich

$$p \cdot Z(p) = 0$$

für alle $p \in S$ gelten.

Ist $p \in S$ kein Konkurrenzpreisvektor, so folgt $Z(p) \neq \bar{0}$. Wir müssen dann einen neuen Preisvektor $p' \in S$ festlegen. Sind alle Preise p_i positiv, so wird durch

$$\mu(p) = \{p' \in S : p'_i = 0, \text{ falls } Z_i(p) < Z_j(p) \text{ für ein } j = 1, ..., L\}$$

dem Preisvektor p eine Menge von Preisvektoren p' in S zugeordnet, die alle Güter i mit nicht maximaler Überschußnachfrage zu freien Gütern im Sinne von $p'_i = 0$ werden lassen. Sind hingegen nicht alle Preise positiv, so definieren wir $\mu(p)$ durch

$$\mu(p) = \{p' \in S : p'_i = 0, \text{ falls } p_i > 0\},$$

d.h. wir erklären alle Güter zu freien Gütern, die gemäß p nicht zum Preise Null verfügbar sind. Für Preisvektoren p mit $p_i = 0$ für wenigstens ein Gut i folgt damit stets $p \notin \mu(p)$.

Für einen Konkurrenzpreisvektor p^* mit $Z(p^*) = \bar{0}$ gilt wegen der Monotonieannahme $p_i^* > 0$ für $i = 1, ..., L$ und damit

$$p^* \in \mu(p^*)$$

d.h. p^* ist **Fixpunkt** der Abbildung $\mu(\cdot)$, der in seiner eigenen Bildmenge $\mu(p^*)$ enthalten ist. Geht man umgekehrt von einem Fixpunkt $p^* \in \mu(p^*)$ von $\mu(\cdot)$ aus, so kann man den Fall freier Güter i, d.h. $p_i^* = 0$ ausschließen, da gemäß der Definition von $\mu(p)$ für Preisvektoren p mit Komponenten $p_i = 0$ stets $p \notin \mu(p)$ gilt. Aufgrund der Definition von $\mu(p^*)$ für Preisvektoren p^* mit $p_i^* > 0$ für $i = 1, ..., L$ folgt ferner aus der Tatsache $p^* \in \mu(p^*)$, daß die Überschußnachfrage $Z_i(p^*)$ für alle L Güter i gleich groß ist. Wegen

$$p^* \cdot Z(p^*) = \sum_{i=1}^{L} p_i^* \cdot Z_i(p^*) = 0$$

muß dann aber die für alle Güter i gleiche Überschußnachfrage $Z_i(p^*)$ gleich Null sein, d.h. p^* ist Konkurrenzpreisvektor. Wir haben damit gezeigt, daß jeder Fixpunkt p^* der Abbildung $\mu(\cdot)$ sich als Konkurrenzpreisvektor und jeder Konkurrenzpreisvektor p^* sich als Fixpunkt von $\mu(\cdot)$ erweist.

Die Existenz von Konkurrenzpreisvektoren und damit von Konkurrenzallokationen hängt also davon ab, ob man Preisvektoren

$$p^* \in \mu(p^*)$$

bzw. Fixpunkte der Abbildung $\mu(\cdot)$ finden kann, die durch $\mu(\cdot)$ auf sich selbst abgebildet werden. Mathematische Theoreme, die die Existenz von Fixpunkten für bestimmte Klassen von Abbildungen garantieren, heißen **Fixpunktsätze** (vgl. auch HILDENBRAND und KIRMAN, 1988, Mathematical Appendix IV). Wir wollen hier nur den einfachen Fall $L = 2$ mit einer Abbildung $\mu(\cdot)$ graphisch veranschaulichen, für die $\mu(p)$ für alle $p \in S$ ein abgeschlossenes Intervall in S ist, dessen Grenzen kontinuierlich von p abhängen. In der Abbildung 4.4.1 ist der Preissimplex S durch die Strecke $\overline{AB}$ beschrieben.

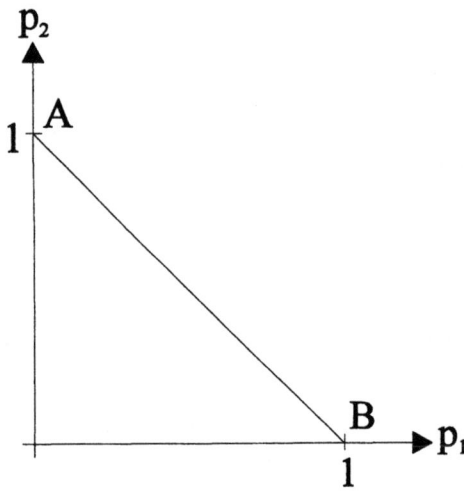

Abbildung 4.4.1

Man kann die Suche nach einem Konkurrenzpreisvektor $p \in \mu(p)$ derart organisieren, daß man von A ausgehend alle Preise p bis B daraufhin untersucht, ob sie die Bedingung $p \in \mu(p)$ erfüllen. Ein derartiges Vorgehen kann nur scheitern, wenn für alle $p \in \overline{AB}$ stets $p \notin \mu(p)$ gilt. Das ist aber offenbar nicht mit der Stetigkeit von $\mu(\cdot)$ vereinbar. Aus $A \notin \mu(A)$ folgt zum Beispiel, daß alle Preisvektoren $p' \in \mu(A)$ rechts von A liegen. Wegen $p \notin \mu(p)$ für alle Punkte p der näheren Umgebung von A auf der Strecke $\overline{AB}$ gilt dann aber aufgrund der Stetigkeit von $\mu(\cdot)$ eine analoge Aussage. Wenn man aber in dieser Weise die Strecke $\overline{AB}$ von A nach B durchwandert, müßte letztlich $B \in \mu(B)$ gelten. Dies zeigt, daß die Annahme $p \notin \mu(p)$ für alle $p \in \overline{AB}$ der Stetigkeit von $\mu(\cdot)$ widerspricht.

Da für $L = 2$ und $p \in S$ stets $p_1 + p_2 = 1$ gilt, kann für $L = 2$ ein Preisvektor $p = (p_1, p_2) \in S$ auch mit dem Preis p_1 identifiziert werden. Gemäß der Identifikation

„p_1 wird identifiziert mit $p = (p_1, 1 - p_1)$"

kann S mit dem Einheitsintervall $[0, 1]$ identifiziert werden, d.h. alle Paare

$$(p_1, \mu(p_1)) \text{ mit } p_1 \in [0, 1]$$

sind senkrechte abgeschlossene Streckenabschnitte, wie wir es für p_1^0 in der Abbildung 4.4.2 graphisch veranschaulicht haben. Der Graph aller dieser Paare $(p_1, \mu(p_1))$ mit $p_1 \in [0, 1]$ — der schraffierte Schlauch in der Abbildung — ist der (abgeschlossene) Graph der Abbildung $\mu(\cdot)$. Da Fixpunkte auf der 45°–Linie $p_1 = p_1$ liegen müssen, verfügt die Abbildung $\mu(\cdot)$ über wenigstens einen Fixpunkt, wenn die Schnittmenge des Graphen von $\mu(\cdot)$ und der 45°–Linie im Einheitsquadrat der Abbildung 4.4.2 nicht leer ist. Wegen der stetigen Abhängigkeit der Grenzen der Intervalle $\mu(p_1)$ von p_1 ist dies stets garantiert.

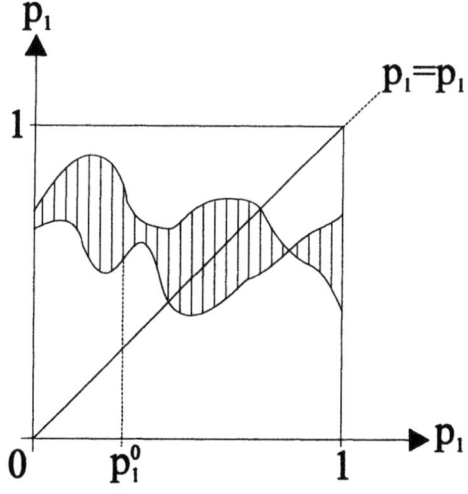

Abbildung 4.4.2

Ein Fixpunktsatz, mit dessen Hilfe man allgemein für alle Tauschökonomien der von uns betrachteten Form die Existenz von Konkurrenzallokationen nachweisen kann, ist der sogenannte

Fixpunktsatz von KAKUTANI (1941):

> Ist S eine nicht leere, kompakte und abgeschlossene Teilmenge des $\mathbb{R}^L$ und $\mu(\cdot)$ eine konvexwertige Abbildung von S nach $\mathcal{P}(S)$ mit einem abgeschlossenen Graph, so verfügt $\mu(\cdot)$ über mindestens einen Fixpunkt, d.h. es existiert ein $p \in S$ mit $p \in \mu(p)$. Hierbei bezeichnet $\mathcal{P}(S)$ die **Potenzmenge** von S, d.h. die Menge aller Teilmengen von S.

Der Fixpunktsatz von KAKUTANI folgt aus dem Fixpunktsatz von BROUWER (1910), der wiederum konstruktiv und elementar bewiesen werden kann (vgl. hierzu das in der englischsprachigen Literatur häufig übersehene Buch von BURGER, 1966, sowie SCARF, 1973, und den Mathematical Appendix IV von HILDENBRAND und KIRMAN, 1988).

Man kann die Existenz von Konkurrenzallokationen auch mit anderen mathematischen Sätzen beweisen, zum Beispiel den sogenannten Trennungssätzen (vgl. HILDENBRAND und KIRMAN, 1988, Mathematical Appendix II). Um Konkurrenzallokationen zu begründen, benötigt man jedoch ein allgemeineres Konzept individuellen Rationalverhaltens, nämlich den Begriff des strategischen Gleichgewichts oder Gleichgewichtspunkts, dessen Existenz ebenfalls durch Fixpunktsätze garantiert wird (vgl. die Hinweise in GÜTH, 1992). Da unserer Meinung nach Konkurrenzallokationen nur dann als Marktergebnisse überzeugen, wenn sie sich als derartige strategische Gleichgewichte nachweisen lassen, erscheint es sinnvoll, die Existenz von Konkurrenzallokationen auf mathematische Sachverhalte zurückzuführen, die auch die Existenz von strategischen Gleichgewichten garantieren.

4.5 Die Effizienz von Konkurrenzallokationen

Das Teilgebiet der Mikroökonomie, das sich mit Fragen der bestmöglichen Güterallokation und den Möglichkeiten ihrer Realisierbarkeit beschäftigt, bezeichnet man als **Wohlfahrtsökonomik**. Der zentrale Begriff der Wohlfahrtsökonomik ist die Definition der Effizienz, die sich als Mindestanforderung für gesellschaftliche Optimalität rechtfertigen läßt. In der Literatur wird die Effizienzeigenschaft häufig auch als **Pareto–Optimalität** bezeichnet. Eine Allokation

$$X = ((x^h)_{h \in H})$$

einer Tauschökonomie $\mathcal{E}$ heißt **effizient**, wenn es keine andere Allokation

$$\hat{X} = ((\hat{x}^h)_{h \in H})$$

von $\mathcal{E}$ mit

$$u^h(\hat{x}^h) > u^h(x^h) \text{ für alle } h \in H$$

gibt. Man beachte, daß bei beliebiger Teilbarkeit der Güter, wie es die Annahme $\Omega = \mathbb{R}^L_+$ voraussetzt, sowie bei Monotonie und generell positiven Konsummengen diese Anforderung für $\hat{X}$ zu der folgenden Bedingung äquivalent ist:

$$u^h(\hat{x}^h) \geq u^h(x^h) \text{ für alle } h \in H$$

sowie

$$u^h(\hat{x}^h) > u^h(x^h) \text{ für wenigstens einen Haushalt } h \in H.$$

Eine Allokation ist mithin effizient, wenn es nicht möglich ist, einen Haushalt besser zu versorgen, ohne gleichzeitig die Güterversorgung für andere Haushalte zu verschlechtern. Als notwendige Bedingung für gesellschaftlich optimale Allokationen ist die Effizienzeigenschaft unmittelbar einleuchtend, da bei ineffizienten Allokationen alle Haushalte besser gestellt werden können und damit ein gemeinsames Interesse haben, die ineffiziente Allokation durch eine effiziente Allokation zu ersetzen, die allen Haushalten bessere Konsumvektoren zuweist.

In der Regel gibt es jedoch eine enorme Vielfalt effizienter Allokationen und man kann sich durchaus sinnvolle Kriterien vorstellen, die den Begriff gesellschaftlich optimaler Allokationen noch weiter einengen, d.h. nur bestimmte effiziente Allokationen als gesellschaftlich optimal gelten lassen. Auf derartigen Kriterien basieren die sog. **Wohlfahrtsfunktionen**, die üblicherweise die gesellschaftliche Wohlfahrt durch die Nutzenwerte der einzelnen Haushalte bestimmt ansehen. So ist zum Beispiel die **utilitaristische Wohlfahrt** (vgl. HARSANYI, 1953 und 1955) durch die Summe der individuellen Nutzenwerte gegeben, während zum Beispiel die extreme Gewichtung des Gleichheitsprinzips die gesellschaftliche Wohlfahrt als durch den minimalen individuellen Nutzenwert bestimmt ansieht (vgl. RAWLS, 1971). Da sich durch positiv monotone Transformationen die Wohlfahrtsvergleiche manipulieren ließen, basieren beide Wohlfahrtsfunktionen auf einer weitergehenden Nutzenkonzeption, die die Möglichkeiten der Nutzentransformation erheblich einschränkt. Hier soll jedoch die Theorie der Wohlfahrtsmessung, die auch als **Wohlfahrtsökonomik** bezeichnet wird, nicht weiter vertieft werden, sondern nur die Effizienz als notwendige Bedingung für gesellschaftliche Optimalität angewandt werden.

Die Definition der Effizienz legt es nahe, effiziente Allokationen derart abzuleiten, daß man den Nutzen eines Haushalts $h \in H$ maximiert unter der Nebenbedingung, daß alle übrigen Haushalte ein vorgegebenes Nutzenniveau erzielen. Man versucht also, die folgende Funktion zu maximieren:

$$\begin{aligned} L &= L\big((x^k)_{k \in H}, (\lambda^k)_{k \in H}\big) \\ &= u^h(x^h) + \sum_{i=1}^{L} \lambda_i^h \sum_{h' \in H}(x_i^{h'} - e_i^{h'}) + \sum_{\substack{k \in H \\ k \neq h}} \lambda^k (u^k(x^k) - c^k) \end{aligned}$$

Aus Gründen der Übersichtlichkeit haben wir die sogenannten ökonomischen Nichtnegativitätsbedingungen $x^k \in \mathbb{R}_+^L$ für alle $k \in H$ nicht mittels zusätzlicher Nebenbedingungen in das Maximierungsproblem aufgenommen. Häufig kann man aus dem Typ der Nutzenfunktionen schließen, daß in einem lokalen Nutzenmaximum die ökonomischen Nichtnegativitätsbedingungen stets erfüllt sind. Die Variablen λ_i^h, $\lambda^k \in \mathbb{R}$ für $i = 1, ..., L$ bzw. alle $k \in H$ mit $k \neq h$ werden wieder als Lagrange–Multiplikatoren bezeichnet. Die notwendigen Bedingungen

$$\frac{\partial L}{\partial \lambda_i^h} = \sum_{h' \in H}(x_i^{h'} - e_i^{h'}) = \bar{0}$$

für ein lokales Extremum von L stellen sicher, daß alle Gütermärkte geräumt werden, während die notwendigen Bedingungen

$$\frac{\partial L}{\partial \lambda^k} = u^k(x^k) - c^k = 0$$

für $k \neq h$ gewährleisten, daß die Haushalte $k \neq h$ ihr vorgegebenes Nutzenniveau c^k erreichen. Aus

$$\frac{\partial L}{\partial x_i^h} = \frac{\partial u^h}{\partial x_i^h} + \lambda_i^h = 0 = \frac{\partial L}{\partial x_i^k} = \lambda_i^h + \lambda^k \frac{\partial u^k}{\partial x_i^k}$$

für $i = 1, ..., L$ sowie $k \neq h$ folgt

$$\frac{\partial u^h(x^h)}{\partial x_i^h} = \lambda^k \frac{\partial u^k(x^k)}{\partial x_i^k}$$

für $i = 1, ..., L$ und damit

$$\frac{\frac{\partial u^h(x^h)}{\partial x_i^h}}{\frac{\partial u^h(x^h)}{\partial x_j^h}} = \frac{\frac{\partial u^k(x^k)}{\partial x_i^k}}{\frac{\partial u^k(x^k)}{\partial x_j^k}}$$

für $i, j = 1, ..., L$ sowie für alle Haushalte $k \neq h$. Im lokalen Maximum von L sind also die Grenznutzenrelationen bzw. die Grenzraten der Substitution aller Haushalte für alle Güterpaare gleich. Effiziente Allokationen können natürlich auch zu Randlösungen führen, die einem Haushalt die Menge Null von einem Gut zuordnen. In diesen Fällen werden die Grenzraten der Substitution nicht die obige Anforderung erfüllen, die aus den notwendigen Bedingungen für ein lokales Extremum der Funktion L abgeleitet wurde.

Man beachte auch, daß in die Bestimmung der effizienten Allokation zwar die Gesamtverfügbarkeiten der L Güter eingehen, daß aber die Verteilung der Gesamterstausstattung auf die einzelnen Haushalte ohne jeden Belang ist. Anders als die Konkurrenzallokationen basieren daher effiziente Allokationen nicht auf der Annahme des Privateigentums an Konsumgütern.

Beispiel: Für die Tauschökonomie $\mathcal{E} = ((u^k, e^k)_{k \in H})$ mit

$$u^k(x^k) = \prod_{j=1}^{L}(x_j^k + c_j) \text{ und } c_j > 0 \ (j = 1, ..., L) \text{ für alle } k \in H$$

und

$$E = (E_1, ..., E_L) = \sum_{k \in H} e^k \text{ mit } E_j > nc_j \text{ für } j = 1, ..., L$$

sollen die effizienten Allokationen bestimmt werden.

Mit $c = (c_1, ..., c_L)$ sei der Vektor der Parameter c_j für $j = 1, ..., L$ der für alle Haushalte gleichen Nutzenfunktionen bezeichnet. Aus

$$\frac{\frac{\partial u^h(x^h)}{\partial x_i^h}}{\frac{\partial u^h(x^h)}{\partial x_j^h}} = \frac{x_j^h + c_j}{x_i^h + c_i} = \frac{\frac{\partial u^k(x^k)}{\partial x_i^k}}{\frac{\partial u^k(x^k)}{\partial x_j^k}} = \frac{x_j^k + c_j}{x_i^k + c_i}$$

folgt

$$x_j^k + c_j = \frac{x_j^h + c_j}{x_i^h + c_i}(x_i^k + c_i) \text{ für alle } k \in H; i,j = 1, ..., L$$

und damit

$$\sum_{k \in H} x_j^k + nc_j = \frac{x_j^h + c_j}{x_i^h + c_i}(\sum_{k \in H} x_i^k + nc_i) \text{ für alle } i,j = 1, ..., L$$

bzw. wegen der Allokationseigenschaft ($\sum_{k \in H} x_l^k = E_l$ für $l = 1, ..., L$)

$$\frac{x_i^k + c_i}{x_j^k + c_j} = \frac{E_i + nc_i}{E_j + nc_j}$$

für alle $i, j = 1, ..., L$ und alle Haushalte $k \in H$, sofern alle Konsumgütermengen aller Haushalte positiv sind. Die effizienten Allokationen von $\mathcal{E}$ sind also alle Allokationen der Form

$$X = ((x^h)_{h \in H}) \text{ mit } x^h = -c + a^h(E + nc) \text{ und}$$
$$a^h \geq 0 \text{ (für alle } h \in H), \sum_{h \in H} a^h = 1,$$

d.h. jeder Haushalt h erhält einen nichtnegativen Anteil a^h von $E + nc$ (abzüglich c), wobei die Summe der Anteile natürlich 1 betragen muß, um der Markträumungsbedingung zu genügen. □

Für $L = 2$ und $H = \{a, b\}$ sollen die effizienten Allokationen auch graphisch abgeleitet und verdeutlicht werden. Hierbei wollen wir wie bisher die Betrachtung von Randlösungen ausschließen. Schneiden sich zwei Indifferenzkurven, wie im Allokationspunkt $\hat{x}^a$ bzw. $\hat{X} = (\hat{x}^a, e^a + e^b - \hat{x}^a)$ der Abbildung 4.5.1, so können beide Haushalte besser gestellt werden, wenn sie stattdessen einen Punkt innerhalb der durch die sich in $\hat{x}^a$ schneidenden Indifferenzkurven gebildeten („**Tausch-**")**Linse** wählen, zum Beispiel den Punkt $\widehat{\widetilde{x}}\,^a$ in der Abbildung 4.5.1. Schnittpunkte von Indifferenzkurven sind daher keine effizienten Allokationen, da hier die Grenzrate der Substitution für beide Haushalte ungleich ist. Effiziente Allokationen sind mithin alle Tangentialpunkte von Indifferenzkurven $I^a(x^a)$ und $I^b(e^a + e^b - x^a)$, wie zum Beispiel die Punkte $\tilde{x}^a$ und $\widehat{\widetilde{x}}\,^a$ in der Abbildung 4.5.1. Die Verbindungskurve aller dieser Tangentialpunkte wird häufig als **Kontraktkurve** bezeichnet.

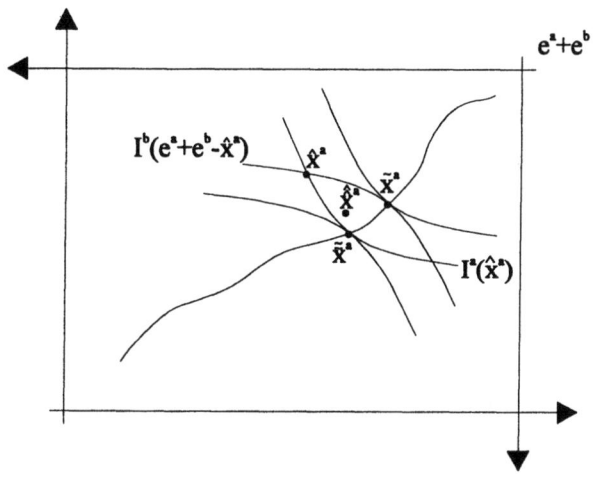

Abbildung 4.5.1

Vergleicht man die Abbildungen 4.3.2 und 4.5.1, so sieht man, daß Konkurrenzallokationen im Fall $L = 2$ und $H = \{a, b\}$ auf der Kontraktkurve liegen und damit effizient sind. Daß dies generell gilt, besagt das folgende

Grundtheorem der Wohlfahrtsökonomik:

Konkurrenzallokationen sind effizient.

Beweis: Es sei $\mathcal{E} = ((u^h, e^h)_{h \in H})$ eine Tauschökonomie und $X = ((x^h)_{h \in H})$ eine beliebige Konkurrenzallokation von $\mathcal{E}$ und $p = (p_1, ..., p_L)$ ein zu X gehörender Konkurrenzpreisvektor. Wäre X nicht effizient, so würde eine Allokation

$$\hat{X} = ((\hat{x}^h)_{h \in H}) \quad \text{mit } u^h(\hat{x}^h) > u^h(x^h) \text{ für alle } h \in H$$

existieren. Da aber X Konkurrenzallokation ist, müßte der Konsumvektor $\hat{x}^h$ beim Preisvektor p einen höheren Konsumausgabebetrag implizieren als x^h, d.h. für alle $h \in H$ würde

$$p\, \hat{x}^h > p\, x^h$$

gelten, was aber bei positiven Preisen und auf Grund der Allokationseigenschaft wegen

$$p \sum_{h \in H} e^h = p \sum_{h \in H} \hat{x}^h > p \sum_{h \in H} x^h = p \sum_{h \in H} e^h$$

zum Widerspruch führt. Da bei Monotonie die Konkurrenzpreise stets positiv sind, folgt die Aussage des Theorems. □

Die Aussage des Grundtheorems der Wohlfahrtsökonomik wird manchmal mit dem Wirken einer unsichtbaren Hand verglichen: Obwohl jeder Haushalt bei gegebenen Preisen nur seinen eigenen Nutzen maximiert, bewirkt das Zusammenwirken aller Haushalte im Sinne einer Konkurrenzallokation ein gesellschaftlich optimales Ergebnis im Sinne der Effizienz. Allerdings setzt dies voraus, daß das individuelle Streben nach Nutzenmaximierung wirklich zu einer Konkurrenzallokation führt, d.h. man müßte aus dem Verhalten der Haushalte eine Tendenz zur Realisierung von Konkurrenzallokationen herleiten. Wir wollen dieses Problem an dieser Stelle nicht weiter vertiefen, sondern eine andere Einschränkung des Grundtheorems der Wohlfahrtsökonomik anhand eines Beispiels verdeutlichen:

Beispiel: „Tauschökonomie mit externen Effekten"

Wir betrachten den einfachen Fall einer Tauschökonomie mit $L \geq 2$, $H = \{a, b\}$, wobei $u^a(x^a)$ und $u^b(x^a, x^b)$ differenzierbar und $E = (E_1, ..., E_L) = e^a + e^b$ in allen Komponenten positiv sein soll.

Den Tatbestand, daß u^b nicht nur von x^b, sondern auch von x^a abhängt, bezeichnet man als **externe Konsumeffekte**. Allgemein liegen externe Konsumeffekte vor, wenn das Konsumverhalten mindestens eines Haushalts die Präferenzen und damit die Nutzenwerte zumindestens eines anderen Haushalts beeinflußt.

Aus den notwendigen Bedingungen

$$\frac{\partial L}{\partial x_i^a} = \frac{\partial u^a(x^a)}{\partial x_i^a} - \lambda \left[\frac{\partial u^b(x^a, E-x^a)}{\partial x_i^a} - \frac{\partial u^b(x^a, E-x^a)}{\partial x_i^b} \right] = 0$$

mit $i = 1, ..., L$ für ein lokales Extremum von

$$L = L(x^a, \lambda) = u^a(x^a) - \lambda[u^b(x^a, E-x^a) - c^b]$$

erhält man

(+)
$$\frac{\frac{\partial u^a(x^a)}{\partial x_i^a}}{\frac{\partial u^a(x^a)}{\partial x_j^a}} = \frac{\frac{\partial u^b(x^a, E-x^a)}{\partial x_i^a} - \frac{\partial u^b(x^a, E-x^a)}{\partial x_i^b}}{\frac{\partial u^b(x^a, E-x^a)}{\partial x_j^a} - \frac{\partial u^b(x^a, E-x^a)}{\partial x_j^b}}$$

für alle $i, j = 1, ..., L$ als Bedingungen für Effizienz. Aus der notwendigen Bedingung für lokale Extrema von

$$L^a = L^a(x^a, \lambda) = u^a(x^a) - \lambda p(x^a - e^a)$$

sowie

$$L^b = L^b(x^b, \lambda) = u^b(x^a, x^b) - \lambda p(x^b - e^b)$$

folgt hingegen

(−)
$$\frac{\frac{\partial u^a(x^a)}{\partial x_i^a}}{\frac{\partial u^a(x^a)}{\partial x_j^a}} = \frac{p_i}{p_j} = \frac{\frac{\partial u^b(x^a, x^b)}{\partial x_i^b}}{\frac{\partial u^b(x^a, x^b)}{\partial x_j^b}}$$

für alle Güter $i, j = 1, ..., L$ als Bedingung für eine Konkurrenzallokation. Da wegen der Allokationseigenschaft $x^b = E - x^a$ gilt, wird es im allgemeinen nicht gelingen, die beiden Bedingungen (+) und (−) gleichzeitig, d.h. für denselben Allokationspunkt x^a bzw. $X = (x^a, E - x^a)$ zu erfüllen. Das verdeutlicht, daß bei externen (Konsum–)Effekten Konkurrenzallokationen im allgemeinen ineffizient sind. Als konkretes Beispiel wollen wir eine extreme Situation betrachten, die bei Effizienz Randlösungen verlangt. Wir wollen von $L = 2$ sowie

$$u^a(x^a) = (x_1^a + c_1)(x_2^a + c_2)$$

und

$$u^b(x^a, x^b) = (x_1^a + x_1^b + c_1)(x_2^b + c_2)$$

mit $c_1 > 0$ und $c_2 > 0$ ausgehen. Die Bedingungen (+) und (−) konkretisieren sich hierfür zu

($\hat{+}$)
$$\frac{x_2^a + c_2}{x_1^a + c_1} = \frac{(x_2^b + c_2) - (x_2^b + c_2)}{-(x_1^a + x_1^b + c_1)} = 0$$

bzw.

($\hat{-}$)
$$\frac{x_2^a + c_2}{x_1^a + c_1} = \frac{(x_2^b + c_2)}{x_1^a + x_1^b + c_1}$$

Offenbar ist die Bedingung ($\hat{+}$) wegen $c_i > 0$ ($i = 1, 2$) und $x^a \in \mathbb{R}_+^2$ nicht erfüllbar. Eine lokale Lösung mit $x_i^a > 0$ für $i = 1, ..., L$ ist daher ausgeschlossen. Lösungen mit $x_i^a = 0$ für wenigstens ein Gut $i = 1, ..., L$ nennen wir Randlösungen. Im konkreten Beispiel liegt nur eine Randlösung vor, nämlich $x_1^a = E_1$, d.h. $x_1^b = 0$. Der Grund hierfür ist die Annahme, daß der Haushalt b sich über den Konsum des Gutes 1 seitens des Haushalts a in derselben Weise freut, als wenn er selbst Gut 1 konsumieren würde. Die effizienten Allokationen sind mithin von der Form

$$X = (x^a = (E_1, x_2^a), x^b = (0, E_2 - x_2^a)) \text{ mit } 0 \leq x_2^a \leq E_2$$

bzw.

$$X = (x^a = (x_1^a, 0), x^b = (E_1 - x_1^a, E_2)) \text{ mit } 0 \leq x_1^a \leq E_1,$$

wenn wir die Definition der Effizienz zugrundelegen, die verlangt, daß keine andere Allokation existiert, die alle Haushalte besserstellt. Die Äquivalenz der beiden Definitionen von Effizienz ist also in unserem Beispiel nicht gewährleistet.

Wir wollen die Konkurrenzallokationen ableiten, um dann nachweisen zu können, daß sie nicht effizient sind. Analog zu unserem Beispiel aus der Haushaltstheorie ist die Nachfragefunktion von Haushalt a durch

$$x^{*a}(p) = \left(\frac{p \cdot e^a + p \cdot c}{2\, p_1} - c_1, \frac{p \cdot e^a + p \cdot c}{2\, p_2} - c_2 \right)$$

bestimmt. Für Haushalt b folgt aus $p \cdot x^b = p \cdot e^b$ und

$$\frac{\frac{\partial u^b}{\partial x_1^b}}{\frac{\partial u^b}{\partial x_2^b}} = \frac{x_2^b + c_2}{x_1^a + x_1^b + c_1} = \frac{p_1}{p_2}$$

die Nachfragefunktion

$$x^{*b}(p) = \left(\frac{p \cdot e^b + p \cdot c}{2\, p_1} - c_1 - \frac{x_1^a}{2}, \frac{p \cdot e^b + p \cdot c}{2\, p_2} - c_2 + \frac{p_1}{p_2} \cdot \frac{x_1^a}{2} \right).$$

Setzt man die Normierungsbedingung $p_2 = 1$ in die Markträumungsbedingung

$$x_2^{*a}(p) + x_2^{*b}(p) = E_2$$

für Gut 2 ein, so erhält man

$$3 \frac{p_1^* e_1^a + e_2^a + p_1^* c_1 + c_2}{4} + \frac{p_1^* e_1^b + e_2^b + p_1^* c_1 + c_2}{2} - 2\, c_2 - \frac{c_1}{2} p_1^* = E_2$$

bzw.

$$p_1^* = \frac{e_2^a + 2e_2^b + 3c_2}{3e_1^a + 2e_1^b + 3c_1},$$

d.h. beide Konkurrenzpreise sind positiv. Die Konkurrenzallokation $X^* = (x^{*a}(p^*), E - x^{*a}(p^*))$ ist mithin durch

$$x^{*a}(p^*) = \left(\frac{e_1^a - c_1}{2} + \frac{e_2^a + c_2}{2p_1^*}, \frac{e_2^a - c_2}{2} + \frac{e_1^a + c_1}{2}p_1^*\right)$$

eindeutig festgelegt. Gilt $e_1^a > c_1$ und $e_2^a > c_2$, so sind sowohl $x_1^{*a}(p^*)$ als auch $x_2^{*a}(p^*)$ positiv. Da

$$x^{*b}(p^*) = \left(\frac{e_1^b - c_1}{2} + \frac{e_2^b + c_2}{2p_1^*} - \frac{x_1^{*a}(p^*)}{2}, \frac{e_2^b - c_2}{2} + \frac{e_1^b + c_1}{2}p_1^* + \frac{x_1^{*a}(p^*)}{2}p_1^*\right)$$

für $e_1^b > c_1$ und $e_2^b > c_2$ auch nur über positive Komponenten verfügt, liegt die Konkurrenzallokation unter diesen Bedingungen nicht auf dem Rand des Tauschboxdiagramms. Im Fall $e_j^h > c_j$ für $h = a$ und $h = b$ sowie $j = 1, 2$ erweist sich damit die Konkurrenzallokation als ineffizient. Um sowohl die effizienten als auch die Konkurrenzallokationen als innere Lösungen darzustellen, kann man das Ausmaß externer Konsumeffekte parametrisch variieren, zum Beispiel durch

$$u^b(x^a, x^b) = (wx_1^a + x_1^b + c_1)(x_2^b + c_2)$$

mit $0 < w \leq 1$. Es läßt sich dann zeigen, daß die für geringe Werte von w inneren Konkurrenzallokationen ebenfalls ineffizient sind. Das Grundtheorem der Wohlfahrtsökonomik erfaßt also nur den Spezialfall $w = 0$. □

Das Beispiel zeigt: Das Grundtheorem der Wohlfahrtsökonomik basiert auf dem Ausschluß externer Effekte und kann daher im allgemeinen nicht auf reale Marktwirtschaften übertragen werden.

Da wir uns häufig am Konsum anderer erfreuen (zum Beispiel an des Nachbars Garten) oder uns darüber ärgern (zum Beispiel über die Grillgerüche aus Nachbars Garten), sind externe (Konsum–)Effekte die Regel und nicht die Ausnahme. Für real existierende Marktwirtschaften, die auf der theoretischen Konzeption der Konkurrenzallokation basieren, kann daher die gesellschaftliche Vorteilhaftigkeit nicht streng anhand des Grundtheorems der Wohlfahrtsökonomik belegt werden, sondern sollte ehrlicherweise auf rein pragmatische Vorteile wie die Informationsvorteile und die Anreiz- und Kontrolleffekte dezentraler Wirtschaftslenkung und privater Eigentumsrechte zurückgeführt werden.

Ineffiziente Allokationen eröffnen definitionsgemäß Chancen, alle Haushalte gleichzeitig besser zu versorgen. Liegt also eine ineffiziente Konkurrenzallokation vor, so kann es zu Allokationsverbesserungen kommen, indem zum Beispiel zwei Haushalte kooperieren, die durch externe Konsumeffekte verknüpft sind. In unserem konkreten Beispiel könnte Haushalt b den Haushalt a unterstützen, wenn Haushalt a mehr von Gut 1 konsumiert. In der ökonomischen Literatur wird manchmal argumentiert (vgl. zum Beispiel COASE, 1960), daß solche Chancen konsequent genutzt werden, so daß letztlich stets effiziente Allokationen realisiert werden. Dem steht jedoch entgegen, daß Verursacher und Empfänger externer Konsumeffekte einander oft nicht kennen oder daß über das Ausmaß der externen Effekte asymmetrische Informationen vorliegen (wenn zum Beispiel nur der Empfänger die Vorteile bzw. Schäden ermessen kann), was derartige kooperative Vereinbarungen ausschließt bzw. erschwert.

4.6 Zur fehlenden Anreizmonotonie von Konkurrenzallokationen

Die Effizienzeigenschaft von Konkurrenzallokationen schließt nicht notwendig Güterverschwendung aus. Ist es einem Haushalt zum Beispiel möglich, vor dem Tausch Teile seiner Erstausstattung zu vernichten, so kann man nicht ausschließen, daß er sich dadurch verbessert. Wir wollen dies graphisch anhand des Falls $L = 2$ und $H = \{a, b\}$ verdeutlichen. In der Abbildung 4.6.1 gehen wir davon aus, daß bei den vorgegebenen Erstausstattungen die Konkurrenzallokation x^{*a} das Marktgeschehen bestimmt. x^{*a} bzw. $X^* = (x^{*a}, e^a + e^b - x^{*a})$ ist eine Konkurrenzallokation, da x^{*a} auf der Tauschkurve $x^{*b}(p)$ des b liegt und da die Indifferenzkurve $I^a(x^{*a})$ des a in x^{*a} die Budgetgerade durch e^b und x^{*a} tangiert.

Vernichtet nun der Haushalt a vor Tauschbeginn eine Einheit des Gutes 1 in seiner Erstausstattung, so erhalten wir das kleinere Tauschboxdiagramm, wie es in der Abbildung 4.6.1 durch die gestrichelte Ordinatenachse angedeutet wird. In dem verkleinerten Tauschboxdiagramm ergibt sich dieselbe Tauschkurve für den Haushalt b und damit auch derselbe Erstausstattungspunkt, wohingegen alle Indifferenzkurven des Haushalts a horizontal um eine Mengeneinheit des Gutes 1 nach rechts verschoben werden müssen.

In dem verkleinerten Tauschboxdiagramm der Abbildung 4.6.1 ist $\underline{x}^{*a}$ bzw. $\underline{X}^* = (\underline{x}^{*a}, e^a + e^b - \underline{x}^{*a})$ eine Konkurrenzallokation, da $\underline{x}^{*a}$ auf der Tauschkurve $x^{*b}(p)$ des b liegt und da die Indifferenzkurve $\hat{I}^a(\underline{x}^{*a})$ des a in $\underline{x}^{*a}$ die Budgetgerade durch e^b und $\underline{x}^{*a}$ tangiert. Da aber der horizontale Abstand der Indifferenzkurve $\hat{I}^a(\underline{x}^{*a})$ im verkleinerten Tauschboxdiagramm sowie der Indifferenzkurve $I^a(\underline{x}^{*a})$ im ursprünglichen Tauschboxdiagramm größer als 1 ist, zieht der Haushalt a die Allokation $\underline{x}^{*a}$ der Allokation x^{*a} vor. Mit anderen Worten: Im verkleinerten Tauschboxdiagramm verläuft die Indifferenzkurzve $I^a(x^{*a})$, wenn sie um eine Einheit des Gutes 1 horizontal nach rechts verschoben wird (diese verschobene Indifferenzkurve wird in Abbildung 4.6.1 mit $\hat{I}^a(x^{*a})$ bezeichnet) immer noch links/unterhalb von $\hat{I}^a(\underline{x}^{*a})$. Der Haushalt a hat sich also durch den Wechsel von x^{*a} nach $\underline{x}^{*a}$, verursacht durch die Vernichtung von Teilen seiner Erstausstattung, verbessert.

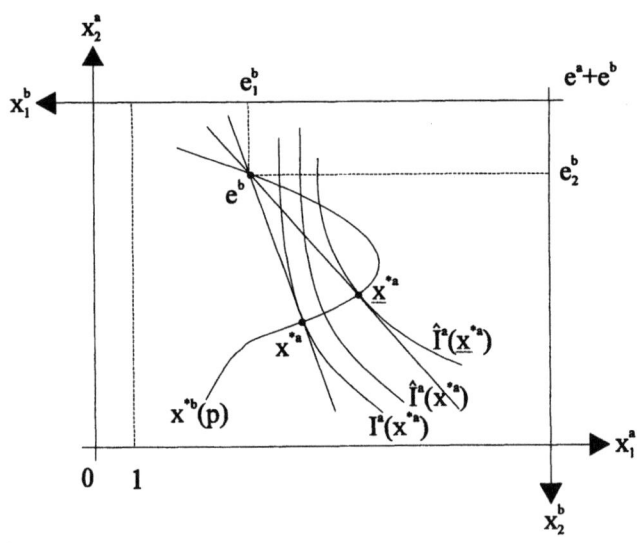

Abbildung 4.6.1

Gemäß der Konkurrenzallokation lohnt es also nicht immer, maximale Erstausstattungen bereitzustellen, was man auch als **fehlende Anreizmono-**

tonie von Konkurrenzallokationen bezeichnen kann. Wegen der Monotonieeigenschaft der individuellen Präferenzen impliziert die Vernichtung von Erstausstattung natürlich immer Ineffizienzen, d.h. die Effizienzeigenschaft von Konkurrenzallokationen gilt nur für vorgegebene und nicht manipulierbare Erstausstattungen.

Nun kann man hoffen, daß mit zunehmender Anzahl von Haushalten auch der Anteil eines einzelnen Haushalts an der Gesamterstausstattung aller L Güter gegen Null konvergiert und daß damit auch die Anreize zur Erstausstattungsvernichtung eliminiert werden, da sehr viele Haushalte von der künstlichen Verknappung eines Gutes profitieren würden und damit der Verzicht auf Güter nicht mehr durch den Verknappungsgewinn überkompensiert werden kann. Bei monopolisiertem Angebot für bestimmte Güter kann jedoch selbst in großen Ökonomien die Anreizmonotonie von Konkurrenzallokationen fehlen. Geradezu klassisches Beispiel hierfür sind die Vernichtungsaktionen von Agrarprodukten durch Bauernverbände, die als solche sicherlich über monopolähnliche Marktpositionen verfügen.

Anreizmonotonie wurde hier verstanden als Bereitschaft, mit der maximal möglichen Erstausstattung in den Tausch zu gehen. Davon zu trennen sind Anreizaspekte, die auf Grund privater Information eines Haushalts h über seine Charakteristika e^h bzw. u^h wünschenswert sein können. Hierbei könnte man davon ausgehen, daß jeder Haushalt $h \in H$ einen Vektor $(\widehat{u}^h, \widehat{e}^h)$ mitteilt, der nicht notwendig mit seiner wahren Charakteristik (u^h, e^h) übereinstimmt, und daß dann bezüglich einer Konkurrenzallokation der „mitgeteilten Tauschökonomie"

$$\widehat{\mathcal{E}} = ((\widehat{u}^h, \widehat{e}^h)_{h \in H})$$

getauscht wird. Bezeichnet $z^h(\widehat{\mathcal{E}})$ den für Haushalt $h \in H$ hierdurch implizierten Nettotauschvektor, so wird der Haushalt $h \in H$ die Charakteristik $(\widehat{u}^h, \widehat{e}^h)$ vorgeben, für die

$$u^h(e^h + z^h(\widehat{\mathcal{E}}))$$

maximal ist.

Beispiel: Betrachtet sei die Tauschökonomie mit

$$H = \{a, b\}, L = 2$$

und

$$u^h(x^h) = x_1^h \cdot x_2^h \text{ für } h \in H$$

sowie $e_1^a > 0$, $e_2^b > 0$ und $e_j^h = 0$ sonst. Nur Haushalt $a \in H$ sei in der Lage, entweder

(i) statt seiner Nutzenfunktion u^a eine Nutzenfunktion des Typs

$$\widehat{u}^a(x^a) = (x_1^a)^k \cdot x_2^a \text{ mit } k > 0$$

zu behaupten oder

(ii) statt $e^a = (e_1^a, 0)$ einen Erstausstattungsvektor

$$\widehat{e}^a = (\widehat{e}_1^a, 0) \text{ mit } 0 < \widehat{e}_1^a < e_1^a$$

vorzugeben.

Setzt man $p_2^* = 1$, so erhält man

$$z^a(\widehat{\mathcal{E}}) = \left(-\frac{\widehat{e}_1^a}{k+1}, \frac{\widehat{p}_1 \cdot \widehat{e}_1^a}{k+1}\right),$$

wobei $\widehat{p}_1$ der Konkurrenzpreis p_1 der Ökonomie $\widehat{\mathcal{E}}$ bezeichnet, für den

$$\widehat{p}_1 = \frac{1+k}{2} \cdot \frac{e_2^b}{\widehat{e}_1^a}$$

gilt. Im Fall (i) mit $\widehat{e}_1^a = e_1^a$ wird daher der Haushalt a den Wert k wählen, für den

$$u^a(e^a + z^a(\widehat{\mathcal{E}})) = \frac{k}{2(k+1)} e_1^a \cdot e_2^b$$

möglichst groß wird. Der Fall (i) verdeutlicht, daß der Haushalt a nicht seinen wahren Nutzenparameter $k = 1$ behaupten wird.

Im Fall (ii) mit $k = 1$ wird Haushalt a analog den Wert $\widehat{e}_1^a$ melden, für den

$$u^a(e^a + z^a(\widehat{\mathcal{E}})) = (e_1^a - \frac{\widehat{e}_1^a}{2}) \cdot \frac{e_2^b}{2}$$

maximal wird. Offensichtlich hat Haushalt a einen Anreiz $\widehat{e}_1^a$ im Bereich $\widehat{e}_1^a > 0$ möglichst gering anzugeben. Beide Fälle verdeutlichen mithin, daß Konkurrenzallokationen keine Anreize bieten, ehrlich die eigene Charakteristik mitzuteilen. Dies beweist das

Theorem: Das Konzept der Konkurrenzallokation garantiert nicht, daß die Agenten ihre Charakteristika offenbaren, d.h. nicht verfälschen.

Zu diesem Abschnitt verweisen wir auf ähnlich gelagerte Analysen von YI (1991) sowie der dort zitierten Beiträge.

4.7 Wann ist mit Konkurrenzallokationen zu rechnen?

Ist ein Konkurrenzpreisvektor vorgegeben, so hat offenbar jeder Haushalt $h \in H$ einen Anreiz, genau den Nettotauschvektor

$$z^h = x^h - e^h$$

in seiner Budgetmenge zu realisieren, der der zugehörigen Konkurrenzallokation

$$X = ((x^h)_{h \in H})$$

der Tauschökonomie $\mathcal{E} = ((u^h, e^h)_{h \in H})$ entspricht. Die Frage, wann mit Konkurrenzallokationen zu rechnen ist, kann damit in die Frage umgemünzt werden, unter welchen Bedingungen sich Konkurrenzpreise ergeben. Die letzte Frage läßt sich nicht ohne weiteres beantworten, da der Begriff der Konkurrenzallokation, wie er oben definiert wurde, zwar die Existenz von Konkurrenzpreisen voraussetzt, aber nichts darüber aussagt, wer die Preise setzt, geschweige denn darüber, wieso diese Preisentscheidungen zu Konkurrenzpreisen führen.

Im folgenden werden wir einige sehr einfache Versuche skizzieren, das Zustandekommen von Konkurrenzpreisen zu erklären, die durchgängig wenig zufriedenstellen, die jedoch verdeutlichen dürften, wie schwierig es ist, die Realisierung von Konkurrenzpreisen plausibel zu begründen. In den weiteren Abschnitten dieses Kapitels sollen dann die Bedingungen für Konkurrenzallokationen gemäß der Konzeption des Kerns erarbeitet werden. Der Kern ist einer der wichtigsten Lösungsbegriffe der kooperativen Spieltheorie. Anders als Konkurrenzallokationen setzen Kernallokationen keine allgemein gültigen Tauschpreise voraus, sondern basieren auf völlig freier Koalitionsbildung aller Haushalte einer Tauschökonomie.

Aus sozialer Sicht erweisen sich Konkurrenz- und Kernallokationen mithin als extreme Gegensätze. Während Konkurrenzallokationen als einzige definitionsmäßige Verknüpfung der Haushalte die gemeinsame Orientierung an denselben Konkurrenzpreisen aufweisen, gehen Kernallokationen davon aus, daß alle möglichen Teilgruppen von Haushalten miteinander verhandeln und bindende Tauschverträge eingehen können. Dennoch wird es sich zeigen, daß in „großen Ökonomien", in denen jeder einzelne Tauschpartner vernachlässigbar ist, diese beiden extrem gegensätzlichen Konzeptionen dieselben Tauschergebnisse vorhersagen (zum Zusammenhang von Konkurrenz- und Kernallokationen empfehlen wir die Einführung von HILDENBRAND und KIRMAN, 1988).

4.7.1 Strategische Erklärungen von Konkurrenzverhalten

Eine strategische Erklärung des Tauschverhaltens erfordert, die Tauschergebnisse auf individuelle strategische Entscheide der Haushalte oder etwaiger von ihnen eingesetzter Akteure zurückzuführen. Hierfür ist es vor allem notwendig, die individuellen Tauschakte und die Preisbildung aus individuellen strategischen Entscheidungen abzuleiten.

Das **Auktionatormodell** geht von folgendem zweistufigem Entscheidungsprozeß aus: Zunächst wählt der Auktionator einen Preisvektor $p = (p_1, ..., p_L) \in \mathbb{R}_+^L$ aus, der allgemein bekanntgegeben wird. Danach können alle Haushalte $h \in H$ ihren Nettotauschvektor

$$z^h = x^h - e^h \in \mathbb{R}^L \text{ mit } p \cdot z^h = 0 \text{ und } x^h = e^h + z^h \in \mathbb{R}_+^L$$

festlegen, den sie zu diesem Preisvektor p realisieren wollen.

Eine Partie mit dem Preisvektor p und seinem persönlichen Nettotauschvektor z^h bewertet der Haushalt $h \in H$ mit $u^h(x^h)$, wobei $x^h = e^h + z^h \in \mathbb{R}^L_+$ gilt. Der Auktionator soll bestraft werden, wenn nicht alle Märkte geräumt sind, d.h. sein Nutzen kann durch

$$-\sum_{i=1}^{L} |\sum_{h \in H} z_i^h|$$

angegeben werden, wobei $|r|$ den Absolutwert der Zahl r bezeichnen soll. Die höchste Auszahlung, nämlich diejenige von Null, erreicht der Auktionator dann, wenn sämtliche L Gütermärkte $i = 1, ..., L$ im Sinne von

$$\sum_{h \in H} z_i^h = 0$$

geräumt werden.

Offenbar wird sich jeder Haushalt $h \in H$ optimal gemäß seiner Konsumnachfragefunktion $x^{*h}(p)$ an den Preisvektor $p \in \mathbb{R}^L_+$ anpassen, d.h. bei Optimalverhalten werden die Tauschvektoren

$$z^{*h}(p) = x^{*h}(p) - e^h \text{ für alle } h \in H$$

realisiert, die definitionsgemäß die Bedingungen $p \cdot z^{*h}(p) = 0$ und $x^{*h}(p) \in \mathbb{R}^L_+$ erfüllen. Wenn er dieses richtig antizipiert, kann der Auktionator jede Bestrafung vermeiden, wenn er einen Konkurrenzpreisvektor vorschlägt. Die Lösung (ein **teilspielperfekter Gleichgewichtspunkt**, vgl. GÜTH, 1992) des Auktionatormodells schreibt also die Wahl eines Konkurrenzpreisvektors vor, an den sich alle Haushalte mit Nettotauschvektoren gemäß der zugehörigen Konkurrenzallokation anpassen.

Obwohl das Auktionatormodell Konkurrenzallokationen voraussagt, beantwortet es die Frage, wann und warum Konkurrenzallokationen realisiert werden, nicht in zufriedenstellender Weise. Erstens gibt es diese Form eines Auktionators nur für besondere spezielle Märkte, nämlich Güter- bzw. Wertpapierbörsen. Zweitens ist die Berechnung von Konkurrenzpreisvektoren für komplexe Tauschwirtschaften überaus kompliziert und zeitaufwendig (vgl. SCARF, 1973). Vor allem aber ist das Auktionatormodell für

Partien, die nicht zu Konkurrenzallokationen führen, völlig unglaubwürdig und ohne jede reale Basis. Wenn nämlich der Auktionator einen Nicht-Konkurrenzpreisvektor $p \in \mathbb{R}_+^L$ auswählt, an den sich alle Haushalte optimal anpassen, so sind definitionsgemäß die Tauschwünsche der Haushalte in ihrer Gesamtheit unerfüllbar. Abseits des Lösungsverhaltens fehlt dem Auktionatormodell mithin jede reale Basis; es ist daher als strategisches Modell nicht akzeptabel. Ferner wird nicht festgelegt, wer mit wem welche Mengen tauscht.

Das **Modell individueller Tauschpreisfestlegung** vermeidet es, einen fiktiven Auktionator einzuführen, der bestraft wird, wenn nicht alle Märkte geräumt werden. Gemäß diesem Modell wählen alle Haushalte $h \in H$ simultan

$$(p^h, z^h) \text{ mit } p^h \cdot z^h = 0 \text{ und } x^h = e^h + z^h \in \mathbb{R}_+^L,$$

d.h. einen Tauschpreisvektor $p^h \in \mathbb{R}_+^L$ sowie einen Nettotauschvektor $z^h \in \mathbb{R}_+^L$, der die Budgetbedingung $p^h \cdot z^h = 0$ beim individuell vorgeschlagenen Preisvektor p^h erfüllt. Alle Haushalte, die denselben Preisvektor $p \in \mathbb{R}_+^L$ vorgeschlagen haben, gehören derselben Tauschgruppe

$$C(p) = \{h \in H : p^h = p\}$$

an, deren Mitglieder sich über die Tauschpreise einig sind. Gilt für die Tauschgruppe $C(p)$ mit $C(p) \neq \emptyset$ die Markträumungsbedingung

$$\sum_{h \in C(p)} z^h = \bar{0} = (0, ..., 0),$$

so sollen alle Nettotauschvektoren realisiert werden d.h., die Mitglieder von $C(p)$ bewerten die Partie gemäß $u^h(x^h)$ mit $x^h = e^h + z^h$. Ist für $C(p)$ mit $C(p) \neq \emptyset$ die Markträumungsbedingung nicht erfüllt, so sollen die Mitglieder $h \in C(p)$ den Nettotauschvektor $z^h = \bar{0}$ erhalten, d.h. die Partie gemäß $u^h(e^h)$ bewerten.

Ist $X = ((x^h)_{h \in H})$ eine Konkurrenzallokation und p ein zugehöriger Konkurrenzpreisvektor, so lohnt es sich offenbar für keinen Haushalt, von der Strategienkombination

$$[(p^h = p, z^h = x^h - e^h)_{h \in H}]$$

als einziger abzuweichen: Jede Preisabweichung würde bewirken, daß man nicht tauschen kann, und Mengenabweichungen lohnen nicht, da x^h definitionsgemäß in der durch p festgelegten Budgetmenge $B(e^h, p)$ optimal ist. Konkurrenzallokationen werden also durch **Gleichgewichtspunkte** (das sind Strategienkombinationen, von denen kein einzelner Spieler lohnend abweichen kann, vgl. GÜTH, 1992) impliziert und sind damit als individuell rationales strategisches Verhalten im Modell individueller Tauschpreisfestlegung plausibel.

Zwar vermeidet das Modell individueller Tauschpreisfestlegung die Fiktion des Auktionators, die anderen grundlegenden Probleme des Auktionatormodells tauchen hier jedoch in ähnlicher Form auf. Jeder Haushalt muß den Konkurrenzpreisvektor für die unter Umständen komplexe Tauschökonomie bestimmen, die Haushalte müssen ferner ihre strategischen Wünsche (Tauschpreise und Tauschmengen) koordinieren, da jede Nichtkonsistenz den Nichttausch impliziert.

Anders als beim Auktionatormodell haben wir hier die Problematik ungleichgewichtiger Tauschwünsche dadurch vermieden, daß alle derartigen Konstellationen zum Nichttausch führen. In ähnlicher Weise ließe sich auch das Auktionatormodell reparieren: Gilt die Markträumungsbedingung, so würden alle Nettotauschvektoren z^h realisiert, ansonsten gilt $z^h = \bar{0}$. Ein so formuliertes Auktionatormodell wäre auch für Nicht–Konkurrenzpreisvektoren wohldefiniert.

Allerdings wird diese Verbesserung teuer bezahlt. Zwar werden Konkurrenzallokationen durch Gleichgewichte impliziert, das gilt jedoch auch für eine große Vielfalt von Nicht-Konkurrenzallokationen: Es sei $p \in \mathbb{R}_+^L$ kein Konkurrenzpreisvektor. Gibt es für alle Haushalte $h \in H$ einen Nettotauschvektor z^h mit $p \cdot z^h = 0$, $x^h = e^h + z^h \in \mathbb{R}_+^L$, so daß

$$u^h(e^h + z^h) \geq u^h(e^h)$$

und

$$\sum_{h \in H} z^h = \bar{0},$$

so ist die Strategienkombination

$$[(p^h = p, z^h)_{h \in H}]$$

ein Gleichgewichtspunkt im Modell individueller Tauschpreisfestlegung: Wie für Konkurrenzallokationen würde jede Abweichung eines einzelnen Haushalts $h \in H$ zum Nichttausch führen, der annahmegemäß nicht besser als der Nettotausch z^h beurteilt wird. Anhand des einfachen Falls $L = 2$ und $H = \{a, b\}$ kann man leicht illustrieren, daß es eine große Vielfalt derartiger Nicht–Konkurrenzallokationen gibt, die durch Gleichgewichtspunkte impliziert werden:

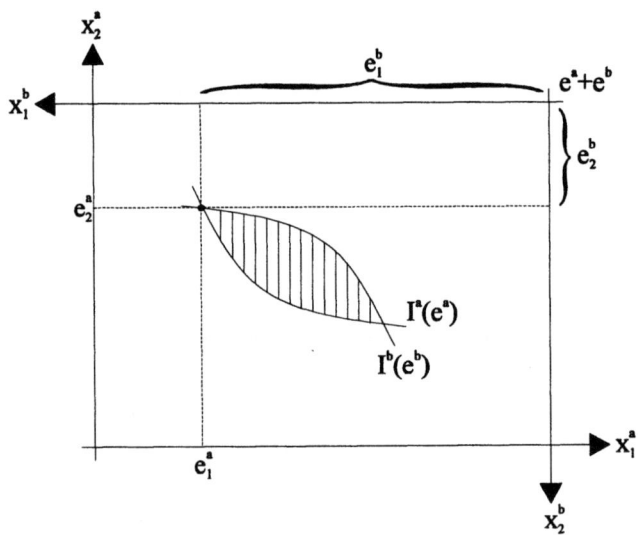

Abbildung 4.7.1.1

Alle Allokationen x^a bzw. $X = (x^a, e^a + e^b - x^b)$ in der durch die Indifferenzkurven $I^a(e^a)$ und $I^b(e^b)$ eingefaßten Tauschlinse (der schraffierte Bereich der Abbildung 4.7.1.1) lassen sich durch Gleichgewichtspunkte des Modells individueller Tauschpreisfestlegung bzw. des modifizierten Auktionatormodells implizieren, da sich definitionsgemäß beide Haushalte gegenüber der Situation des Nichttauschs verbessern bzw. — auf dem Rand der Tauschlinie — zumindestens nicht verschlechtern. Damit ist jede halbwegs plausible Allokation mit individuell rationalem strategischem Verhalten vereinbar, d.h. das Modell individueller Tauschpreisfestlegung bzw. das modifizierte Auktionatormodell hat fast keinen Informationsgehalt (allerdings könnte man versuchen, durch weitergehende spieltheoretische Lösungsbegriffe, die auf einer restriktiveren Nutzenkonzeption basieren, genauere Aussagen abzuleiten; vgl. GÜTH, 1992).

Realistische Modelle, die von individuell festgelegten Tauschpreisen ausgehen, dürften bestimmten Tauschpartnern eine besondere Bedeutung zuordnen. Das **Modell des Preisführers** geht von einer extremen Asymmetrie der Haushalte bei der Preisbestimmung aus: Der Preisführer setzt die Preise, an die sich alle anderen Haushalte mit ihren Nettotauschvektoren anpassen. Der Preisführer selbst muß seinen Nettotauschvektor so wählen, daß alle L Gütermärkte geräumt sind, d.h. er ist dafür verantwortlich, daß sich auf allen Gütermärkten bei den von ihm gesetzten Preisen Angebot und Nachfrage ausgleichen.

Geht man davon aus, daß der Haushalt $h \in H$ Preisführer ist und daß sich alle übrigen Haushalte $k \in H$ optimal an den von h gewählten Preisvektor $p \in \mathbb{R}^L_+$ anpassen, so resultiert der Nettotauschvektor

$$x^h(p) = \sum_{k \in H} e^k - \sum_{\substack{k \in H \\ k \neq h}} x^{*k}(p)$$

für den Preisführer h, wobei $x^{*k}(\cdot)$ die Nachfragefunktion des Haushalts k bezeichnet. Der Preisführer wird folglich den Preisvektor $p \in \mathbb{R}^L_+$ wählen, der seinen Nutzen

$$u^h(x^h(p)) = u^h \left(\sum_{k \in H} e^k - \sum_{\substack{k \in H \\ k \neq h}} x^{*k}(p) \right)$$

maximiert. Man kann sehr leicht anhand des Falls $L = 2$ und $H = \{a, b\}$ demonstrieren, daß dies weder eine Konkurrenzallokation noch eine effiziente Allokation bewirkt. In Abbildung 4.7.1.2 haben wir durch die Erstausstattungsallokation (e^a, e^b) die Nachfrage- bzw. Tauschkurve $x^{*b}(p)$ des Haushalts b eingezeichnet, die den optimalen Konsumvektor des b für alle möglichen Preisvektoren und damit Preisverhältnisse angibt. Als Preisführer muß der Haushalt a genau

$$x^a = e^a + e^b - x^{*b}(p)$$

konsumieren. Er wird also einen Preisvektor p bzw. ein Preisverhältnis p_1/p_2 wählen, das den für ihn günstigsten Punkt auf der Tauschkurve $x^{*b}(p)$ des Haushalts b impliziert. Dies ist genau im Punkt $x^a(p^*)$ der Fall, da dort die Tauschkurve des b durch eine Indifferenzkurve des a tangiert wird.

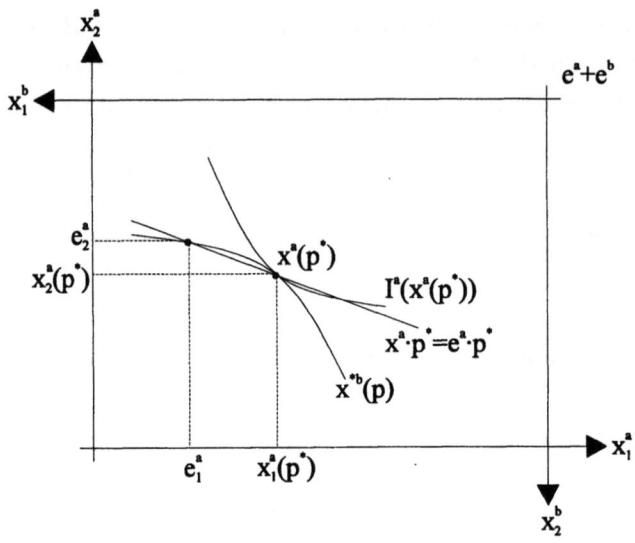

Abbildung 4.7.1.2

Nun ist im Punkte $x^a(p^*)$ die Indifferenzkurve $I^a(x^a(p^*))$ zwar tangential zu $x^{*b}(p)$, aber nicht zu der Budgetgeraden, die dem Preisvektor p^* entspricht, da die Budgetgeraden, abgesehen vom Punkt $x^{*b}(p) = e^b$, stets die Tauschkurve $x^{*b}(p)$ schneiden. Da aber die Indifferenzkurve $I^b(e^a + e^b - x^a(p^*))$ tangential zu der Budgetgeraden im Punkte $x^a(p^*)$ verläuft, schneiden sich $I^a(x^a(p^*))$ und $I^b(e^a + e^b - x^a(p^*))$ im Punkte $x^a(p^*)$. Der Punkt $x^a(p^*)$ bzw. die Allokation $X = (x^a(p^*), x^b = e^a + e^b - x^a(p^*))$ ist damit ineffizient und — wegen des Grundtheorems der Wohlfahrtsökonomik — auch keine Konkurrenzallokation.

Analytisch kann man dies in allgemeiner Form mit Hilfe der notwendigen Bedingungen

$$-\sum_{l=1}^{L} \frac{\partial u^h(x^h)}{\partial x_l^h} \cdot \frac{\partial \sum_{k \neq h} x_l^{*k}(p)}{\partial p_i} = 0 \text{ für } i = 1, ..., L$$

für ein lokales Maximum von $u^h(x^h(p))$ in Abhängigkeit von p nachweisen, wobei wir voraussetzen, daß die aggregierte Konsumnachfrage $\sum_{k \neq h} x_l^{*k}(p)$ der

Tauschpartner des Haushalts h für alle Güter $l = 1,...,L$ eine differenzierbare Funktion der Güterpreise ist. Gleichsetzen dieser Bedingungen für zwei Güter i und j impliziert

$$\sum_{l=1}^{L} \frac{\partial u^h(x^h)}{\partial x_l^h} \left[\frac{\partial \sum_{k \neq h} x_l^{*k}(p)}{\partial p_i} - \frac{\partial \sum_{k \neq h} x_l^{*k}(p)}{\partial p_j} \right] = 0.$$

Betrachtet man nur Veränderungen in der x_i^h, x_j^h-Ebene, so vereinfacht sich diese Bedingung zu

$$\frac{\partial u^h(x^h)}{\partial x_i^h} \left[\frac{\partial \sum_{k \neq h} x_i^{*k}(p)}{\partial p_i} - \frac{\partial \sum_{k \neq h} x_i^{*k}(p)}{\partial p_j} \right]$$

$$= \frac{\partial u^h(x^h)}{\partial x_j^h} \left[\frac{\partial \sum_{k \neq h} x_j^{*k}(p)}{\partial p_j} - \frac{\partial \sum_{k \neq h} x_j^{*k}(p)}{\partial p_i} \right]$$

bzw.

$$\frac{\frac{\partial u^h(x^h)}{\partial x_i^h}}{\frac{\partial u^h(x^h)}{\partial x_j^h}} = \frac{\frac{\partial \sum_{k \neq h} x_j^{*k}(p)}{\partial p_j} - \frac{\partial \sum_{k \neq h} x_j^{*k}(p)}{\partial p_i}}{\frac{\partial \sum_{k \neq h} x_i^{*k}(p)}{\partial p_i} - \frac{\partial \sum_{k \neq h} x_i^{*k}(p)}{\partial p_j}}$$

Wenn man auf mathematische Strenge verzichtet und die partiellen Differentialquotienten wie reguläre Brüche auffaßt, kann die rechte Seite der obigen Gleichung wie folgt geschrieben werden:

$$\frac{\frac{\partial \sum_{k \neq h} x_j^{*k}(p)(\partial p_i - \partial p_j)}{\partial p_i \partial p_j}}{\frac{\partial \sum_{k \neq h} x_i^{*k}(p)(\partial p_i - \partial p_j)}{\partial p_i \partial p_j}} = -\frac{\partial \sum_{k \neq h} x_j^{*k}(p)}{\partial \sum_{k \neq h} x_i^{*k}(p)}$$

Offenbar beschreibt dieser Ausdruck die Steigung der Nachfragekurve

$$\sum_{\substack{k \in H \\ k \neq h}} x^{*k}(\cdot)$$

in der durch die Güter i und j aufgespannten Ebene, die aber — abgesehen von der Erstausstattungsallokation — typischerweise nicht dem Preisverhältnis der Güter i und j entspricht. Das Grenznutzenverhältnis des Haushalts h unterscheidet sich damit von dem aller übrigen Haushalte, da deren Grenznutzenverhältnisse mit den Güterpreisverhältnissen übereinstimmen.

Geht man damit von der realistischen Annahme aus, daß einigen Tauschpartnern eine besondere Funktion bei der Festlegung der Tauschpreise zufällt und daß diese ihre Preisgestaltungsmöglichkeiten rein egoistisch wahrnehmen, so kann man im allgemeinen weder mit Konkurrenzallokationen noch mit effizienten Allokationen rechnen. Allerdings ist klar, daß mit wachsender Anzahl von Haushalten das Ergebnis des Modells der Preisführerschaft gegen eine Konkurrenzallokation konvergieren wird. In einer Ökonomie mit sehr vielen Tauschpartnern wird jeder Preisvektor p, der erheblich von den Konkurrenzpreisrelationen abweicht, negative Mengen

$$\sum_{k \in H} e_i^h - \sum_{\substack{k \in H \\ k \neq h}} x_i^{*k}(p)$$

für wenigstens ein Gut i implizieren, d.h. der Preisführer kann mit seiner beschränkten Erstausstattung nicht die Überschußnachfrage der anderen Haushalte nach diesen Gütern befriedigen. Dies deutet an, daß im allgemeinen nur in großen Ökonomien mit sehr vielen Tauschpartnern Konkurrenzallokationen mit Sicherheit zu erwarten sind.

Zweifellos ist es realistisch, sofern man im Rahmen von Tauschwirtschaften überhaupt von Realitätsnähe sprechen kann, die Preise der Tauschgüter durch Preisentscheide der Tauschpartner zu erklären. Das Modell individueller Tauschpreisfestlegung ist realitätsfern, da es die Bestimmung der Tauschpreise und Tauschmengen durch einstimmigen Beschluß festlegen läßt: Nur die Haushalte können miteinander tauschen, deren Preisvorschläge übereinstimmen und deren Nettotauschwünsche konsistent sind. Realistischere Modelle individueller Preisfestlegung sollten davon ausgehen, daß die individuellen Preisvorschläge vorläufige Tauschangebote darstellen, die bei inkonsistenten Tauschwünschen durchaus revidierbar sind. So könnten zum Beispiel alle Tauschakte als Ergebnis **bilateraler Verhandlungen** jeweils zweier Haushalte angesehen werden, die durch Sequenzen wechselseitiger Tauschangebote gekennzeichnet sind und entweder bei Annahme eines dieser Vertragsangebote mit einer bindenden Tauschvereinbarung enden oder mit Nichttausch, falls keiner der Tauschpartner bereit ist, ein Tauschangebot der Gegenseite zu akzeptieren.

Bisherige Versuche (vgl. den Überblick von BESTER, 1988, sowie OSBORNE und RUBINSTEIN, 1990), die Preise durch bilaterale Verhandlungen jeweils zweier Tauschpartner zu erklären, wobei bei Scheitern der Verhandlungen neue Tauschpartner gesucht werden können, gehen durchweg von Einzelmärkten aus, d.h., es werden lediglich Angebot und Nachfrage für ein bestimmtes Gut bzw. eine bestimmte Art von Gütern in die Betrachtung einbezogen. Wir wollen derartige Modelle hier nicht näher diskutieren, da wir uns im vorliegenden Band nur mit Marktwirtschaften befassen.

In der Literatur gibt es auch Versuche, das Zustandekommen von Konkurrenzpreisen durch Reaktionen auf Nicht-Konkurrenzpreise zu erklären, die man jedoch nicht konsequent auf strategische Entscheide der Tauschpartner zurückführt. Typischerweise wird unterstellt, daß alle Nettotauschvektoren $z^h (h \in H)$ vorläufige Tauschangebote darstellen, die im Falle inkonsistenter Tauschwünsche revidierbar sind. So könnte man zum Beispiel davon ausgehen, daß jeweils per Zufall ein Haushalt ausgewählt wird, einen Preisvektor $p \in \mathbb{R}^L_+$ auszurufen, an den sich jeder Haushalt $h \in H$ optimal gemäß seiner Konsumnachfragefunktion $x^{*h}(p)$ anpaßt. Sind die Tauschwünsche im Sinne von

$$\sum_{h \in H} z^{*h}(p) \neq \bar{0} = (0, ..., 0)$$

mit $z^{*h}(p) = x^{*h}(p) - e^h$ inkonsistent, so wird durch Zufall ein anderer Haushalt zum Preisausrufer ernannt, wobei er nur solche Preisvektoren $\hat{p} \in \mathbb{R}^L_+$ verkünden kann, die auf den vorherigen Vorschlag in folgender Weise reagieren: Gilt

$$\sum_{h \in H} z_i^{*h}(p) > 0,$$

d.h. liegt beim Preisvektor p für Gut i eine Übernachfragesituation vor, so muß der Preis für Gut i erhöht werden ($\hat{p}_i > p_i$); im Falle von

$$\sum_{h \in H} z_i^{*h}(p) < 0$$

bzw.

$$\sum_{h \in H} z_i^{*h}(p) = 0$$

soll der Preis für Gut i hingegen gesenkt ($\hat{p}_i < p_i$, falls $p_i > 0$) bzw. konstant gehalten werden.

Offenbar werden in einem solchen Prozeß kontinuierlich Tauschpreise vorgeschlagen, die zu knappe Güter relativ verteuern und zu reichlich vorhandene Güter relativ billiger anbieten. Man könnte zum Beispiel davon ausgehen, daß für einen jeweils vorgegebenen Preisvorschlag $p \in \mathbb{R}_+^L$ vorläufige bilaterale Tauschverträge abgeschlossen werden, die dann gültig sind, wenn niemand gegen diesen Preisvorschlag p Einwände erhebt. Bei inkonsistenten Tauschwünschen würden dann die Haushalte, die ihren Tauschvektor $z^{*h}(p)$ nicht realisieren können, eine Revision der Preisvorstellungen bewirken, so daß alle bilateralen Tauschverträge neu verhandelt werden müssen. Man kann daher ein derartiges Modell als **Modell der Neuverhandlungen (recontracting)** bezeichnen.

Allerdings ist trotz der Beschränkungen für den Neuvorschlag $\hat{p} \in \mathbb{R}_+^L$ keineswegs sichergestellt, daß die Sequenz der Preisvorschläge zu einem Konkurrenzpreisvektor konvergiert. Wir wollen dies für den einfachen Fall $L = 2$ und $H = \{a, b\}$ graphisch illustrieren:

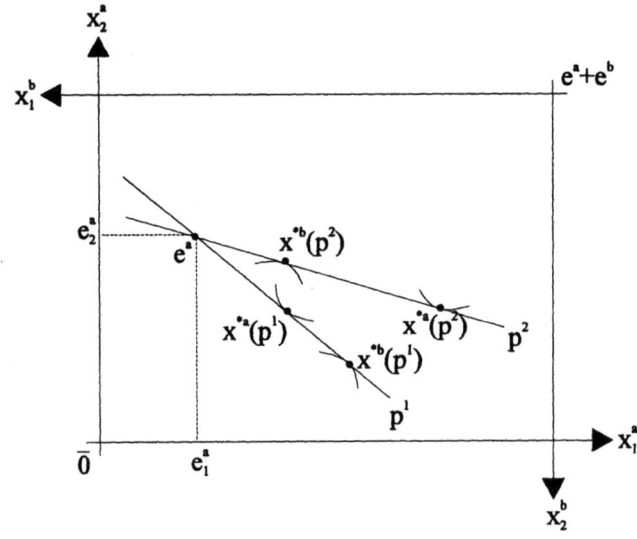

Abbildung 4.7.1.3

In der Abbildung 4.7.1.3 haben wir Preisvorschläge p^1 und p^2 mit unterschiedlicher Preisrelation p_1/p_2 zugrundegelegt. Offenbar gilt

$$z_1^{*a}(p^1) + z_1^{*b}(p^1) < 0 < z_2^{*a}(p^1) + z_2^{*b}(p^1)$$

und

$$z_1^{*a}(p^2) + z_1^{*b}(p^2) > 0 > z_2^{*a}(p^2) + z_2^{*b}(p^2),$$

d.h. p^1 erfüllt die Anforderungen für einen revidierten Preisvorschlag $\hat{p} = p^1$ in Reaktion auf p^2 und umgekehrt. Es kann mithin zu einer nicht konvergierenden Folge von Preisvorschlägen kommen, die für ein vorgegebenes Gut kontinuierlich Übernachfragesituationen durch Überangebotssituationen und Überangebotssituationen durch Übernachfragesituationen ablöst.

Andere nicht strategische Modelle gehen einfach davon aus, daß Güter mit Übernachfrage beim gegenwärtigen Preisvektor p sich relativ verteuern, während Güter mit Überangebot beim Preisvektor p relativ billiger werden. Eine **Preisanpassungshypothese**, die derartige Preisbewegungen $p(t)$ in Abhängigkeit vom kontinuierlich variierenden Zeitparameter t impliziert, ist zum Beispiel durch folgende Annahme gegeben:

(∗)

$$\dot{p}_i(t) = \frac{d\,p_i(t)}{dt} = \max\{0, p_i(t) + \sum_{h \in H} z_i^{*h}(p(t))\}$$

für alle Güter $i = 1,..,L$. Ein Gut i wird damit teurer, wenn beim gegenwärtigen Preisvektor eine Übernachfrage vorliegt, und es verbilligt sich, sofern dies noch möglich ist, wenn die Verkaufswünsche insgesamt überwiegen. Die **Preisanpassungshypothese** beschreibt eine Differentialgleichung

$$\dot{p}(t) = \frac{d\,p(t)}{dt} = F(p(t)) \in \mathbb{R}^L,$$

deren Stabilitätseigenschaften wir hier nicht genauer untersuchen wollen. Im allgemeinen erweisen sich Konkurrenzpreisvektoren $p \in \mathbb{R}_+^L$ als **stabile** Lösungen derartiger Preisanpassungsprozesse (vgl. SMALE, 1976a und b). Eine Lösung von $F(\cdot)$ ist ein Preisvektor $p \in \mathbb{R}_+^L$ mit $F(p) = \bar{0}$; eine derartige Lösung p ist (lokal) stabil, wenn der Prozeß von allen Startpunkten $\tilde{p}$ (in einer kleinen Umgebung von p) wieder gegen p konvergiert.

4.7.2 Kernallokationen

Im folgenden betrachten wir die Tauschvorgänge in einer Tauschökonomie

$$\mathcal{E} = \left((u^h, e^h)_{h \in H}\right),$$

ohne auf das Instrument allgemein gültiger Tauschpreise bzw. Tauschpreisrelationen zurückzugreifen. Ist

$$X = \left((x^h)_{h \in H}\right)$$

eine Allokation von $\mathcal{E}$, so soll ein derartiger Tauschplan nur dann als akzeptabel gelten, wenn es keiner Gruppe von Haushalten allein durch Tausch innerhalb dieser Gruppe möglich ist, sich im Vergleich zu X zu verbessern. Solche akzeptablen Allokationen nennen wir Kernallokationen (zum spieltheoretischen Konzept des Kerns vgl. GÜTH, 1992).

Da H mindestens zwei Haushalte enthält, ist die Menge der Teilmengen bzw. Koalitionen

$$C \subset H \text{ mit } C \neq \emptyset$$

von H nicht leer. Wir sagen, daß die Koalition C sich gegenüber der Allokation X **verbessern** kann, wenn es eine andere Allokation

$$\hat{X} = \left((\hat{x}^h)_{h \in H}\right)$$

von $\mathcal{E}$ gibt, für die folgende Bedingungen gelten

(i)

$$u^h(\hat{x}^h) > u^h(x^h) \text{ für alle } h \in C$$

(ii)

$$\sum_{h \in C} \hat{x}^h = \sum_{h \in C} e^h$$

Bedingung (i) besagt, daß alle Mitglieder der Koalition C daran interessiert sind, $\hat{X}$ statt X zu realisieren. Gemäß (ii) sind die Versprechungen der Allokation $\hat{X}$ für die Koalition durchsetzbar, da die Güterversorgung durch $\hat{X}$ allein durch Tausch innerhalb von C gewährleistet werden kann. Eine Allokation X der Tauschökonomie $\mathcal{E}$ heißt **Kernallokation**, falls sich keine Koalition $C \subset H$ mit $C \neq \emptyset$ gegenüber X verbessern kann.

Ist die Allokation X keine Kernallokation, so existiert definitionsgemäß eine Koalition, die sich allein durch Tausch innerhalb dieser Koalition eine im Vergleich zu X bessere Güterversorgung sichern kann. Dies verdeutlicht, daß nur Kernallokationen realistische Tauscherwartungen begründen, da sich kaum alle Haushalte dazu bereitfinden werden, Nicht–Kernallokationen zu realisieren. Konkurrenzallokationen sind damit nur dann zu erwarten, wenn sie sich als Kernallokationen erweisen.

Offenbar ist der Begriff der Effizienz äquivalent zum Erfordernis, daß sich die Koalition $C = H$ nicht bezüglich der vorgegebenen Allokation verbessern kann; formal ausgedrückt: Die Allokation X von $\mathcal{E}$ ist effizient, wenn sich die Koalition $C = H$ nicht gegenüber X verbessern kann. Es gilt mithin die folgende

Anmerkung: Kernallokationen sind effizient.

Eine beruhigende Aussage für Konkurrenzallokationen und damit für die Befürworter von Marktwirtschaften ist das folgende

Theorem: Konkurrenzallokationen sind Kernallokationen.

Beweis: Es sei $X = \bigl((x^h)_{h \in H}\bigr)$ eine beliebige Konkurrenzallokation der Tauschökonomie $\mathcal{E}$ und $p \in \mathbb{R}_+^L$ ein zugehöriger Konkurrenzpreisvektor. Ist X keine Kernallokation, so existiert eine Koalition $C \subset H$ mit $C \neq \emptyset$ und eine Allokation $\hat{X} = \bigl((\hat{x}^h)_{h \in H}\bigr)$ mit

(i)
$$u^h(\hat{x}^h) > u^h(x^h) \text{ für alle } h \in C$$

(ii)
$$\sum_{h \in C} \hat{x}^h = \sum_{h \in C} e^h.$$

Da für alle $h \in H$ die Gleichung

$$p\, x^h = p\, e^h$$

gilt und da die Anforderung (i) für alle $h \in C$ die Bedingung

$$p\,\hat{x}^h > p\,x^h$$

impliziert (die Bedingungen $p \cdot \hat{x}^h \leq p \cdot x^h$ und $u^h(\hat{x}^h) > u^h(x^h)$ würden der Eigenschaft von x^h als nutzenmaximaler Konsumvektor beim Konkurrenzpreisvektor p widersprechen), ergibt sich im Widerspruch zu der Anforderung (ii) die Bedingung

$$p \sum_{h \in C} \hat{x}^h > p \sum_{h \in C} x^h = p \sum_{h \in C} e^h. \quad \Box$$

Die Menge der Kernallokationen der Tauschökonomie $\mathcal{E}$ wird als der **Kern der Tauschökonomie** $\mathcal{E}$ bezeichnet. Aufgrund der beiden Aussagen gilt, daß der Kern von $\mathcal{E}$ stets Teilmenge der Menge effizienter Allokationen von $\mathcal{E}$ ist und daß die Menge der Konkurrenzallokationen Teilmenge des Kerns ist. Für den Fall $L = 2$ und $H = \{a, b\}$ kann man diesen Sachverhalt graphisch verdeutlichen (vgl. Abbildung 4.7.2.1).

Die Menge der effizienten Allokationen entspricht der Menge der Punkte x^a bzw. $X = (x^a, e^a + e^b - x^a)$ auf der Kontraktkurve KK', auf der alle Tangentialpunkte der Indifferenzkurven I^a und I^b liegen. Der Kern ist das Teilstück CC' der Kontraktkurve KK', das durch die Indifferenzkurven $I^a(e^a)$ sowie $I^b(e^b)$ eingegrenzt wird. Dies folgt, da es im Fall $H = \{a, b\}$ nur die drei Koalitionen $C = \{a\}$, $C = \{b\}$ und $C = H$ gibt. Offenbar kann sich $C = \{a\}$ gegenüber allen Allokationen x^a mit $u^a(x^a) < u^a(e^a)$ verbessern. Analog werden durch $C = \{b\}$ alle Allokationen x^a mit $u^b(e^a + e^b - x^a) < u^b(e^b)$ verhindert. Der Kern liegt damit in der durch die Indifferenzkurven $I^a(e^a)$ und $I^b(e^b)$ eingegrenzten Tauschlinse. Durch $C = H$ folgt ferner, daß nur effiziente Allokationen im Kern liegen, d.h. der Kern ist das durch $I^a(e^a)$ und $I^b(e^b)$ eingegrenzte Stück CC' der Kontraktkurve KK', wie es in der Abbildung 4.7.2.1 graphisch verdeutlicht wird.

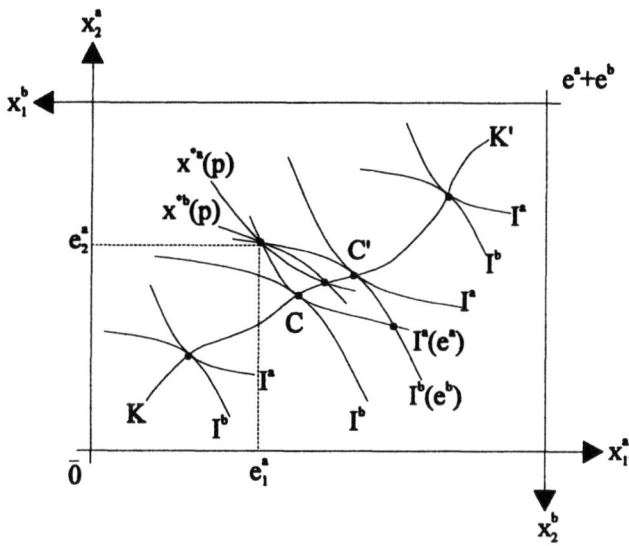

Abbildung 4.7.2.1

Die Menge der Konkurrenzallokationen ist durch den in der Abbildung 4.7.2.1 eindeutigen Schnittpunkt der Tauschkurven $x^{*a}(p)$ und $x^{*b}(p)$ gegeben, der im Kern liegt. Obwohl es also weitaus mehr effiziente Allokationen als Kernallokationen gibt, ist die Menge der Kernallokationen sehr viel reichhaltiger als die Menge der Konkurrenzallokationen. Im allgemeinen enthält der Kern ein Kontinuum an effizienten Allokationen, während es nur endlich viele Konkurrenzallokationen gibt. Im folgenden wollen wir den Zusammenhang von Kern- und Konkurrenzallokationen für den Übergang zu „großen Ökonomien" untersuchen, in denen jeder einzelne Haushalt als Tauschpartner vernachlässigbar ist.

4.7.3 Replika-Tauschökonomien

Es sei $\mathcal{E} = ((u^h, e^h)_{h \in H})$ eine Tauschökonomie und $\mathcal{H}(\mathcal{E})$ eine Teilmenge der Allokationen von $\mathcal{E}$, zum Beispiel die Menge der Konkurrenzallokationen von $\mathcal{E}$ oder der Kern von $\mathcal{E}$. Ob ein Haushalt $\hat{h} \in H$ vernachlässigbar ist oder nicht, hängt davon ab, wie sich die Allokationsergebnisse $\mathcal{H}(\mathcal{E})$ von denen der Ökonomie $\hat{\mathcal{E}} = \left((u^h, e^h)_{\substack{h \in H \\ h \neq \hat{h}}}\right)$ unterscheiden. Gibt es zum Beispiel für jede Allokation $X = ((x^h)_{h \in H})$ aus $\mathcal{H}(\mathcal{E})$ eine Allokation $\hat{X} = \left((\hat{x}^h)_{\substack{h \in H \\ h \neq \hat{h}}}\right)$ aus $\mathcal{H}(\hat{\mathcal{E}})$, für die

$$x^h = \hat{x}^h \text{ für alle } h \in H, h \neq \hat{h},$$

gilt, so würde man sagen, daß der Haushalt $h \in H$ in der Tauschökonomie $\mathcal{E}$ gemäß dem Allokationskonzept $\mathcal{H}(\cdot)$ vernachlässigbar ist. Wenn der Haushalt $h \in H$ nämlich nicht vorhanden wäre, würde das Allokationskonzept $\mathcal{H}(\cdot)$ für die übrigen Haushalte in H genau dieselben Nettotauschvektoren vorhersagen.

Da gemäß den bisher vorgestellten Allokationskonzepten $\mathcal{H}(\cdot)$, nämlich den Konkurrenzallokationen, den effizienten und Kernallokationen, die Allokationsergebnisse typischerweise von den Relationen der (positiven) Gesamtverfügbarkeiten

$$\frac{E_i}{E_j} = \frac{\sum_{h \in H} e_i^h}{\sum_{h \in H} e_j^h} \text{ für } i,j = 1, ..., L$$

abhängen, wird ein Haushalt $h \in H$ im allgemeinen nur dann vernachlässigbar sein, wenn in der Ökonomie $\mathcal{E}$ und in der Ökonomie $\hat{\mathcal{E}}$ diese Relationen identisch sind. Ein einfacher Weg, die Relationen E_i/E_j für $i,j = 1, ..., L$ in $\mathcal{E}$ und $\hat{\mathcal{E}}$ einander anzugleichen, besteht darin, einen Haushalt zu **replizieren** d.h. man betrachtet Ökonomien, in denen der Haushalt des Typs (u^h, e^h) nicht nur einmal, sondern zweimal, dreimal, ..., m-mal, ... vertreten ist.

Für eine Tauschökonomie $\mathcal{E} = \big((u^h, e^h)_{h \in H}\big)$ mit den Haushaltstypen (u^h, e^h) für alle $h \in H$ und alle $m \geq 1$ mit $m \in \mathbb{N}$ nennen wir die Tauschökonomie

$$\mathcal{E}^m = \big((u^h, e^h)_{h \in H}; m\big)$$

mit denselben Haushaltstypen (u^h, e^h) wie in $\mathcal{E}$, die jedoch allesamt m-mal statt nur einmal vertreten sind, die **m–fache Replika–Tauschökonomie** der **Basisökonomie** $\mathcal{E}$. Während in $\mathcal{E}$ die Anzahl der Haushalte $|H|$ ist, verfügt $\mathcal{E}^m$ über $m|H|$ Haushalte, da jeder Haushaltstyp in $\mathcal{E}$ m-mal vorhanden ist. Wegen

$$\frac{m \sum_{h \in H} e_i^h}{m \sum_{h \in H} e_j^h} = \frac{\sum_{h \in H} e_i^h}{\sum_{h \in H} e_j^h}$$

sind die Verfügbarkeitsrelationen zweier beliebiger Güter i und j in $\mathcal{E}$ und $\mathcal{E}^m$ identisch.

Wird in $\mathcal{E}^m$ nur ein einziger Haushalt des Typs $(u^{\hat{h}}, e^{\hat{h}})$ für ein $\hat{h} \in H$ ausgeschlossen, so ergeben sich die neuen Verfügbarkeitsrelationen gemäß

$$\frac{m \sum_{\substack{h \neq \hat{h} \\ h \in H}} e_i^h + (m-1) \cdot e_i^{\hat{h}}}{m \sum_{\substack{h \neq \hat{h} \\ h \in H}} e_j^h + (m-1) \cdot e_j^{\hat{h}}} = \frac{\sum_{\substack{h \neq \hat{h} \\ h \in H}} e_i^h + \frac{(m-1)}{m} \cdot e_i^{\hat{h}}}{\sum_{\substack{h \neq \hat{h} \\ h \in H}} e_j^h + \frac{(m-1)}{m} \cdot e_j^{\hat{h}}}$$

für alle Güterpaare $i, j = 1, ..., L$. Die Verfügbarkeitsrelationen zweier beliebiger Güter in $\mathcal{E}^m$ selbst und in der Tauschökonomie, die im Unterschied zu $\mathcal{E}^m$ nur $m-1$ Haushalte des Typs $\hat{h}$ enthält, werden daher ähnlicher, wenn m größer wird; für $m = \infty$ sind sie identisch. Schon diese einfache Analyse der Verfügbarkeitsrelationen zeigt, daß ein einzelner Haushalt in $\mathcal{E}^m$ nur dann vernachlässigbar sein dürfte, wenn $m = \infty$ gilt, d.h. „große Ökonomien" bedingen unendlich viele Haushalte.

Ist $X = \big((x^h)_{h \in H}\big)$ eine Allokation von $\mathcal{E}$, so ist offenbar

$$X^m = (x^{\tilde{h}} = x^h \text{ für } (u^{\tilde{h}}, e^{\tilde{h}}) = (u^h, e^h))$$

und alle Haushalte

$$\tilde{h} \text{ in } \mathcal{E}^m \text{ und } h \text{ in } \mathcal{E}$$

eine Allokation von $\mathcal{E}^m$, die wir **m–fache Replikation** von X nennen wollen. Für m–fache Replikationen von Allokationen X in $\mathcal{E}$ gilt, daß sie allen Haushalten desselben Typs (u^h, e^h) denselben Konsummengenvektor zuweisen, was man auch als **Gleichbehandlungseigenschaft** bezeichnet. Man kann zeigen, daß alle Konkurrenz- und Kernallokationen von $\mathcal{E}^m$ die Gleichbehandlungseigenschaft erfüllen, d.h. m–fache Replikationen von Allokationen X in $\mathcal{E}$ sind. Damit läßt sich für beliebige Replika-Tauschökonomien $\mathcal{E}^m$ von $\mathcal{E}$ jede Kern- und damit auch jede Konkurrenzallokation X^m von $\mathcal{E}^m$ mit der Allokation X von $\mathcal{E}$ identifizieren, deren m–fache Replikation X^m ist.

Theorem: Jede Kernallokation von $\mathcal{E}^m$ ist m–fache Replikation einer Allokation von $\mathcal{E}$.

Beweis: Ist $X = ((x^k)_{k \in H^m})$ eine Kernallokation von $\mathcal{E}^m$, die nicht m–fache Replikation einer Allokation von $\mathcal{E}$ ist, so bildet man eine Koalition C, die von jedem Haushaltstyp $h \in H$ genau einen Haushalt enthält, der gemäß X von allen Haushalten $k \in H^m$ dieses Typs das geringste Nutzenniveau erzielt. Diese Koalition der „relativ Frustrierten" kann sich gegenüber X gemäß folgender Allokation $\hat{X} = ((\hat{x}^k)_{k \in H})$ von $\mathcal{E}^m$ verbessern: Jedes Mitglied $h \in C$ erhält den durchschnittlichen Konsumvektor seines Typs

$$\hat{x}^h = \sum_{\substack{k \in H^m \\ (u^k, e^k) = (u^h, e^h)}} \frac{x^k}{m},$$

den es seinem eigenen Konsumvektor x^h vorzieht, falls nicht alle Summanden identisch sind. Sind alle Summanden identisch, so ist $\hat{x}^h$ nicht schlechter als x^h. Wenn X keine m–fache Replikation einer Allokation von $\mathcal{E}$ ist, sind zumindest für einen Haushaltstyp $h \in H$ nicht alle Summanden identisch. Wegen der Allokationseigenschaft

$$\sum_{k \in H^m} x^k = m \sum_{h \in H} e^h$$

von X für $\mathcal{E}^m$ folgt

$$\sum_{h \in H} \hat{x}^h = \sum_{h \in H} \sum_{\substack{k \in H^m \\ (u^k, e^k) = (u^h, e^h)}} \frac{x^k}{m} = \sum_{h \in H} e^h,$$

d.h. C kann die Versorgung seiner Mitglieder gemäß $\hat{X}$ durch alleinigen Tausch innerhalb von C realisieren. Da X keine m–fache Replikation einer Allokation von $\mathcal{E}$ darstellt, verbessert sich mindestens ein Mitglied von C und niemand in C wird schlechter gestellt, wenn X durch $\hat{X}$ abgelöst wird. Da bei beliebiger Teilbarkeit der Güter, fehlenden externen Effekten sowie monotonen und konvexen Präferenzen dann aber auch alle Mitglieder von C gegenüber X bessergestellt werden können, kann sich die Koalition der „relativ Frustrierten" gegenüber X verbessern. Hieraus folgt, daß X keine Kernallokation sein kann; dies steht im Widerspruch zur obigen Annahme. Kernallokationen von $\mathcal{E}^m$ müssen daher die Gleichbehandlungseigenschaft aufweisen.
□

Da sich bei Fehlen externer Effekte Konkurrenzallokationen als Kernallokationen erweisen, folgt aus dem Theorem über die Gleichbehandlungseigenschaft von Kernallokationen diejenige von Konkurrenzallokationen:

Folgerung: Alle Konkurrenzallokationen von $\mathcal{E}^m$ sind m–fache Replikationen von Allokationen der Basisökonomie $\mathcal{E}$.

Für Konkurrenzallokationen von $\mathcal{E}^m$ gilt jedoch noch darüber hinaus, daß sie m–fache Replikationen von Konkurrenzallokationen der Basisökonomie $\mathcal{E}$ sind, d.h. eine Vergrößerung der Ökonomie durch einen Anstieg von m verändert nicht die Konkurrenzallokationen. Im Sinne der Identifikation aller m–fachen Replikationen X^m von $\mathcal{E}^m$ mit der entsprechenden Allokation in $\mathcal{E}$ besagt dies sogar, daß die Konkurrenzallokationen unabhängig von m sind.

Theorem: Jede Konkurrenzallokation von $\mathcal{E}^m$ ist m–fache Replikation einer Konkurrenzallokation von $\mathcal{E}$; jede m–fache Replikation einer Konkurrenzallokation von $\mathcal{E}$ ist Konkurrenzallokation von $\mathcal{E}^m$.

Beweis: Aufgrund der Gleichbehandlungseigenschaft von Konkurrenzallokationen X^m von $\mathcal{E}^m$ kann die Markträumungsbedingung für $\mathcal{E}^m$ in der Form

$$m \sum_{h \in H} x^h = m \sum_{h \in H} e^h$$

geschrieben werden, aus der unmittelbar die Markträumungsbedingung für die Allokation $X = \left((x^h)_{h \in H^m}\right)$ für $\mathcal{E}$ folgt. Ist p Konkurrenzpreisvektor zur Konkurrenzallokation X^m von $\mathcal{E}^m$, so erweist sich für alle $h \in H$ der Konsumvektor x^h als optimal in der durch p bestimmten Budgetmenge, da dies für alle Haushalte k in $\mathcal{E}^m$ mit $(u^k, e^k) = (u^h, e^h)$ zutrifft. Die mit X^m identifizierte Allokation X von $\mathcal{E}$ ist damit Konkurrenzallokation der Basisökonomie $\mathcal{E}$. Ferner erfüllt die m–fache Replikation einer Konkurrenzallokation von $\mathcal{E}$ die Anforderungen an eine Konkurrenzallokation der Ökonomie $\mathcal{E}^m$. □

Sowohl Konkurrenz- als auch Kernallokationen lassen sich daher mit Allokationen der Basisökonomie $\mathcal{E}$ identifizieren, da beide für alle Werte $m \geq 1$, $m \in \mathbb{N}$, stets m–fache Replikationen von Allokationen in $\mathcal{E}$ sind. In diesem Sinne kann man davon sprechen, daß die Menge der Konkurrenzallokationen für $m \to \infty$ konstant bleibt, während — wie wir im folgenden Abschnitt begründen werden — der Kern schrumpft, wenn m gegen unendlich konvergiert.

Das Schrumpfen des Kerns kann für $L = 2$ und $H = \{a, b\}$ auch graphisch illustriert werden (vgl. Abbildung 4.7.3.1).

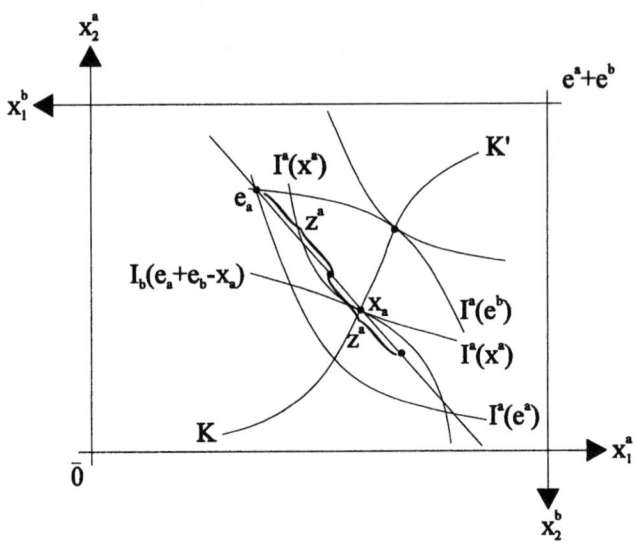

Abbildung 4.7.3.1

Während die Allokation x^a bzw. $X = (x^a, e^a + e^b - x^a)$ für $m = 1$ noch im Kern liegt, kann sich für $m = 2$ die Koalition C, die die zwei Haushalte des Typs (u^a, e^a) und einen Haushalt des Typs (u^b, e^b) enthält, gegenüber der zweifachen Replikation von x^a bzw. X verbessern. Für beide Haushalte des Typs (u^a, e^a) ist der Konsumvektor $e^a + z^a$ offenbar besser als x^a wegen der Monotonieeigenschaft von u^a. Desgleichen ist für den Haushalt des Typs (u^b, e^b) in C der Konsumvektor $e^b - 2\, z^a$ besser als $e^a + e^b - x^a$. Wegen

$$2(e^a + z^a) + e^b - 2\, z^a = 2\, e^a + e^b$$

sind diese Konsumwünsche trivialerweise durch Tausch innerhalb von C realisierbar. Die Allokation x^a ist damit Kernallokation von $\mathcal{E}$, aber nicht Kernallokation für $\mathcal{E}^2$, was das Schrumpfen des Kerns graphisch verdeutlicht. Für diesen graphischen Nachweis ist natürlich wesentlich, daß x^a bzw. X keine Konkurrenzallokation von $\mathcal{E}$ darstellt. Wäre x^a bzw. X Konkurrenzallokation von $\mathcal{E}$, so müßten $I^a(x^a)$ und $I^b(e^a + e^b - x^a)$ die Gerade durch e^a und x^a in x^a tangieren, was eine Besserstellung durch andere Konsumpunkte auf dieser Geraden für beide Haushaltstypen ausschließt.

Beispiel: Betrachtet sei eine (Replika–)Tauschökonomie mit $H = \{a, b\}$ und $L = 3$ sowie

$$u^h(x^h) = x_1^h \cdot x_2^h \cdot x_3^h \text{ für } h \in H$$

und

$$e^a = (1, 0, 0), \ e^b = (0, 1, 1).$$

Es seien $m \geq 1$ Haushalte des Typs a und $n \geq 1$ Haushalte des Typs b vorhanden, d.h. eine Replika–Tauschökomomie liegt nur vor, falls $n = m$ gilt. Wir bezeichnen mit $x^{*h}(m, n)$ den Konsumvektor des Haushalt h, der durch die Konkurrenzallokation für die Ökonomie mit m Haushalten a und n Haushalten b impliziert wird.

Normiert man den Konkurrenzpreisvektor durch $p_3^* = 1$, so erhält man die anderen Konkurrenzpreise $p_1^* = n/m$ und $p_2^* = 1$. Daraus folgt

$$x_i^{*a}(m, n) = \begin{cases} \frac{1}{3} & \text{für } i = 1 \\ \frac{n}{3m} & \text{für } i = 2, 3 \end{cases}$$

$$x_i^{*b}(m, n) = \begin{cases} \frac{2m}{3n} & \text{für } i = 1 \\ \frac{2}{3} & \text{für } i = 2, 3 \end{cases}.$$

Ein Haushalt des Typs a bzw. b ist mithin daran interessiert, daß die Anzahl m bzw. n der Haushalte seines Typs möglichst klein ist. Der Idealfall wäre natürlich die Monopolsituation $m = 1$ und $n = 1$ für das Erstausstattungsgebot von Gut 1 bzw. von Gut 2 und 3. Im Fall $m = n$ hängen weder $x_i^{*a}(m, n)$ noch $x_i^{*b}(m, n)$ von der Anzahl $m = n$ ab, was schon allgemein bewiesen worden ist.

4.7.4 Die Übereinstimmung von Kern- und Konkurrenzallokationen für große Ökonomien

Es sei $\mathcal{E} = ((u^h, e^h)_{h \in H})$ eine Tauschökonomie und $\mathcal{E}^m = ((u^h, e^h)_{h \in H}; m)$ ihre m–fache Replika–Tauschökonomie. Wegen der Gleichbehandlungseigenschaft von Konkurrenz- und Kernallokationen von $\mathcal{E}^m$ können die Konkurrenz- und Kernallokationen von $\mathcal{E}^m$ für alle $m \geq 1$, $m \in \mathbb{N}$, mit

Allokationen von $\mathcal{E}$ identifiziert werden. Wir bezeichnen mit W^m die Menge der (Konkurrenz-)Allokationen von $\mathcal{E}$, deren m-fache Replikationen Konkurrenzallokationen von $\mathcal{E}^m$, sind, und mit C^m die Menge der Allokationen von $\mathcal{E}$, deren m-fache Replikationen Kernallokationen von $\mathcal{E}^m$ darstellen. Da Veränderungen von m die Menge der in dieser Weise identifizierten Konkurrenzallokationen nicht ändern, gilt

$$W^1 = W^m \text{ für alle } m \geq 1, m \in \mathbb{N}.$$

Wie schon für den einfachen Fall $L = 2$ und $H = \{a, b\}$ graphisch verdeutlicht, bewirkt jedoch eine Erhöhung von m, daß zusätzliche Koalitionsmöglichkeiten den Kern beschränken. Typischerweise sind dies die Koalitionen, die unterschiedlich viele Mitglieder der verschiedenen Haushaltstypen $h \in H$ enthalten. So enthält die sich in Abbildung 4.7.3.1 gegenüber x^a verbessernde Koalition C zwei Haushalte des Typs a und nur einen des Typs b. Es ist offensichtlich, daß eine Erhöhung von m neuartige asymmetrisch besetzte Koalitionen ermöglicht, aber die bisherigen Koalitionsmöglichkeiten nicht vernichtet, d.h. eine Erhöhung von m kann zusätzliche Verbesserungsmöglichkeiten implizieren. Mit anderen Worten: Gilt $X \in C^m$ und $\hat{m} < m$, so folgt $X \in C^{\hat{m}}$, d.h. die Kerne C^m sind eine nicht ansteigende Funktion von m; sie können nur schrumpfen, wie es in Abbildung 4.7.3.1 verdeutlicht wurde, oder konstant bleiben.

Es gilt mithin

$$C^m \subset C^{\hat{m}} \text{ für alle } m, \hat{m} \geq 1, m, \hat{m} \in \mathbb{N} \text{ und } \hat{m} \leq m.$$

Schon EDGEWORTH (1881, vgl. auch HILDENBRAND und KIRMAN, 1988) hat für den einfachen Fall mit $L = 2$ und $H = \{a, b\}$ festgestellt, daß mit zunehmendem m die Kerne C^m gegen die Menge W^1 der Konkurrenzallokationen von $\mathcal{E}$ konvergieren, was aber allgemein gilt:

Theorem:

$$W^1 = \lim_{\substack{m \to \infty \\ m \in \mathbb{N}}} C^m = \bigcap_{m=1}^{\infty} C^m$$

Wir wollen die wesentliche Idee des Beweises nur andeuten (ein vollständiger Beweis findet sich bei HILDENBRAND und KIRMAN, 1988, Chapter 5). Da wir ganz allgemein gezeigt haben, daß Konkurrenzallokationen stets Kernallokationen sind, gilt für alle $m \geq 1$, $m \in \mathbb{N}$, stets $W^m \subset C^m$ und damit

$$W^1 \subset \lim_{m \to \infty} C^m = \bigcap_{m=1}^{\infty} C^m,$$

da die Mengen W^m für alle $m \geq 1$ gleich W^1 sind und da sich die Kerne C^m mit m nicht vergrößern. Es ist damit lediglich zu zeigen, daß jede Allokation

$$X = [(x^h)_{h \in H}] \in \bigcap_{m=1}^{\infty} C^m$$

stets eine Konkurrenzallokation von $\mathcal{E}$ ist. Hierfür muß nachgewiesen werden, daß es einen Preisvektor $p \in \mathbb{R}_+^L$ gibt, für den alle Konsumvektoren x^h mit $h \in H$ optimal in der durch p bestimmten Budgetmenge $B(e^h, p)$ sind. Nun impliziert die Tatsache, daß x^h in $B(e^h, p)$ optimal ist, aufgrund der Monotonie und Konvexität von u^h, daß aus $u^h(\hat{x}^h) > u^h(x^h)$ die Bedingung $p \cdot \hat{x}^h > p \cdot x^h$ folgt. Es gilt mithin, daß alle Nettotauschvektoren $\hat{z}^h = \hat{x}^h - e^h$, die der Haushalt h dem Nettotauschvektor $z^h = x^h - e^h$ vorzieht, mehr kosten als z^h. Das Problem, einen Konkurrenzpreisvektor für X zu finden, läßt sich daher umformulieren in das Problem, einen Vektor $p \in \mathbb{R}_+^L$ bzw. die durch p definierte Hyperebene

$$H(p) = \{z \in \mathbb{R}^L : z \cdot p = 0\}$$

zu finden mit der Eigenschaft, daß für alle $h \in H$ die Menge

$$0^h(z^h) = \{\hat{z}^h \in \mathbb{R}^L : u^h(e^h + \hat{z}^h) \geq u^h(e^h + z^h)\}$$

auf bzw. rechts/oberhalb von $H(p)$ liegt (vgl. Abbildung 4.7.4.1) und daß für alle $h \in H$ die Tauschvektoren z^h wegen $z^h \cdot p = 0$ genau auf $H(p)$ liegen müssen. Daß eine solche Hyperebene $H(p)$ und damit ein Konkurrenzpreisvektor $p \in \mathbb{R}_+^L$ existiert, kann man durch geeignete Trennungssätze beweisen (vgl. HILDENBRAND und KIRMAN, 1988, Chapter 5, die den Trennungssatz von MINKOWSKI, 1911, verwenden).

In der Abbildung 4.7.4.1 haben wir die Situation exemplarisch für zwei Haushalte $h \in H$ und $\hat{h} \in H$ verdeutlicht. Während $z^h = (z_1^h, z_2^h)$ und $z^{\hat{h}} = (z_1^{\hat{h}},$ $z_2^{\hat{h}})$ genau auf $H(p)$ liegen, befinden sich alle übrigen Tauschvektoren $\tilde{z}^h$

bzw. $\tilde{z}^{\hat{h}}$ aus $0^h(z^h)$ bzw. $0^{\widehat{h}}(z^{\hat{h}})$ rechts/oberhalb von $H(p)$. Der Rand $I^h(z^h)$ von $0^h(z^h)$ bzw. $I^{\hat{h}}(z^{\hat{h}})$ von $0^{\hat{h}}(z^{\hat{h}})$ ergibt sich aus der Indifferenzkurve $I^h(x^h)$ bzw. $I^{\hat{h}}(x^{\hat{h}})$, indem man den Koordinatenursprung in den Erstausstattungspunkt e^h bzw. $e^{\hat{h}}$ verschiebt. In der Regel haben verschiedene Haushalte verschiedene optimale Nettotauschvektoren auf $H(p)$ und damit auch verschiedene Obermengen.

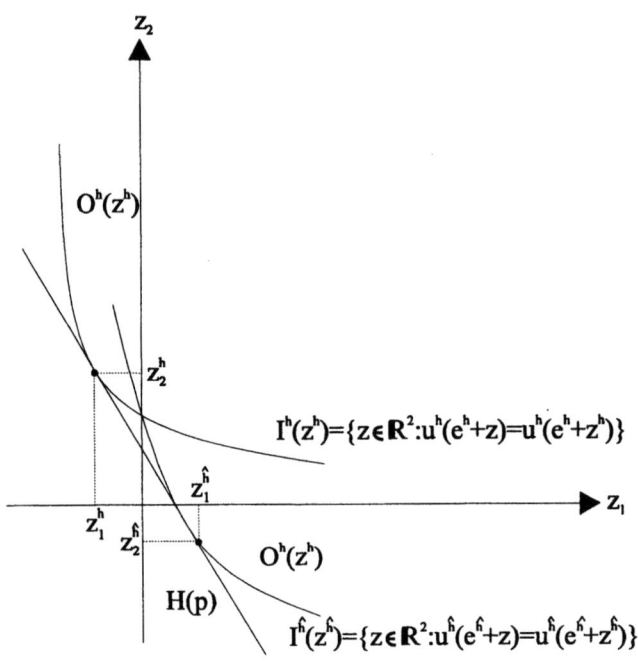

Abbildung 4.7.4.1

Gemäß dem obigen Theorem und der Konzeption des Kerns sind Konkurrenzallokationen zwingend, wenn es von jedem Haushaltstyp $h \in H$ unendlich viele Vertreter gibt, da erst dann jeder einzelne individuelle Haushalt vernachlässigbar ist, wie es schon für Replika–Ökonomien und die Vernachlässigbarkeit eines Haushalts bezüglich der Verfügbarkeitsrelationen demonstriert wurde. „Große Tauschökonomien", in denen in jedem Fall Konkurrenzverhalten zu erwarten ist, müssen daher über unendlich viele Tauschpartner verfügen. Da dies unrealistisch ist, kann man in der Realität nicht unbedingt mit Konkurrenzallokationen rechnen. Die Aussage des obigen Theorems läßt sich jedoch dahingehend ergänzen, daß mit zunehmendem m der Kern C^m die Menge W^1 immer enger umschließt. Desweiteren lassen sich analoge Aussagen für große Ökonomien nachweisen, in denen die verschiedenen Haushaltstypen mit unterschiedlichen Häufigkeiten auftreten (vgl. HILDENBRAND und KIRMAN, 1988).

Leider läßt auch das spieltheoretische Konzept des Kerns viele Fragen unbeantwortet. So setzt der Kern voraus, daß alle Koalitionen bindende Tauschverträge abschließen können, was in der Realität nicht immer und oft nur bei entsprechendem Ressourcenaufwand möglich ist. Allgemein kann der Kern sogar leer sein (vgl. GÜTH, 1992), was aber hier nicht zutrifft, da W^1 stets nicht leer ist. Vor allem aber beantwortet der Kern nicht die entscheidende Frage, wie eine Gruppe von Haushalten überhaupt zu einer Koalitionsvereinbarung gelangt. Auch dies müßte letztlich aus strategischen Entscheidungen der einzelnen Haushalte abgeleitet werden, wie wir es in extrem vereinfachter Form in Abschnitt 4.7.1 für Konkurrenzverhalten versucht haben.

Dennoch ist es ein wichtiger Tatbestand, daß in großen Ökonomien nur Konkurrenzallokationen keinen Widerspruch in dem Sinne hervorrufen, daß eine Teilgruppe von Tauschpartnern sich durch Tausch innerhalb dieser Gruppe verbessern kann. Allokationen, die diese Eigenschaft nicht besitzen, sind starken Einwendungen ausgesetzt und daher kaum als Tauschergebnisse zu erwarten. Konkurrenzverhalten ist also für große Ökonomien typisch. Offen bleibt lediglich, was die einzelnen Haushalte tun und wie sie interagieren müssen, um Konkurrenzallokationen als Tauschresultate zu erhalten. Eine allgemein befriedigende Antwort auf diese Frage ist sicherlich nicht in naher Zukunft zu erwarten. Wir sollten jedoch das Ziel, diese Frage zu beantworten, nicht aus den Augen verlieren, um wenigstens kleine Fortschritte für die Entwicklung einer strategischen Theorie des Wettbewerbsverhaltens zu erzielen, auch wenn sie nur approximativ, d.h. für größer werdende Ökonomien, eine Annäherung der Tauschergebnisse an Konkurrenzallokationen vorhersagt.

4.8 Partialanalyse einzelner Tauschaktivitäten

Obwohl wir uns vornehmlich mit den ökonomischen Aktivitäten in sogenannten Volkswirtschaften befassen wollen, sei kurz angedeutet, auf welchen Vereinfachungen jede sogenannte Partialanalyse einzelner ökonomischer Aktivitäten in einer Volkswirtschaft basiert. Zunächst sei klargestellt, daß auch unsere bisherige Betrachtungsweise als partialanalytisch angesehen werden kann, da wir uns bewußt auf die ökonomischen Aktivitäten beschränkt haben und alle übrigen Interaktionsformen von Individuen in einer Gesellschaft vernachlässigt haben. Neuerdings werden zwar „ökonomische Kalküle" auf immer mehr Lebensbereiche angewandt, was wir hier nicht bewerten wollen. Jedes nicht tautologisch abgeschlossene Modell wird jedoch von bestimmten Formen menschlicher Interaktion abstrahieren müssen, sei es, um überschaubare Interaktionsstrukturen zu gewährleisten, sei es, weil man bestimmte Interaktionen nicht genügend versteht bzw. sich ihrer manchmal gar nicht bewußt ist. Wenn wir daher im folgenden von **Partialanalyse** sprechen, ist damit stets gemeint, daß zusätzlich zu den nichtökonomischen Interaktionsformen auch bestimmte ökonomische Aktivitäten ausgeklammert werden.

Werden bestimmte ökonomische Aktivitäten in Tauschwirtschaften ausgeklammert, so kann dies dadurch geschehen, daß man nur bestimmte Haushalte oder nur bestimmte Güter betrachtet bzw. beide Einschränkungen zugleich vornimmt. So kann man zum Beispiel von einem vorgegebenen Gesamtüberschußnachfragevektor

$$Z^{\bar{H}'} = (Z_1^{\bar{H}'}, ..., Z_L^{\bar{H}'})$$

aller Haushalte h in $\bar{H}' = \{h \in H : h \notin H'\}$ ausgehen, die nicht der zu analysierenden Teilgruppe H' mit $\emptyset \neq H' \subsetneq H$ angehören. Eine Allokation $X' = ((x^h)_{h \in H'})$ des Partialbereichs H' müßte dann die Bedingungen $x^h \in \mathbb{R}_+^L$ für alle $h \in H'$ sowie

$$\sum_{h \in H'} (x^h - e^h) = -Z^{\bar{H}'}$$

erfüllen. Restriktiv ist eine gesonderte Betrachtung derartiger Allokationen X' vor allem deshalb, weil in der Regel die Auswahl von X' den Überschußnachfragevektor $Z^{\bar{H}'}$ verändert, was wiederum die Auswahl der Allokation X' beeinflussen kann. Sind solche wechselseitigen Abhängigkeiten nicht vorhanden, so wäre man gar nicht von H als der Menge der Haushalte in einer Tauschwirtschaft ausgegangen. Jede Partialanalyse, die bestimmte Tauschpartner aus der Betrachtung ausklammert, vernachlässigt daher ökonomische Wechselwirkungen.

Werden nur bestimmte Güter, zum Beispiel nur die Güter $i = 1, ..., m$ mit $1 \leq m < L$ betrachtet, so muß man von vorgegebenen Überschußnachfragen bezüglich der übrigen Güter $j = m + 1, ..., L$ ausgehen, gemäß denen die Märkte dieser Güter geräumt werden.

Bei Konkurrenzallokationen wird man in der Regel auch vorgegebene Preise $\bar{p}_j$ der Güter $j = m + 1, ..., L$ unterstellen, so daß man die Budgetbedingung eines Haushalts $h \in H$ in der Form

$$\sum_{i=1}^{m} p_i x_i^h = p \cdot e^h - \sum_{j=m+1}^{L} \bar{p}_j \bar{x}_j^h$$

schreiben kann. Hierbei ist $p = (p_1, ..., p_m, \bar{p}_{m+1}, ..., \bar{p}_L) \in \mathbb{R}_+^L$ der Preisvektor, dessen erste m Komponenten noch zu determinieren sind, während die letzten $L - m$ Komponenten exogen vorbestimmt sind. $\bar{x}_j^h$ ist die Konsummenge des Gutes j seitens des Haushalts h, die sich aus der vorherbestimmten Überschußnachfrage $\bar{z}_j^h$ gemäß $\bar{z}_j^h = \bar{x}_j^h - e_j^h$ ergibt. Analog ist beim Nutzenmaximierungskalkül im Bereich der durch p gegebenen Budgetrestriktion davon auszugehen, daß der Nutzen u^h eines Haushalts h nur durch Variation der Konsummengen x_i^h mit $i = 1, ..., m$ zu beeinflussen ist, d.h.

$$u^h(x_1^h, ..., x_m^h) = u^h(x_1^h, ..., x_m^h, \bar{x}_{m+1}^h, ..., \bar{x}_L^h).$$

Für die optimalen Konsumnachfragemengen $x_i^{*h}(p)$ für $i = 1, ..., m$ sind dann nur noch die Markträumungsbedingungen

$$\sum_{h \in H} x_i^{*h}(p) = \sum_{h \in H} e_i^h \text{ für die Güter } i = 1, ..., m$$

zu erfüllen, da die Märkte der Güter $j = m+1, ..., L$ annahmegemäß geräumt sind.

Restriktiv ist hierbei offenbar die Annahme, daß die Konsummengen der Güter $j = m + 1, ..., L$ unabhängig von denen der Güter $i = 1, ..., m$ festgelegt werden können. In der Regel werden sich die wünschenswerten Konsummengen der Güter $j = m + 1, ..., L$ ändern, wenn man von anderen Konsummengen der Güter $i = 1, ..., m$ ausgeht, und umgekehrt. Dies verdeutlicht, daß alle Partialanalysen, die bestimmte Güter aus der Betrachtung ausklammern, ökonomische Wechselwirkungen vernachlässigen. Allerdings sei darauf hingewiesen, daß für spezielle Nutzenfunktionen diese Wechselwirkungen sehr schwach sein können bzw. gar nicht vorhanden sind. So ist für die Nutzenfunktion

$$u^h(x^h) = \prod_{k=1}^{L} x_k^h = x_1^h \times ... \times x_L^h,$$

die das Monotonieaxiom nur im Bereich der Konsumvektoren x^h mit $x_k^h = 0$ für wenigstens ein Gut $k = 1, ..., L$ verletzt, der in der Budgetmenge optimale Konsumvektor $x^{*h}(p)$ durch

$$x_k^{*h}(p) = \frac{p \cdot e^h}{L \cdot p_k} \text{ für } k = 1, ..., L$$

gegeben. Die optimalen Mengen $x_j^{*h}(p)$ der Güter $j = m+1, ..., L$ hängen damit nur von den Preisen p_i der Güter $i = 1, ..., m$ ab und haben keinerlei Einfluß auf die optimalen Konsummengen der Güter $i = 1, ..., m$ selbst. Wenn man bei der Partialbetrachtung statt von vorgegebenen Konsummengen $\bar{x}_j^h$ der Güter $j = m+1, ..., L$ von vorgegebenen Ausgabeanteilen für diese Güter ausgeht, werden mithin keine Wechselbeziehungen vernachlässigt. Allerdings ist hierfür erforderlich, daß alle betrachteten Haushalte derart spezielle Nutzenfunktionen haben. Situationen, in denen die Partialanalyse keine Wechselwirkungen vernachlässigt, sind daher kaum zu erwarten.

Obwohl unter realistischen Annahmen jede Partialanalyse ökonomische Wechselwirkungen durchschneidet, können sich derartige Beschränkungen auf bestimmte ökonomische Aktivitäten als sinnvoll erweisen, zum Beispiel, wenn diese Wechselwirkungen relativ schwach ausgeprägt sind. So beziehen sich fast alle Marktanalysen auf regionale Märkte, d.h. auf eine bestimmte Teilgruppe von Tauschpartnern und eine oder mehrere Güterarten einer bestimmten Produktklasse. Die Frage, ob hierbei wichtige ökonomische Wechselwirkungen durchschnitten werden, wird dabei als „**Marktabgrenzungsproblematik**" diskutiert. Vielfach mißt man die Stärke der Wechselbeziehungen, die man durchschneidet, mit Hilfe der Kreuzpreiselastizität der Nachfrage. Sind zum Beispiel die absoluten Kreuzpreiselastizitäten $|\epsilon_{x_i p_j}|$ und $|\epsilon_{x_j p_i}|$ für alle Marktgüter i und Nichtmarktgüter j sehr gering im Vergleich zu den absoluten Kreuzpreiselastizitäten $|\epsilon_{x_i p_{i'}}|$ zweier Marktgüter i und i', so vernachlässigt man nur vergleichsweise schwache Wechselbeziehungen zwischen den Aktivitäten auf dem betrachteten Markt und denen, die sich auf andere Güter beziehen.

Kapitel 5

Die Theorie der Unternehmung

So wie wir zunächst den optimalen Konsumvektor für gegebene Güterpreise abgeleitet haben, bevor im Rahmen von Tauschökonomien die Interaktion mehrerer Haushalte analysiert wurde, soll im folgenden zunächst für eine Unternehmung das optimale Entscheidungsverhalten bei gegebenen Güterpreisen definiert und abgeleitet werden, um dann in Kapitel 6 Marktwirtschaften untersuchen zu können, in denen Haushalte und Unternehmungen interagieren.

Wir werden zunächst in sehr allgemeiner Form die technologischen Möglichkeiten einer Unternehmung beschreiben, bestimmte Güter durch Einsatz anderer Güter zu erzeugen, und dann den gewinnmaximalen Produktionsplan ableiten. Für einen Spezialfall, nämlich die Einproduktunternehmung, wird darüber hinaus die Ableitung des optimalen Produktionsplans mittels des Instruments der Kostenfunktion dargestellt. Wir diskutieren ferner stochastische Produktionsfunktionen und die sogenannte betriebliche Organisationsproblematik, die daraus resultiert, daß ein Betrieb in aller Regel sich als Zusammenschluß von Personen mit divergierenden Interessen und mit mehr oder minder großen Freiräumen erweist, innerhalb derer die Betriebsmitglieder ihr Verhalten autonom festlegen können.

5.1 Die Technologiemenge

Im allgemeinen ist der Produktionsvorgang, in dem bestimmte Güter verbraucht werden, um andere Güter zu erzeugen, ein überaus komplizierter dynamischer Transformationsprozeß. So können Rohstoffe, zum Beispiel Erz, zunächst in produzierte Materialstoffe, zum Beispiel Stahlbleche, verarbeitet werden, aus denen sich bestimmte Teile, zum Beispiel Metallteile, eines letztlich zu erstellenden Produkts, zum Beispiel eines Kraftfahrzeugs, fertigen lassen. Da wir letztlich darauf abzielen, die Gesamtheit der Unternehmen einer Volkswirtschaft zu erfassen, sind wir an einer vereinfachenden Betrachtung der betrieblichen Produktionsprozesse interessiert. Die grundlegende Idee dieser abstrakten Sichtweise ist es, nur den Güterverbrauch und die produzierten Güter zu erfassen und die Dynamik und Stufigkeit des betrieblichen Transformationsprozesses völlig zu vernachlässigen. Anschaulich läßt sich das so beschreiben, daß wir nur erfassen werden, was durch die Anlieferungstür in die betriebliche Produktion einfließt und was durch die Auslieferungstür dem betrieblichen Umfeld zurückerstattet wird. Es wird dabei unterstellt, daß das Zeitintervall für die Transformation der Verbrauchsgüter in Produkte vernachlässigt werden kann.

Mit $L(\geq 2)$ sei wiederum die Anzahl der Güterarten bezeichnet. Ein **Produktionsplan** einer Unternehmung ist ein Vektor

$$y = (y_1, ..., y_L) \in \mathbb{R}^L.$$

Gilt $y_i < 0$, so sagen wir, daß Gut i gemäß dem Produktionsplan y ein **Inputgut** oder **Produktionsfaktor** ist; gilt $y_i > 0$, so nennen wir Gut i **Outputgut** oder **Produktionsgut** gemäß y. Für $y_i < 0$ ist mithin die verbrauchte Menge durch $-y_i$ gegeben. Ein Vorteil dieser Erfassung von verbrauchten und produzierten Gütermengen liegt in der einfachen Beschreibung des **Gewinns**

$$p \cdot y = \sum_{i=1}^{L} p_i \cdot y_i,$$

den der Produktionsplan $y \in \mathbb{R}^L$ für einen gegebenen Preisvektor $p \in \mathbb{R}^L_+$ impliziert. Man beachte, daß $p \cdot y$ der üblichen Definition

$$Gewinn = Erl\"ose - Kosten$$

entspricht, da die Erlöse aus den Summanden $p_i y_i$ mit $y_i > 0$ und die Kosten aus den Summanden $p_i(-y_i)$ mit $y_i < 0$ bestehen.

Die technologischen Möglichkeiten kann man dadurch beschreiben, daß man alle Produktionspläne $y \in \mathbb{R}^L$ angibt, die mit den technischen Gegebenheiten der Unternehmung realisierbar sind. Die Menge der technisch realisierbaren Produktionspläne $y \in \mathbb{R}^L$ einer Unternehmung bezeichnen wir als **Technologiemenge Y** mit

$$\emptyset \neq Y \subset \mathbb{R}^L.$$

Die Technologiemenge Y ist nicht leer, da wir davon ausgehen, daß der Produktionsplan $\bar{0} = (0,...,0) \in \mathbb{R}^L$ stets in Y enthalten ist. Ähnlich wie für die Präferenzrelation der Haushalte kann man Axiome für die Technologiemenge einer Unternehmung aufstellen. Während zumindest einige unserer Annahmen für Präferenzrelationen als unmittelbar einsehbare Anforderungen für individuelles Bewertungsverhalten begründet werden können, sind die Eigenschaften der Technologiemenge durch die technologischen Gegebenheiten bestimmt. Die Eigenschaften der Technologiemenge sind also letztlich nur empirisch zu rechtfertigen. Wir werden dies nicht tun und zum Teil auf Annahmen zurückgreifen, die die analytische Ableitung des optimalen Produktionsplans vereinfachen. Wir wollen stets von der Annahme $Y \cap \mathbb{R}^L_+ = \{\bar{0}\}$ ausgehen, d.h. es soll nicht möglich sein, Güter zu erzeugen, ohne andere zu verbrauchen. Mit anderen Worten: Wir schließen das Schlaraffenland aus.

Für einen gegebenen Produktionsplan $y \in Y$ sei

$$o = ((y_i)_{y_i > 0})$$

der **Outputvektor**, d.h. der Vektor der produzierten Mengen gemäß y, und

$$r = ((-y_i)_{y_i \leq 0})$$

der **Inputvektor**, d.h. der Vektor der Absolutwerte der Verbrauchsmengen gemäß y. Nach geeigneter Umnummerierung der Güter kann y mittels o und r durch

$$y = (o, -r)$$

beschrieben werden. Für einen gegebenen Outputmengenvektor ist

$$R(o) = \{r : \text{Es gibt ein } y \in Y \text{ mit } y = (o, -r)\}$$

die Menge der Inputvektoren r, mit denen der Outputmengenvektor o realisierbar ist. Wir bezeichnen $R(o)$ als **Inputerfordernismenge des Outputmengenvektors** o. Ein Outputmengenvektor o ist **technologisch möglich**, falls es einen Produktionsplan $y \in Y$ mit $y = (o, -r)$ gibt, d.h. falls $R(o)$ nicht leer ist.

Häufig werden einschränkende Annahmen bezüglich der Technologiemenge Y in Form von Annahmen bezüglich der Inputerfordernismengen $R(o)$ ausgedrückt:

Regularität der Inputerfordernismengen: Für alle Outputvektoren $o \notin \mathbb{R}_+^L$ sei $R(o)$ abgeschlossen und nicht leer.

Die Annahme $o \notin \mathbb{R}_+^L$ besagt, daß gemäß o wenigstens ein Gut nicht als Output produziert wird, da wir das Schlaraffenland ausgeschlossen haben. Es gibt mithin Güter, mit deren Einsatz der Outputmengenvektor o hergestellt werden kann. $R(o) \neq \emptyset$ postuliert, daß jeder derartige Outputmengenvektor erstellbar ist, auch wenn dies sehr große Faktoreinsatzmengen impliziert. Die Abgeschlossenheit von $R(o)$ ist eine rein technische Anforderung, die uns die Existenz gewinnmaximaler Produktionspläne garantiert. Ist $\{r^k\} \subset R(o)$ mit $k \in \mathbb{N}$ eine konvergente Folge von Inputvektoren r^k in $R(o)$ mit $r^k \to r$ für $k \to \infty$, so verlangt die Abgeschlossenheit von $R(o)$, daß auch r in $R(o)$ liegt, d.h. die Inputerfordernismengen sollen auch ihren Rand enthalten.

Monotonie der Inputerfordernisse: Für alle technologisch möglichen Outputvektoren o, $\hat{o}$ mit $\hat{o} \geq o$ und $\hat{o} \neq o$ gilt $R(\hat{o}) \subset \overset{\circ}{R}(o)$, wobei $\overset{\circ}{A}$ die Menge A ohne ihren Rand bezeichnet.

Wegen $\hat{o} \geq o$ und $\hat{o} \neq o$ beinhaltet der Outputvektor $\hat{o}$ keine geringeren und von mindestens einem Gut eine höhere Produktmenge als der Outputmengenvektor o. Die **Monotonie** von Y erweist sich damit als die natürliche Bedingung, daß größere Produktmengen nur mit größeren Mengen an Produktionsfaktoren erstellt werden können.

Für einen technologisch möglichen Outputvektor o heißt ein Inputvektor $r \in R(o)$ **effektiv für** o, falls für alle $\hat{r} \leq r$ und $\hat{r} \neq r$ gilt, daß $\hat{r} \notin R(o)$, d.h. der Outputmengenvektor o kann nicht mit weniger Produktionsfaktoren als gemäß r erstellt werden. Die Menge der für o effektiven Inputvektoren

$$I(o) = \{r \in R(o) : r \text{ ist effektiv für } o\}$$

nennen wir die **Isoquante** für den Outputvektor o. Ist $r \in R(o)$ **effektiv für** o, so sagen wir auch, daß der Produktionsplan $y = (o, -r)$ effektiv ist.

Konvexität der Inputerfordernismengen: Für alle technologisch möglichen Outputvektoren o und alle Zahlen λ mit $0 < \lambda < 1$ gilt: Sind $\tilde{r}$ und $\hat{r}$ mit $\tilde{r} \neq \hat{r}$ zwei effektive Inputvektoren für o, so gibt es einen Outputmengenvektor $\hat{o}$ mit $\hat{o} \geq o$ und $\hat{o} \neq o$, so daß

$$\lambda \tilde{r} + (1 - \lambda) \hat{r} \in R(\hat{o}).$$

Anschaulich besagt die Konvexität der Inputerfordernismengen, daß sämtliche Inputerfordernismengen $R(o)$ (streng) konvex sind, d.h. jede Verbindungsstrecke zweier Inputvektoren $\tilde{r}, \hat{r} \in R(o)$ mit $\tilde{r} \neq \hat{r}$ liegt — abgesehen von ihren Endpunkten — im Inneren von $R(o)$, d.h. nicht auf dem Rand der Inputerfordernismenge. In Abbildung 5.1.1 gehen wir von dem Spezialfall zweier Inputgüter aus, deren Einsatzmengen wir mit $r_1 (\geq 0)$ und $r_2 (\geq 0)$ bezeichnen. $I(o)$ ist die Menge der für o effektiven Inputvektoren $r = (r_1, r_2) \in R(o)$, da Punkte links/unterhalb von $I(o)$ nicht mehr zur Menge $R(o)$ gehören. $I(o)$ ist also die Isoquante des Outputmengenvektors o. Die Monotonie der Technologiemenge Y impliziert, daß Punkte r, die rechts/oberhalb von $I(o)$, aber nicht auf $I(o)$ liegen, Punkte auf Isoquanten $I(\hat{o})$ mit $\hat{o} \geq o$ und $\hat{o} \neq o$ sind. Die graphische Darstellung verdeutlicht die Analogie der Konvexitätsbedingung für Inputerfordernismengen und Präferenzrelationen. Während Konvexität für Inputerfordernismengen die (strenge) Konvexität der Inputerfordernismengen $R(o)$ postuliert, bezieht sich für Präferenzrelationen diese Anforderung auf die Obermengen $O(x)$ von Konsumgütervektoren $x \in \mathbb{R}^L_+$.

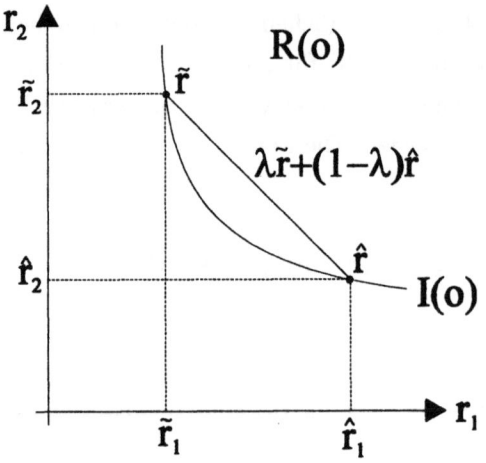

Abbildung 5.1.1

Irreversibilitätseigenschaft der Technologiemenge: Gilt $o \neq (0,...,0)$ und $r \in R(o)$, so existiert kein Produktionsplan $y \in Y$ mit $y = (r, -o)$.

Wird durch $y = (o, -r)$ ein bestimmter Outputvektor o mit positiven Bestandteilen erstellt, so soll dieser Prozeß gemäß der Irreversibilitätseigenschaft nicht umkehrbar sein, d.h. es ist nicht möglich, durch Verbrauch von r zunächst o zu erstellen und dann unter Verwendung von o den Vektor r zurückzugewinnen. Die Irreversibilität von Y haben wir in Abbildung 5.1.2 graphisch verdeutlicht, wobei der einfachste Fall $L = 2$ zugrundegelegt wurde. Die Menge Y ist die Menge der Punkte auf und unterhalb der einseitig schraffierten Kurve durch den Nullpunkt $\bar{0} = (0,0) \in \mathbb{R}^2$. Der Punkt y ist effizient, da sich der Outputmengenvektor $o = (y_2)$ nicht mit einer geringeren Menge als $|y_1|$ erstellen läßt. Der Punkt $-y = (-y_1, -y_2)$ liegt nicht in Y gemäß der Irreversibilitätseigenschaft für Y. Die Monotonie von Y wird für $L = 2$ durch den stets fallenden Verlauf des Randes (der einseitig schraffierten Kurve) von Y zum Ausdruck gebracht, auf dem die effektiven Produktionspläne liegen. Die Konvexität von Y beinhaltet für den Spezialfall $L = 2$ keine Einschränkung, da es stets nur ein einziges Inputgut geben kann und damit zwei effiziente Inputvektoren für denselben Outputvektor notwendigerweise identisch sein müssen.

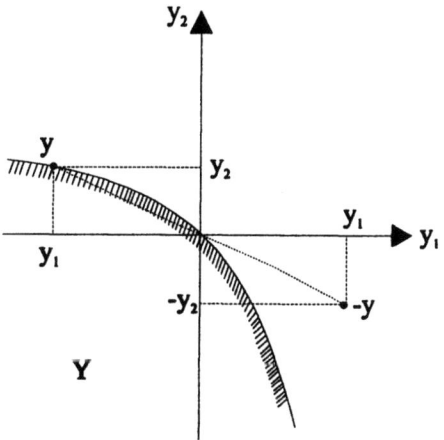

Abbildung 5.1.2

Genauso wie man jedem Outputmengenvektor o seine Inputerfordernismenge $R(o)$ zuordnet, kann man auch jedem Inputmengenvektor r die Menge der Outputmengenvektoren

$$O(r) = \{o : \text{Es gibt ein } y \in Y \text{ mit } y = (o, -r)\}$$

zuordnen, die sich mittels r erstellen lassen. $O(r)$ nennen wir den **Outputbereich** des Inputmengenvektors r.

Regularität der Outputbereiche: Für alle Inputvektoren $r \notin \mathbb{R}_+^L$ sei der Outputbereich $O(r)$ abgeschlossen und nicht leer.

Die Forderung ist analog zur Regularitätsbedingung für Inputerfordernismengen zu interpretieren: Wegen $r \notin \mathbb{R}_+^L$ gibt es Güter, die gemäß r nicht als Inputs verwandt werden, die sich also mittels r erstellen lassen. Die Abgeschlossenheit von $O(r)$ verlangt, daß die Mengen $O(r)$ ihren Rand enthalten.

Monotonie der Outputbereiche: Für alle technologisch möglichen Inputvektoren r, $\hat{r}$ mit $\hat{r} \leq r$ und $\hat{r} \neq r$ gilt $O(\hat{r}) \subset \overset{\circ}{O}(r)$ wobei $\overset{\circ}{A}$ die Menge A ohne ihren Rand bezeichnet.

Gemäß dieser Anforderung werden die bei Effizienz erreichbaren Outputmengen geringer, wenn die Einsatzmenge eines Produktfaktors verringert wird. Wir sagen, daß die Technologie Y **monoton** ist, wenn sowohl die Monotonie der Inputerfordernisse als auch die der Outputbereiche gewährleistet ist.

Ein Outputmengenvektor $\hat{o} \in O(r)$ heißt **effektiv für** r, falls es keinen Vektor $\tilde{o} \in O(r)$ mit $\tilde{o} \geq \hat{o}$ und $\tilde{o} \neq \hat{o}$ gibt. Die Menge

$$T(r) = \{o \in O(r) : o \text{ ist effektiv für } r\}$$

der effektiven Outputmengenvektoren für r heißt die **Transformationskurve für** r. Ist o effektiv für r, so ist bei Monotonie der Technologiemenge Y auch r effektiv für o. Ob ein Produktionsplan $y = (o, -r) \in Y$ effektiv ist, kann daher sowohl anhand der Effektivität von r für o, als auch derjenigen von o für r überprüft werden, d.h. daran, ob r auf der Isoquante $I(o)$ oder o auf der Transformationskurve $T(r)$ liegt.

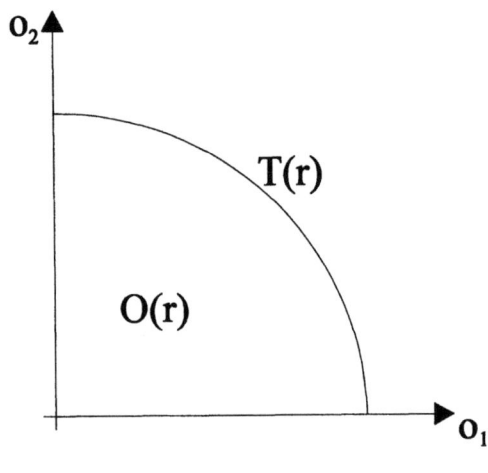

Abbildung 5.1.3

Der Outputbereich $O(r)$ und die Transformationskurve $T(r)$ können für den Spezialfall von genau zwei Produkten graphisch verdeutlicht werden. In Abbildung 5.1.3 liegt der Outputbereich $O(r)$ unterhalb der Transformationskurve $T(r)$. Die graphische Darstellung unterstellt folgende Anforderung für den Outputbereich:

Konvexität der Outputbereiche: Für alle Inputvektoren r, für die ein $y \in Y$ mit $y = (o, -r)$ existiert, sei der Outputbereich $O(r)$ (streng) konvex, d.h. für alle Zahlen λ mit $0 < \lambda < 1$ und alle Punkte $\tilde{o}, \hat{o} \in O(r)$ mit $\tilde{o} \neq \hat{o}$ soll gelten, daß $\lambda \tilde{o} + (1-\lambda)\hat{o} \in \overset{\circ}{O}(r)$, d.h. $\lambda \tilde{o} + (1-\lambda)\hat{o}$ liegt nicht auf der Transformationskurve $T(r)$.

Ähnlich wie die Monotonie und die Konvexität der Inputerfordernismengen ist die Konvexität der Outputbereiche eine vereinfachende Annahme, die die Eindeutigkeit des optimalen Produktionsplans sichert und bei entsprechenden Differenzierbarkeitseigenschaften von Isoquanten und Transformationskurven auch den optimalen Produktionsplan einfacher bestimmen läßt. Wir nennen eine Technologiemenge Y **konvex**, falls alle ihre Inputerfordernismengen und Outputbereiche konvex im oben definierten Sinne sind. Im folgenden werden wir stets von monotonen und konvexen Technologiemengen ausgehen, die die Irreversibilitätseigenschaft erfüllen.

Der offenbare Nachteil, die möglichen Produktionsabläufe mittels der Technologiemenge zu erfassen, ist sicherlich die Vernachlässigung der zeitlichen Abfolge des Transformationsprozesses von Verbrauchsgütern in Produktionsgüter. Dem stehen jedoch auch gewichtige Vorteile gegenüber: Wie in Abbildung 5.1.2 verdeutlicht, muß man nicht von vornherein festlegen, ob ein bestimmtes Gut als Produktionsfaktor oder als Produkt dient. Dies kann durchaus von Produktionsplan zu Produktionsplan variieren. Ferner umfaßt das Konzept der Technologiemenge sowohl den Fall der Einproduktunternehmung (es wird nur ein Gut produziert) als auch den der Mehrproduktunternehmung, die ein mehr oder minder breites Produktsortiment erstellt.

5.2 Der optimale Produktionsplan

Es sei $p \in \mathbb{R}_+^L$ ein Preisvektor $p = (p_1, ..., p_L)$. Gilt $p_i = 0$, so lohnt es offenbar nicht, Gut i herzustellen. Ist andererseits Gut i als Input verwendbar, so würde man bei Monotonie der Technologiemenge Y eine unendlich große Menge von Gut i als Produktionsfaktor einsetzen. Bei Monotonie der Technologiemenge Y kann es also keine Güter geben, die als Inputs verwendbar sind und deren Preis Null ist, da alle Güter nur in endlich großer Menge verfügbar sind. Ist aber ein Gut prinzipiell nicht als Produktionsfaktor verwendbar und sein Preis gleich Null, so können wir es aus der Güterliste eliminieren, da niemand daran interessiert ist, es zu erwerben oder zu verkaufen. Damit haben wir gezeigt, daß man bei Monotonie der Technologiemenge Y ohne Verlust an Allgemeinheit davon ausgehen kann, daß alle Güterpreise positiv sind. Im folgenden sei daher stets ein Preisvektor $p \in \mathbb{R}_+^L$ mit $p_i > 0$ für $i = 1, ..., L$ unterstellt.

Der **gewinnmaximale Produktionsplan** $y^*(p) \in Y$ in Abhängigkeit von p ist durch die Eigenschaft

$$p \cdot y^*(p) = \max\{p \cdot y : y \in Y\}$$

charakterisiert, d.h. $y^*(p)$ maximiert den Gewinn beim Preisvektor p. Da alle Preise positiv sind, muß ein gewinnmaximaler Produktionsplan $y^*(p)$ offenbar effektiv sein, d.h. für $y^*(p) = (o, -r)$ muß gelten, daß r effektiv für o sowie o effektiv für r ist. Man kann also im Vergleich zu y nicht mehr produzieren, ohne mehr Produktionsfaktoren einzusetzen, bzw. man kann im Vergleich zu y keine Inputs einsparen, ohne die Produktionsmenge wenigstens eines Gutes einzuschränken. Wir bezeichnen mit Y^* die Menge der effektiven Produktionspläne in Y, d.h.

$$Y^* = \{y \in Y : \text{Für alle } \hat{y} \in \mathbb{R}^L \text{ mit } \hat{y} \geq y \text{ und } \hat{y} \neq y \text{ gilt } \hat{y} \notin Y\}.$$

Da bei positiven Güterpreisen der gewinnmaximale Produktionsplan effektiv sein muß (es wären sonst bei konstanten Kosten höhere Erlöse bzw. bei konstanten Erlösen geringere Kosten möglich), gilt bei positiven Güterpreisen stets

$$p \cdot y^*(p) = \max\{p \cdot y : y \in Y^*\}.$$

Wir wollen im folgenden einige Eigenschaften der gewinnmaximalen Produktionspläne $y^*(p)$ für monotone und konvexe Technologiemengen Y ableiten, deren Mengen Y^* effektiver Produktionspläne sich durch stetig differenzierbare Funktionen $F(\cdot)$ der folgenden Form darstellen lassen:

$$Y^* = \{y \in Y : F(y) = 0\}$$

Aus den notwendigen Bedingungen für ein lokales Maximum der Funktion

$$L = L(y, \lambda) = p \cdot y - \lambda[F(y) - 0],$$

nämlich

$$p_i = \lambda \frac{\partial F(y)}{\partial y_i} \text{ für } i = 1, ..., L,$$

sowie

$$F(y) = 0, \text{d.h. } y \in Y^*,$$

folgt

$$\frac{p_i}{p_j} = \frac{\frac{\partial F(y)}{\partial y_i}}{\frac{\partial F(y)}{\partial y_j}} \text{ für alle } i,j = 1, ..., L.$$

Wegen

$$\frac{\partial F(y)}{\partial y_i} dy_i + \frac{\partial F(y)}{\partial y_j} dy_j = 0$$

bzw.

(*)

$$\frac{\frac{\partial F(y)}{\partial y_i}}{\frac{\partial F(y)}{\partial y_j}} = -\frac{dy_j}{dy_i}$$

für alle Bewegungen von y in Y^*, die nur die Güter i und j betreffen, ist die Grenzrate der Substitution $\frac{dy_j}{dy_i}$ durch den negativen Wert der rechten Seite von (*) bestimmt, woraus sich

$$-\frac{p_i}{p_j} = \frac{dy_j}{dy_i} \text{ für alle } i,j = 1, ..., L,$$

d.h. die Gleichheit des negativen Preisverhältnisses mit der **Grenzrate der Substitution** ergibt.

Sind i und j gemäß y Outputgüter, so besagt die Bedingung (*) mithin, daß die Grenzrate der Substitution $\frac{dy_j}{dy_i}$ in der (y_i, y_j)-Ebene dem negativen Preisverhältnis dieser beiden Güter entsprechen muß, wie es in der Abbildung 5.2.1 graphisch verdeutlicht wird. In Abbildung 5.2.1 betrachten wir nur Produktionspläne $\hat{y}$ mit $\hat{y}_k = y_k$ für alle Güter $k \neq i$ und $k \neq j$, d.h. nur die beiden Outputgüter i und j werden als variabel unterstellt.

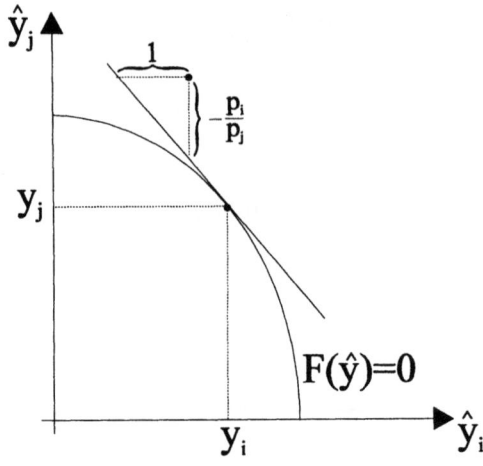

Abbildung 5.2.1

Im lokalen Maximum y der Funktion L ist die Steigung bzw. die Grenzrate der Substitution der Transformationskurve durch das negative Preisverhältnis der Güter i und j bestimmt. Analog zur Budgetgeraden in der Haushaltstheorie kann man die in y tangierende Gerade der Abbildung 5.2.1 als **Isoerlösgerade** bezeichnen. Alle Punkte $(\hat{y}_i, \hat{y}_j)$ auf dieser Geraden implizieren denselben Erlös beim Preisvektor p wie der Punkt (y_i, y_j).

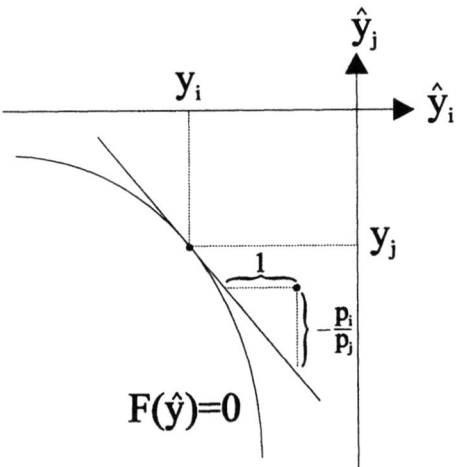

Abbildung 5.2.2

Sind die Güter i und j gemäß y Produktionsfaktoren, so bezeichnet die rechte Seite von (∗) das Verhältnis der **Grenzproduktivitäten** der Güter i und j, das dem Preisverhältnis der beiden Produktionsfaktoren entspricht. In Abbildung 5.2.2 ist $F(\hat{y}) = 0$ die Isoquante in der y_i, y_j-Ebene, die alle effektiven Produktionspläne $\hat{y}$ enthält, die mit y bis auf die Mengen der Produktionsfaktoren i und j übereinstimmen und mithin dieselben Outputmengen implizieren. Die Isoquante hat im lokalen Gewinnmaximum y die Steigung (bzw. die Grenzrate der Substitution) $-p_i/p_j$. Im lokalen Gewinnmaximum ist also das Preisverhältnis gleich dem Verhältnis der Grenzproduktivitäten, das dem Absolutwert der Grenzrate der Substitution entspricht. Da die Gleichung (∗) sich zu

$$\frac{\partial F(y)}{p_i \partial y_i} = \frac{\partial F(y)}{p_j \partial y_j} \text{ für alle } i,j = 1,...,L$$

umformen läßt, kann man auch sagen, daß im lokalen Gewinnmaximum die Grenzproduktivitäten des Geldes für alle Produktionsfaktoren gleich sind: $p_i \partial y_i$ ist die Grenzausgabe, die durch die infinitesimale Erhöhung ∂y_i der Faktormenge y_i verursacht wird. Die in y tangierende Gerade der Abbildung 5.2.2 wird üblicherweise **Isokostengerade** genannt, da alle Punkte $(\hat{y}_i, \hat{y}_j)$ auf dieser Geraden dieselben Kosten wie der Punkt (y_i, y_j) beinhalten.

Ist gemäß y Gut i Produkt und Gut j Produktionsfaktor, so kann aus der Gleichung

$$\frac{p_i}{p_j} = -\frac{dy_j}{dy_i}$$

die Bedingung

$$p_i dy_i = -p_j dy_j$$

abgeleitet werden. Im lokalen Gewinnmaximum stimmt also der Grenzerlös $p_i dy_i$ jedes Produktionsgutes i mit der Grenzausgabe $-p_j dy_j$ jedes Produktionsfaktors j überein.

In der graphischen Darstellung der Abbildung 5.2.3 bemißt $-\frac{dy_i}{dy_j}$ die Grenzproduktivität des (Produktions-)Faktors j bei der Erstellung des Outputgutes i an der Stelle y, die im gewinnmaximalen Produktionsplan y^* dem negativen (umgekehrten) Preisverhältnis $\frac{p_j}{p_i}$ entsprechen muß. Da $y_j < 0$ gilt, falls Gut j als Produktionsfaktor eingesetzt wird, ist die Grenzproduktivität $-\frac{dy_i}{dy_j} = \frac{dy_i}{(-dy_j)} = \frac{dy_i}{d|y_j|}$ natürlich stets positiv.

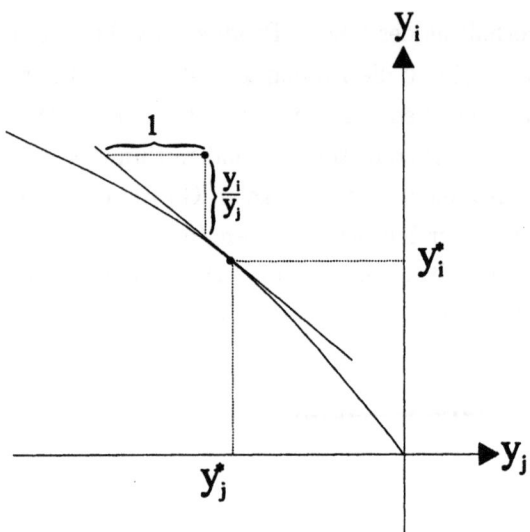

Abbildung 5.2.3

Beispiel:

$$Y = \{y \in R^L : \quad y_i \geq 0 (i=1,...,m),\ y_j \leq 0 (j=m+1,...,L);$$
$$\sum_{i=1}^{m} y_i^c \leq \prod_{j=m+1}^{L} (-y_j)^\alpha$$
$$\text{mit } 1 \leq m < L;\ 0 < a = (L-m)\alpha < 1 < c\}$$

Eine Besonderheit dieses Beispiels beruht darauf, daß die Güter 1 bis m nur als Produkte und die Güter $m+1$ bis L nur als Produktionsfaktoren auftreten können. Wir gehen von einem Preisvektor $p \in \mathbb{R}_+^L$ mit ausschließlich positiven Preisen aus. Der gewinnmaximale Produktionsplan $y^*(p) \in Y$ ist damit notwendigerweise effektiv, d.h. es gilt $y^*(p) \in Y^*$. Der gewinnmaximale Produktionsplan kann durch Maximierung der Funktion

$$L = L(y,\lambda) = p \cdot y - \lambda \left[\sum_{i=1}^{m} y_i^c - \prod_{j=m+1}^{L} (-y_j)^\alpha \right]$$

bestimmt werden. Aus

(I)
$$\frac{\partial L}{\partial y_k} = p_k - \lambda\, c\, y_k^{c-1} = 0 \text{ für } k = 1,...,m$$

folgt

$$y_k = \left[\frac{p_k}{p_i}\right]^{\frac{1}{c-1}} y_i \text{ für } k, i = 1, ..., m.$$

Analog erhält man aus

(J)
$$\frac{\partial L}{\partial y_k} = p_k - \lambda \frac{\alpha}{-y_k} \prod_{l=m+1}^{L} (-y_l)^\alpha = 0 \text{ für } k = m+1, ..., L$$

die Bedingung

$$y_k = \frac{p_j}{p_k} y_j \text{ für } k, j = m+1, ..., L.$$

Aus (I) für $k = i$ und (J) für $k = j$ folgt ferner

(1)
$$\frac{p_i}{p_j} = \frac{c\, y_i^{c-1}}{\frac{\alpha}{-y_j} \prod_{k=m+1}^{L} (-y_k)^\alpha} \text{ für } i = 1, ..., m \text{ und } j = m+1, ..., L.$$

Gleichung (1) sowie die notwendige Bedingung

(2)
$$\frac{\partial L}{\partial \lambda} = \sum_{k=1}^{m} y_k^c - \prod_{k=m+1}^{L} (-y_k)^\alpha = 0$$

für ein lokales Extremum der Funktion L können durch Einsetzen für die jeweiligen Werte von y_k in zwei Gleichungen mit den zwei Unbekannten y_i und y_j umgeformt werden:

(1')
$$\frac{p_i}{p_j} = \frac{c\, y_i^{c-1}}{\alpha\, p_j^a P(-y_j)^{a-1}} \text{ mit } P = \prod_{k=m+1}^{L} p_k^{-\alpha}$$

(2')
$$y_i^c = \frac{P}{S} p_i^{\frac{c}{c-1}} p_j^a (-y_j)^a \text{ mit } S = \sum_{k=1}^{m} p_k^{\frac{c}{c-1}}$$

Einsetzen von (2') in (1') ergibt

$$-y_j^*(p) = \frac{\left(\frac{c}{\alpha}\right)^{\frac{c}{a-c}} P^{\frac{1}{c-a}} S^{\frac{c-1}{c-a}}}{p_j}$$

sowie

$$y_i^*(p) = \left(\frac{P}{S} p_i^{\frac{c}{c-1}} p_j^a (-y_j^*(p))^a\right)^{\frac{1}{c}}$$

für alle $i = 1, ..., m$ und $j = m+1, ..., L$. Durch diese Formeln ist die gewinnmaximale Anpassungsform

$$y^*(p) = (y_1^*(p), ..., y_L^*(p))$$

der Unternehmung an die vorgegebenen Marktpreise bestimmt. Durch $y^*(p)$ wird jedem Preisvektor $p \in \mathbb{R}_+^L$ mit ausschließlich positiven Komponenten der durch lokale Optimalitätseigenschaften charakterisierte gewinnmaximale Produktionsplan zugeordnet. Wir bezeichnen $y^*(p)$ als die **Tauschfunktion** der Unternehmung.

Im Fall $m = 1$ der Einproduktunternehmung ergibt sich

$$S = p_1^{\frac{c}{c-1}}$$

und damit

$$y_1^*(p) = \left(\frac{c \, p_j}{\alpha \, p_1}\right)$$

und

$$-y_j^*(p) = \frac{\left(\frac{c \, p_j}{\alpha \, p_1}\right)^{\frac{c}{a}}}{p_j \, P^{\frac{1}{a}}} \quad \text{für } j = 2, ..., L.$$

Für $m = L - 1$ gibt es nur einen Produktionsfaktor. Aus

$$P = p_L^{-\alpha} \text{ und } a = (L-m)\alpha = \alpha$$

folgt

$$y_i^*(p) = \left(\frac{c}{\alpha\,S}\right) p_i^{\frac{1}{c-1}} p_L \text{ für } i = 1, ..., L-1$$

und

$$-y_L^*(p) = \left(\frac{c\,p_L}{\alpha\,S}\right)^{\frac{c}{a}} S^{\frac{1}{a}}. \quad \Box$$

5.3 Die Beschreibung der Technologiemenge durch Produktionsfunktionen

Im folgenden gehen wir wie in dem oben behandelten Beispiel davon aus, daß von vornherein feststeht, ob ein Gut als Inputgut oder als Outputgut auftritt. Dies mag für die meisten Produktionsprozesse zutreffen, da die Maschinen und Anlagen auf eine ganz bestimmte Fertigungsweise ausgerichtet sind. Zumindestens im Bereich der Landwirtschaft erscheint die Annahme, daß jedes Gut bei allen möglichen Preisvektoren nur als Output- oder Inputgut auftreten kann, jedoch als restriktiv. So können bestimmte agrarische Produkte durchaus bei hohen Verkaufspreisen durch denselben Landwirtschaftsbetrieb hergestellt werden, der diese Produkte bei niedrigeren Preisen zum Beispiel als Futtermittel einkauft.

Durch geeignete Umnumerierung der Güter $1, ..., L$ läßt sich erreichen, daß die ersten m Güter $i = 1, ..., m$ die Produkte der Unternehmung und die Güter $j = m+1, ..., L$ die Produktionsfaktoren sind, wobei $1 \leq m \leq L-1$ gelten muß. Für alle Produktionspläne $y \in Y$ gilt daher

$$y_i \geq 0 (i = 1, ..., m) \text{ und } y_j \leq 0 \ (j = m+1, ..., L).$$

Wie bisher bezeichnen wir mit

$$o = (y_1, ..., y_m)$$

den Outputvektor und mit

$$r = (-y_{m+1}, ..., -y_L)$$

den Inputvektor des Produktionsplans $y \in Y$. Wir sagen, daß die Technologiemenge Y durch eine **Produktionsfunktion** beschrieben werden kann, falls es eine Funktion

$$f : \begin{array}{rcl} \mathbb{R}_+^{L-m} & \longrightarrow & \mathbb{R}_+^m \\ r & \longmapsto & o = f(r) \end{array}$$

gibt, mittels derer man alle effektiven Produktionspläne $y \in Y^*$ in der Form

$$y = (o = f(r), -r)$$

repräsentieren kann. Einschränkende Annahme des Konzepts der Produktionsfunktion f ist es, daß einem Inputvektor r nur ein einziger effektiver Outputvektor o zugeordnet ist. Eine allgemeinere Definition wäre eine **Produktionskorrespondenz**

$$F : \begin{array}{rcl} \mathbb{R}_+^{L-m} & \longrightarrow & \mathcal{P}(\mathbb{R}_+^m) \\ r & \longmapsto & O = F(r), \end{array}$$

die jedem Inputvektor r die Menge $F(r) \subset \mathbb{R}_+^m$ der für r effektiven Outputvektoren o zuordnet und die die Menge Y^* der effektiven Produktionspläne gemäß

$$y = (o, -r) \text{ mit } o \in F(r)$$

für alle $y \in Y^*$ repräsentiert. Offenbar bedeutet nur im Fall $m = 1$, d.h. der Einproduktunternehmung, die Annahme der Repräsentierbarkeit durch eine Produktionsfunktion keine Einengung im Vergleich zur Repräsentierbarkeit durch Produktionskorrespondenzen.

Von den beiden Technologiemengen der Abbildung 5.3.1 ist nur die linke in unserem Sinne durch eine Produktionsfunktion repräsentierbar, nämlich die Funktion $y_2 = o = f(r) = \sqrt{-y_1}$, da gemäß der rechten Technologiemenge beide Güter sowohl als Output als auch als Input auftreten können.

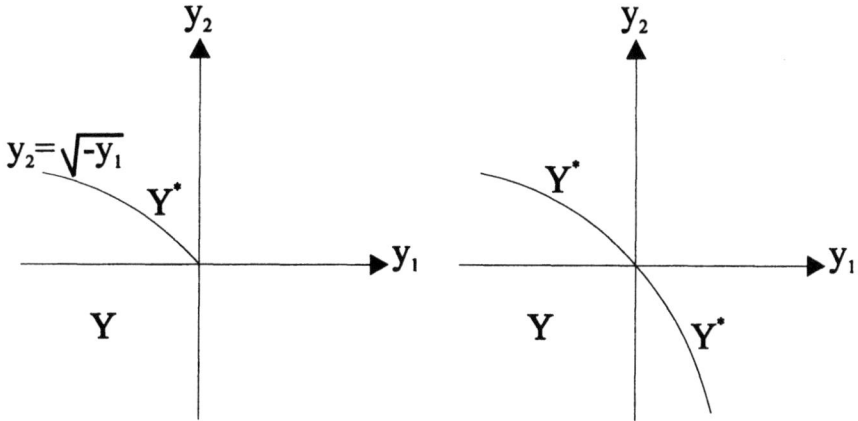

Abbildung 5.3.1

Die Abbildung 5.3.2 verdeutlicht eine Technologiemenge mit $L = 3$ und $m = 2$, die nur durch eine Produktionskorrespondenz repräsentierbar ist, nämlich durch

$$F(-y_3) = \{o = (y_1, y_2) : y_1^2 + y_2^2 = \sqrt{-y_3}\}.$$

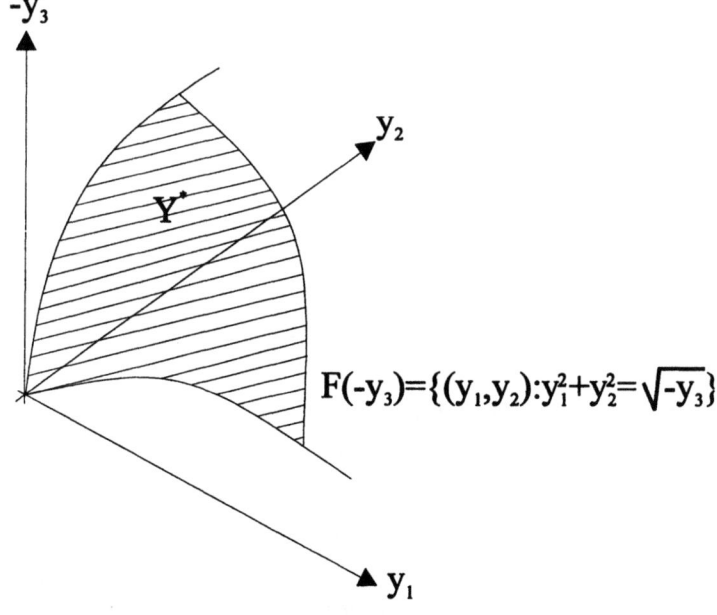

Abbildung 5.3.2

Graphisch ergibt sich $F(-y_3)$ als die Höhenlinie, die sich durch Schneiden von Y^* mit der durch $-y_3$ gegebenen horizontalen Ebene ergibt.

Eine Technologiemenge $Y \subset \mathbb{R}^3$ mit $m = 2$, die durch die Produktionsfunktion

$$(y_1, y_2) = (\sqrt{-y_3}, \sqrt{-y_3}) = f(r)$$

beschrieben wird, ist in Abbildung 5.3.3 verdeutlicht. Jedem Inputvektor r, d.h. jeder Menge $-y_3$, wird hier nur eine einzige effektive Outputkombination $o = (y_1, y_2)$ zugeordnet, d.h. die beiden Produkte werden bei effektiver Produktionsweise in einem durch y_3 festgelegten Mengenverhältnis erstellt.

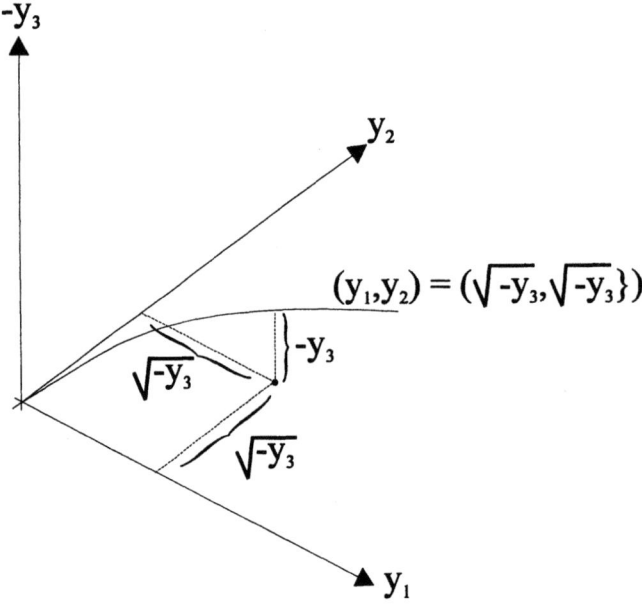

Abbildung 5.3.3

Die Beispiele verdeutlichen, daß im Fall $m > 1$ die Beschreibung der Technologiemenge durch Produktionsfunktionen eher die Ausnahme darstellt und nur für Mehrproduktunternehmungen mit sogenannten Kuppelprodukten zutreffen wird. Im Fall $m = 1$ kann jedoch die Technologiemenge ohne Einschränkung durch eine Produktionsfunktion repräsentiert werden. Obwohl der Fall $m = 1$ der Einproduktunternehmung eher untypisch ist, soll dieser Fall noch einmal gesondert betrachtet werden. Hierbei werden wir dann die technologischen Möglichkeiten der Unternehmung statt mittels der Technologiemenge Y durch eine reellwertige Produktionsfunktion

$$
\begin{aligned}
f: \quad \mathbb{R}_+^n &\longrightarrow \mathbb{R}_+ \\
r = (r_1, ..., r_n) &\longmapsto o = f(r)
\end{aligned}
$$

mit $n = L - 1$ beschreiben.

5.4 Die Einproduktunternehmung

Wir betrachten im folgenden eine Unternehmung, die ein einziges Gut erstellt, dessen Menge wir mit $o (\geq 0)$ bezeichnen. Zur Herstellung einer positiven Menge o benötigt die Unternehmung nichtnegative Mengen der Produktionsfaktoren $1, ..., n$, deren Mengen wir mit $r_1, ..., r_n$ benennen. Wir nennen

$$r = (r_1, ..., r_n)$$

den **Inputvektor** und o die **Produktionsmenge** bzw. **Outputmenge**. Die effektiven Produktionspläne der Unternehmung seien durch die Produktionsfunktion

$$
\begin{aligned}
f: \quad \mathbb{R}_+^n &\longrightarrow \mathbb{R}_+ \\
r &\longmapsto o = f(r)
\end{aligned}
$$

beschrieben. $v (\geq 0)$ sei der **Verkaufspreis** des Produkts, $q_1, ..., q_n$ die Preise der Produktionsfaktoren und $q = (q_1, ..., q_n)$ der **Faktorpreisvektor**. Wegen unserer Annahmen an die Technologiemenge werden wir wie bisher stets davon ausgehen können, daß sowohl der Produktpreis v als auch alle Faktorpreise q_i mit $i = 1, ..., n$ stets positiv sind.

Bei der graphischen Verdeutlichung werden wir den Fall $n = 2$, d.h. von genau zwei Produktionsfaktoren zugrundelegen. In diesem Fall können die für eine vorgegebene Outputmenge $\bar{o}$ effektiven Inputvektoren r durch die **Isoquante**

$$I(\bar{o}) = \{r = (r_1, r_2) \in \mathbb{R}_+^2 : f(r) = \bar{o}\}$$

des Produktionsniveaus $\bar{o}$ beschrieben und graphisch veranschaulicht werden.

5.4.1 Der gewinnmaximale Inputvektor

Der Gewinn der Einproduktunternehmung ergibt sich aus der Differenz der Verkaufserlöse $o \cdot v$ und der Kosten

$$r \cdot q = \sum_{i=1}^{n} r_i q_i = r_1 \cdot q_1 + ... + r_n \cdot q_n.$$

Wir wollen den Gewinn durch

$$\prod(r) = v \cdot f(r) - r \cdot q$$

schreiben. Aus

$$\frac{\partial \prod(r)}{\partial r_i} = v \frac{\partial f(r)}{\partial r_i} - q_i = 0 \text{ für } i = 1, ..., n$$

erhält man die üblichen Bedingungen

$$\frac{\frac{\partial f(r)}{\partial r_i}}{\frac{\partial f(r)}{\partial r_j}} = \frac{q_i}{q_j} \text{ für alle } i, j = 1, ..., n,$$

daß die Verhältnisse der Grenzproduktivitäten und damit die Grenzraten der Substitution den Faktorpreisverhältnissen entsprechen. Wir haben diese Bedingungen für den Fall $n = 2$ in der Abbildung 5.4.1.1 graphisch verdeutlicht. Da für eine infinitesimale Bewegung ausgehend von r^* auf der Isoquante

$$I(r^*) = \{r \in \mathbb{R}_+^n : f(r) = f(r^*)\}$$

durch r^* stets die Bedingung

$$\frac{\partial f(r^*)}{\partial r_1} dr_1 + \frac{\partial f(r^*)}{\partial r_2} dr_2 = 0$$

bzw.

$$-\frac{dr_2}{dr_1} = \frac{\frac{\partial f(r^*)}{\partial r_1}}{\frac{\partial f(r^*)}{\partial r_2}}$$

erfüllt ist, entspricht die (absolute) Grenzrate der Substitution $-\frac{dr_2}{dr_1}$ im Punkt r^* dem (umgekehrten) Verhältnis der partiellen Grenzproduktivitäten und damit auch dem (umgekehrten) Verhältnis der Faktorpreise.

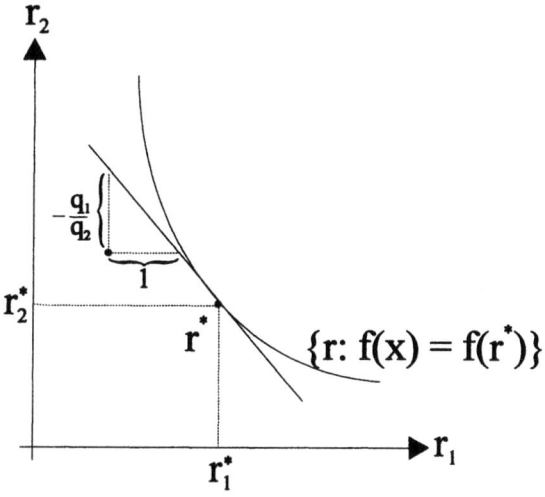

Abbildung 5.4.1.1

Die notwendigen Bedingungen

$$v\frac{\partial f(r^*)}{\partial r_i} = q_i \text{ für } i = 1,...,n$$

für ein lokales Gewinnmaximum lassen sich auch direkt interpretieren. Die mit dem Produktpreis v multiplizierte Grenzproduktivität des Faktors i wird als **Wertgrenzproduktivität** des Faktors i bezeichnet. Beim gewinnmaximalen Inputvektor r^* entspricht die Wertgrenzproduktivität jedes Produktionsfaktors mithin seinem Preis, d.h. der Grenzausgabe für die Beschaffung einer zusätzlichen Faktoreinheit. Für den Faktor Arbeit bedeutet dies zum Beispiel, daß er gemäß der Arbeitsproduktivität entlohnt wird (auf dieser Bedingung basiert die häufig in der Makroökonomie unterstellte **Arbeitsnachfragekurve** und die **Grenzproduktivitätstheorie der Einkommensverteilung**).

Das Preisverhältnis q_i/v wird häufig auch als der **reale Preis** des Faktors $i = 1,...,n$ bezeichnet. Die notwendigen Bedingungen für den gewinnmaximalen Inputvektor r^* besagen dann, daß die Grenzproduktivitäten den realen Faktorentlohnungen entsprechen müssen.

Bei Monotonie der Technologiemenge sind alle partiellen Grenzproduktivitäten stets positiv. Ein positiver Produktpreis impliziert damit stets positive Faktorpreise. Wäre jedoch der Produktpreis Null, so würde das Unternehmen offenbar kaum in Erscheinung treten. Wir können daher stets von einem positiven Produktpreis und positiven Faktorpreisen ausgehen.

Beispiel:

$$o = f(r) = \prod_{j=1}^{n} r_j^{\alpha_j}$$

mit

$$\alpha_j > 0 \text{ für } j = 1,...,n \text{ und } \sum_{j=1}^{n} \alpha_j = a < 1.$$

Aus den notwendigen Bedingungen ergibt sich

$$q_i = \frac{v\alpha_i}{r_i} f(r) \text{ für } i = 1,...,n$$

und damit

$$\frac{q_i}{q_j} = \frac{\alpha_i r_j}{\alpha_j r_i} \text{ für alle } i,j = 1,...,n.$$

Durch Einsetzen von

$$r_j = \frac{\alpha_j q_i}{\alpha_i q_j} r_i$$

für alle $j = 1,...,n$ in die Bedingung

$$q_i = \frac{v\alpha_i}{r_i} \prod_{j=1}^{n} r_j^{\alpha_j}$$

erhält man

$$\frac{q_i r_i}{v\alpha_i} = \left(\prod_{j=1}^{n} \frac{\alpha_j q_i}{\alpha_i q_j} r_i \right)^{\alpha_j} = r_i^a \prod_{j=1}^{n} \left(\frac{\alpha_j q_i}{\alpha_i q_j} \right)^{\alpha_j}$$

bzw.

$$r_i^{1-a} = \frac{v\alpha_i}{q_i} \prod_{j=1}^{n} \left(\frac{\alpha_j q_i}{\alpha_i q_j} \right)^{\alpha_j}.$$

Der durch lokale Optimalitätseigenschaften charakterisierte gewinnmaximale Inputvektor r^* ist also durch

$$r_i^* = \left(\frac{v\alpha_i}{q_i} \prod_{j=1}^{n} \left(\frac{\alpha_j q_i}{\alpha_i q_j} \right)^{\alpha_j} \right)^{\frac{1}{1-a}}$$

für $i = 1,...,n$ bestimmt. Die Überprüfung der hinreichenden Bedingungen erübrigt sich wegen der Konvexität der Inputerfordernismengen. Ferner ist das eindeutige lokale Gewinnmaximum auch global optimal, da eine Randlösung mit $r_i^* = 0$ für wenigstens einen Produktionsfaktor $i = 1,...,n$ eine Produktionsmenge von Null impliziert und damit nur sichergestellt werden muß, daß r^* einen nichtnegativen Gewinn $\prod(r^*)$ impliziert.

Wegen

$$\frac{\partial f(r)}{\partial r_i} = \frac{\alpha_i}{r_i} f(r) = \frac{\alpha_i}{r_i^{1-\alpha_i}} \prod_{j \neq i} r_j^{\alpha_j}$$

und

$$\prod_{j \neq i} r_j^{\alpha_j} > 0,$$

falls alle übrigen Faktoreinsatzmengen positiv sind, wird die Grenzproduktivität $\frac{\partial f(r)}{\partial r_i}$ beliebig groß, wenn r_i gegen Null konvergiert. Es lohnt daher bei allen positiven Produkt- und Faktorpreisen die Produktion aufzunehmen, d.h. man kann ausschließen, daß die Produktion überhaupt nicht lohnt. □

Zur Verdeutlichung wollen wir die Spezialfälle $n = 1$ und $n = 2$ sowohl graphisch als auch analytisch noch einmal gesondert betrachten:

Zur graphischen Ableitung des optimalen Inputmengenvektors:

Bevor der Spezialfall $n = 1$ graphisch gelöst wird, soll er kurz analytisch behandelt werden, insbesondere da sich hierfür die hinreichende Bedingung für ein lokales Gewinnmaximum sehr vereinfacht. Für $n = 1$ mit $r = r_1$ ist die Gewinnfunktion

$$\prod(r_1) = v \cdot f(r_1) - q_1 \cdot r_1$$

die Funktion einer einzigen Variablen, nämlich der einzigen Faktoreinsatzmenge r_1. Die Bedingungen für ein lokales Gewinnmaximum sind daher

$$\prod{}'(r_1) = vf'(r_1) - q_1 = 0$$

und

$$\prod{}''(r_1) = vf''(r_1) < 0$$

bzw. da v als positiv unterstellt wurde, $f''(r_1) < 0$.

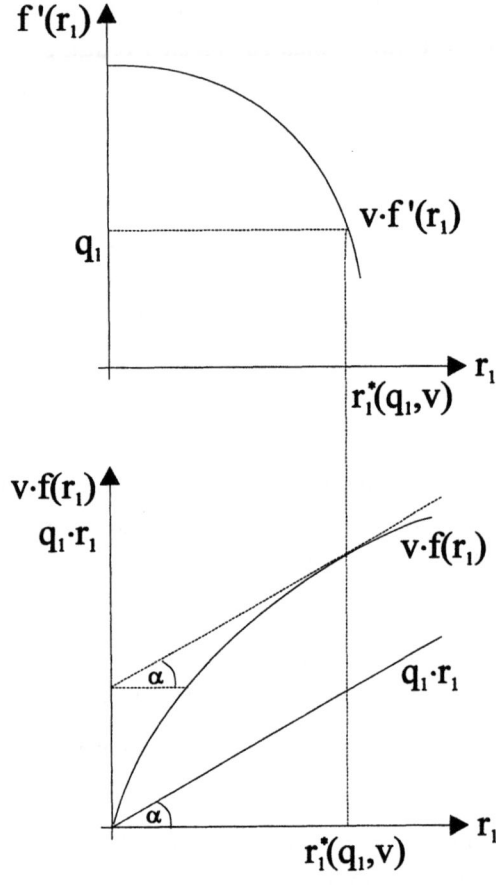

Abbildung 5.4.1.2

Die Grenzproduktivität $f'(r_1)$ des Faktors r_1 muß also mit zunehmender Menge r_1 abnehmen, wie es in der Abbildung 5.4.1.2 zum Ausdruck kommt.

Da durch eine Renormierung der Mengeneinheit des Outputgutes der Preis v des Outputgutes auf 1 normiert werden kann, entspricht der Verlauf von $f(r_1)$ bzw. $f'(r_1)$ stets dem von $vf(r_1)$ bzw. $vf'(r_1)$.

In dem oberen Teil der Abbildung 5.4.1.2 ergibt sich die gewinnmaximale Inputmenge $r_1^*(q_1, v)$ aus der Überlegung r_1 so weit auszudehnen, bis die Wertgrenzproduktivität auf den Faktorpreis gesunken ist. Im unteren Teil der Abbildung 5.4.1.2 von Erlösen $vf(r_1)$ und Kosten $q_1 r_1$ liegt die gewinnmaximale Inputmenge $r_1^*(q_1, v)$ genau dort, wo die Tangente an die Erlöskurve $vf(r_1)$ die gleiche Steigung wie die Kostenkurve $q_1 r_1$ besitzt, die eine konstante Steigung aufweist.

Der Spezialfall n=2: Hierfür gilt:

$$\prod(r_1, r_2) = v \cdot f(r_1, r_2) - q_1 r_1 - q_2 r_2.$$

Aus

$$\frac{\partial \prod}{\partial r_1} = v \frac{\partial}{\partial r_1} f(r_1, r_2) - q_1 = 0$$
$$\frac{\partial \prod}{\partial r_2} = v \frac{\partial}{\partial r_2} f(r_1, r_2) - q_2 = 0$$

und

$$\frac{\partial^2 \prod}{\partial r_i \partial r_j} = \frac{\partial^2 \prod}{\partial r_j \partial r_i}$$

für $i, j = 1, 2$ erhält man die notwendigen Bedingungen

$$v \frac{\partial}{\partial r_1} f(r_1^*, r_2^*) = q_1 \text{ und } v \frac{\partial}{\partial r_2} f(r_1^*, r_2^*) = q_2$$

sowie die hinreichende Bedingung, daß die Hesse–Matrix

$$Hf(r_1^*, r_2^*) = \begin{bmatrix} \frac{\partial^2}{\partial r_1^2} f(r^*) & \frac{\partial^2}{\partial r_1 \partial r_2} f(r^*) \\ \frac{\partial^2}{\partial r_1 \partial r_2} f(r^*) & \frac{\partial^2}{\partial r_2^2} f(r^*) \end{bmatrix}$$

semi–definit sein muß, d.h. für den vorliegenden Fall, daß

$$\frac{\partial^2}{\partial r_1^2} f(r^*) < 0, \frac{\partial^2}{\partial r_2^2} f(r^*) < 0$$

und

$$\frac{\partial^2}{\partial r_1^2} f(r^*) \frac{\partial^2}{\partial r_2^2} f(r^*) > \left(\frac{\partial^2}{\partial r_1 \partial r_2} f(r^*)\right)^2$$

gelten muß. Für das **Beispiel**

$$o = f(r) = r_1^\alpha \cdot r_2^\beta \text{ mit } \alpha, \beta > 0 \text{ und } \alpha + \beta < 1$$

sind diese Bedingungen stets erfüllt, da

$$\frac{\partial^2}{\partial r_1^2} f(r^*) = \alpha(\alpha - 1)\frac{f(r^*)}{r_1^{*2}} < 0 \text{ wegen } 0 < \alpha < 1,$$

$$\frac{\partial^2}{\partial r_2^2} f(r^*) = \beta(\beta - 1)\frac{f(r^*)}{r_2^{*2}} < 0 \text{ wegen } 0 < \beta < 1,$$

und da

$$\frac{\partial^2}{\partial r_1^2} f(r^*) \frac{\partial^2}{\partial r_2^2} f(r^*)$$

$$= \alpha\beta(\alpha - 1)(\beta - 1)\left(\frac{f(r^*)}{r_1^* r_2^*}\right)^2 > \left(\frac{\partial^2}{\partial r_1 \partial r_2} f(r^*)\right)^2 = \left(\alpha\beta \frac{f(r^*)}{r_1^* r_2^*}\right)^2$$

äquivalent ist zu $1 > \alpha + \beta$.

In der Abbildung 5.4.1.3 wird die Gerade mit der Steigung $-\frac{q_1}{q_2}$ als Isokostengerade für den Kostenwert $K > 0$ bezeichnet — alle Inputvektoren $r = (r_1, r_2)$ auf dieser Geraden kosten genau $K = q_1 \cdot r_1 + q_2 \cdot r_2$. Die gekrümmte Kurve $o^* = f(r_1^*, r_2^*)$ ist die Isoquante des Outputniveaus o^*. Da für jede Isoquante

$$I(o) = \{r = (r_1, r_2) \in \mathbb{R}_+^2 : o = f(r)\}$$

die Bedingung

$$\frac{\partial}{\partial r_1}f(r)dr_1 + \frac{\partial}{\partial r_2}f(r)dr_2 = 0$$

für infinitesimal kleine Bewegungen von r nach $r + dr = (r_1 + dr_1, r_2 + dr_2)$ gilt, erhält man

$$-\frac{dr_2}{dr_1} = \frac{\frac{\partial}{\partial r_1}f(r)}{\frac{\partial}{\partial r_2}f(r)} = \frac{q_1}{q_2}.$$

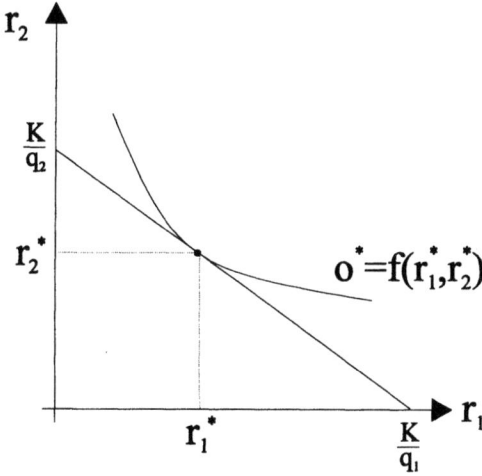

Abbildung 5.4.1.3

Im optimalen Inputmengenvektor $r^* = (r_1^*, r_2^*)$ muß also die Isoquante $o^* = f(r^*)$ die Isokostengerade durch r^* genau tangieren, d.h. ebenfalls die Steigung $-\frac{q_1}{q_2}$ aufweisen.

5.4.2 Minimalkostenkombination und Kostenfunktion

Wir gehen von der Situation aus, daß die Unternehmung zwar schon die Faktorpreise, aber noch nicht den Preis v ihres Produkts kennt. Etwa um entsprechende betriebliche Anweisungen zu erteilen, soll die Unternehmung überlegen, mit welcher Faktormengenkombination $r \in \mathbb{R}_+^n$ die theoretisch möglichen Outputmengen $o \in \mathbb{R}$ zu erstellen wären. Wenn aber die Outputmenge o vorgegeben ist, so besagt das Prinzip der Gewinnmaximierung, die

Outputmenge o mit minimalen Kosten zu erstellen. Die Unternehmung versucht daher, für alle Outputmengen $o \in \mathbb{R}$ den kostenminimalen Inputvektor $r^*(q,o)$ abzuleiten, der die Outputmenge o beim Faktorpreisvektor $q \in \mathbb{R}^n_+$ mit minimalen Kosten herzustellen erlaubt. Den Inputvektor $r^*(q,o)$ mit

$$q \cdot r^*(q,o) = \min\{r \cdot q : f(r) \geq o \text{ und } r \in \mathbb{R}^n_+\}$$

bezeichnen wir als den **kostenminimalen Inputvektor** bzw. die **Minimalkostenkombination** für die Outputmenge o und den Faktorpreisvektor q.

Für gegebenen Faktorpreisvektor $q \in \mathbb{R}^n_+$ wird die Funktion

$$K(o) = q \cdot r^*(q,o),$$

die jeder Outputmenge $o \in \mathbb{R}_+$ die minimalen Kosten zuordnet, mit denen diese Menge erstellt werden kann, die **Kostenfunktion** der Einproduktunternehmung genannt.

Ist die Minimalkostenkombination durch lokale Optimalitätseigenschaften bestimmt, so kann man sie aus den notwendigen Bedingungen für ein lokales Minimum der Funktion

$$L = L(r, \lambda) = r \cdot q - \lambda(f(r) - o)$$

ableiten. Aus

$$\frac{\partial L}{\partial r_i} = q_i - \lambda \frac{\partial f(r)}{\partial r_i} = 0 \text{ für } i = 1, ..., n$$

und

$$\frac{\partial L}{\partial \lambda} = f(r) - o = 0$$

erhalten wir die bekannten Bedingungen

$$\frac{q_i}{q_j} = \frac{\frac{\partial f(r)}{\partial r_i}}{\frac{\partial f(r)}{\partial r_j}} \ (i,j = 1, ..., n)$$

für den optimalen Faktoreinsatz und können mit den $n+1$ Gleichungen die $n+1$ Unbekannten $r_1, ..., r_n$ und λ berechnen, sofern überhaupt ein lokales Extremum $r \in \mathbb{R}_+^n$ existiert — wegen der Konvexität der Inputerfordernismengen kann es nicht mehr als ein lokales Kostenminimum geben.

Beispiel:

$$o = f(r) = \sum_{i=1}^{L} \sqrt{r_i}$$

Wegen

$$\prod(r) = vf(r) - q \cdot r$$

$$\frac{\partial}{\partial r_i} \prod(r) = \frac{v}{2\sqrt{r_i}} - q_i = 0$$

$$\frac{\partial^2}{\partial r_i \partial r_j} \prod(r) = \begin{cases} -\frac{v}{4} r_i^{-\frac{3}{2}} & \text{für } i = j \\ 0 & \text{für } i \neq j \end{cases}$$

ist für dieses Beispiel der gewinnmaximale Inputvektor r^* durch

$$r_i^* = \left(\frac{v}{2q_i}\right)^2 \text{ für } i = 1, ..., n$$

bestimmt.

Außer direkt r^* abzuleiten, soll auch noch für alle Outputmengen $o(\geq 0)$ die Minimalkostenkombination $r^*(q, o)$ abgeleitet werden, d.h. derjenige Inputmengenvektor r, der die vorgegebene Outputmenge o zu minimalen Kosten beim Preisvektor q bereitstellt. Aus

$$\frac{q_i}{q_j} = \frac{1/2 \, r_i^{-1/2}}{1/2 \, r_j^{-1/2}}$$

folgt

$$\sqrt{r_i} = \frac{q_j}{q_i} \sqrt{r_j} \text{ für } i, j = 1, ..., n$$

und damit

$$o = \sum_{i=1}^{L}\sqrt{r_i} = \sum_{i=1}^{L}\frac{q_j}{q_i}\sqrt{r_j} = \sqrt{r_j}\sum_{i=1}^{L}\frac{q_j}{q_i}$$

bzw.

$$r_j^*(q,o) = \left(\frac{o}{q_j\sum_{i=1}^{L}q_i^{-1}}\right)^2 \text{ für } j=1,...,n.$$

Die Minimalkostenkombination kann also durch

$$r^*(q,o) = \left(\left(\frac{o}{q_1\sum_{i=1}^{L}q_i^{-1}}\right)^2,...,\left(\frac{o}{q_L\sum_{i=1}^{L}q_i^{-1}}\right)^2\right)$$

in allgemeiner Form angegeben werden. Wegen

$$\begin{aligned}K(o) &= q\cdot r^*(q,o)\\ &= \sum_{j=1}^{L}q_j r_j^*(q,o)\\ &= \sum_{j=1}^{L}q_j\frac{o^2}{q_j^2\left(\sum_{i=1}^{L}q_i^{-1}\right)^2} = \frac{o^2}{\sum_{i=1}^{L}q_i^{-1}}\end{aligned}$$

erhalten wir eine quadratische Kostenfunktion, wie sie in der Abbildung 5.4.2.1 graphisch veranschaulicht wird.

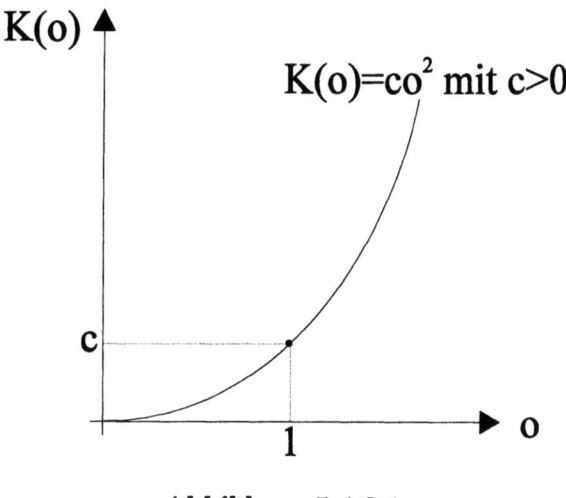

Abbildung 5.4.2.1

Man beachte jedoch, daß in diesem Beispiel Randlösungen, d.h. $r_j = 0$ für wenigstens einen Produktionsfaktor $j = 1, ..., n$, nicht a priori ausgeschlossen werden können, da wegen der additiven Verknüpfung der Faktoreinsatzmengen eine positive Outputmenge nicht notwendig eine positive Einsatzmenge aller Produktionsfaktoren impliziert.

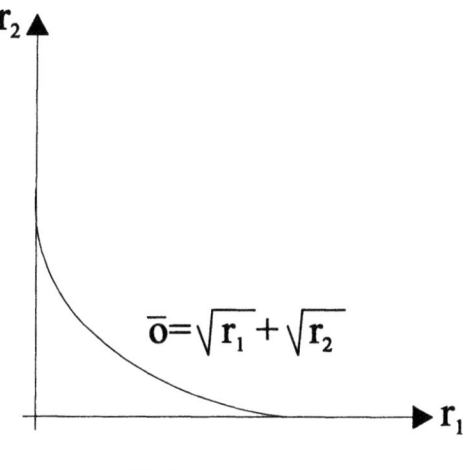

Abbildung 5.4.2.2

In der Abbildung 5.4.2.2 haben wir für $n = 2$ eine typische Isoquante der Produktionsfunktion $o = f(r) = \sqrt{r_1} + \sqrt{r_2}$ graphisch verdeutlicht. Aus der Tatsache, daß die Isoquante $\bar{o} = \sqrt{r_1} + \sqrt{r_2}$ die Achsen schneidet, erkennt man, daß die positive Outputmenge $\bar{o}$ mit nur einem einzigen Produktionsfaktor hergestellt werden kann. Da aber

$$\frac{\partial f(r)}{\partial r_i} = \frac{1}{2\sqrt{r_i}} \to +\infty \text{ für } r_i \to 0,$$

sind Randlösungen niemals optimal, sofern beide Faktorpreise positiv und endlich sind. Bei Faktorpreisvektoren $q \in \mathbb{R}^n_+$ mit ausschließlich positiven Komponenten sind daher Randlösungen ausgeschlossen, d.h. $r^*(q, o)$ ist die Minimalkostenkombination für alle Outputmengen o und alle strikt positiven Faktorpreisvektoren $q \in \mathbb{R}^n_+$. □

Beispiel:

$$f(r) = \prod_{i=1}^{L} r_i^{\alpha_i} \quad \text{mit } \alpha_i > 0 \ (i = 1, ..., n)$$

$$\text{und } \sum_{i=1}^{L} \alpha_i = a < 1$$

Da die Isoquanten für positive Outputniveaus niemals die Koordinatenachsen schneiden ($r_i = 0$ impliziert $f(r) = 0$; $i = 1, ..., n$), können für dieses Beispiel Randoptima von vornherein ausgeschlossen werden. Aus

$$\frac{q_i}{q_j} = \frac{\frac{\alpha_i}{r_i} f(r)}{\frac{\alpha_j}{r_j} f(r)} \ (i, j = 1, ..., n)$$

erhält man

$$r_i = \frac{\alpha_i q_j}{\alpha_j q_i} r_j \ (i, j = 1, ..., n).$$

Setzt man dies in

$$o = f(r) = \prod_{i=1}^{L} r_i^{\alpha_i}$$

ein, so ergibt sich

$$o = \prod_{i=1}^{L} \left(\frac{\alpha_i q_j}{\alpha_j q_i} r_j\right)^{\alpha_i} = r_j^a \prod_{i=1}^{L} \left(\frac{\alpha_i q_j}{\alpha_j q_i}\right)^{\alpha_i}$$

bzw. die Minimalkostenkombination gemäß

$$r_j^*(q,o) = \left(\frac{o}{\prod_{i=1}^{L} \left(\frac{\alpha_i q_j}{\alpha_j q_i} \right)^{\alpha_i}} \right)^{\frac{1}{a}} \quad \text{für } j = 1, ..., n.$$

Wegen $0 < a < 1$ und

$$K(o) = \sum_{j=1}^{L} q_j r_j^*(q,o) = o^{\frac{1}{a}} \sum_{j=1}^{L} \prod_{i=1}^{L} \left(\frac{\alpha_i}{\alpha_j q_i} \right)^{\frac{-\alpha_i}{a}}$$

hat die **Kostenkurve** $K(o)$ den gleichen Verlaufstyp wie in Abbildung 5.4.2.1 (allerdings ist die Kostenkurve nur für $a = 1/2$ quadratisch). Für $a \to 1$ konvergiert die Kostenkurve gegen eine linear steigende Gerade, während kleinere Werte von a eine immer stärkere konvexe Krümmung der Kostenkurve implizieren. □

5.4.3 Die gewinnmaximale Outputmenge

Mittels des Konzepts der Kostenfunktion $K(o) = q \cdot r^*(q,o)$, die wir aus Gründen einer einfachen analytischen Behandlung als zweimal differenzierbar mit $K'(o) > 0$ und $K''(o) > 0$ für alle positiven Outputmengen o unterstellen, kann der Gewinn $\prod$ der Unternehmung als Funktion

$$\prod(o) = v \cdot o - K(o)$$

der Outputmenge o dargestellt werden. Die notwendige Bedingung für ein lokales Gewinnmaximum o^* ist

$$\prod\nolimits'(o^*) = v - K'(o^*) = 0$$

bzw.

$$v = K'(o^*),$$

während die hinreichende Bedingung

$$\prod{}''(o^*) = -K''(o^*) < 0$$

aufgrund der Annahme $K''(o) > 0$ für alle $o > 0$ erfüllt ist, sofern o^* positiv ist.

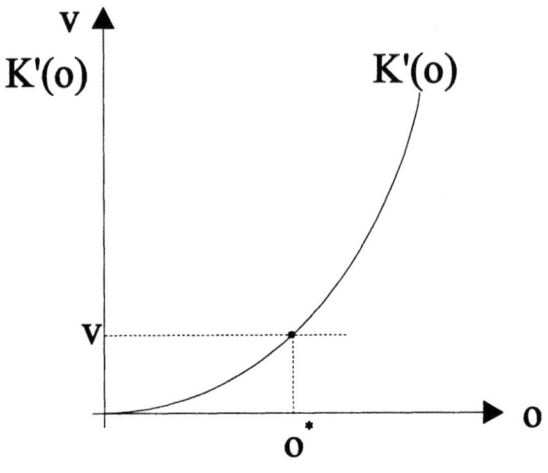

Abbildung 5.4.3.1

Die Bedingung

$$v = K'(o^*)$$

bzw.

Verkaufspreis = Grenzkosten bei der gewinnmaximalen Outputmenge

wird häufig dadurch beschrieben, daß man die Grenzkostenkurve als die **Angebotskurve** der Unternehmung bezeichnet.

In Abbildung 5.4.3.1 haben wir die (aufgrund unserer Annahmen monoton steigende) **Grenzkostenkurve** $K'(o)$ sowie die (da v unabhängig von o ist) horizontal verlaufende Preisgerade bzw. **Preisabsatzfunktion** eingezeichnet. Man erhält die gewinnmaximale Outputmenge o^* beim Produktpreis v, indem man die Preisgerade v mit der Grenzkostenkurve $K'(o)$ schneidet. o^*

ist die Mengenkomponente (der Abszissenwert in Abbildung 5.4.3.1) dieses Schnittpunktes.

Beispiel:

$$K(o) = Co^c \text{ mit } c > 1 \text{ und } C > 0$$

Wegen $K'(o) = c\,C\,o^{c-1}$ und $K''(o) = c\,(c-1)\,C\,o^{c-2} > 0$ für $o > 0$ verläuft die Gewinnfunktion im gesamten Bereich $o > 0$ streng konkav. Ein lokales Extremum von $\prod(o)$ ist damit auch das globale Gewinnmaximum. Aus

$$v = c\,C\,o^{c-1}$$

erhält man

$$o^* = \left(\frac{v}{c\,C}\right)^{\frac{1}{c-1}}.$$

Der maximale Gewinn beträgt damit

$$\prod(o^*) = v\left(\frac{v}{c\,C}\right)^{\frac{1}{c-1}} - C\left(\frac{v}{c\,C}\right)^{\frac{c}{c-1}}.$$

Wegen $K'(o) = c\,C\,o^{c-1}$ und $c > 1$ sowie $C > 0$ verläuft die Grenzkostenkurve steigend. In Abbildung 5.4.3.2 haben wir die alternativen Verläufe von $K'(o)$ in Abhängigkeit vom Parameter c im Bereich $c \geq 1$ verdeutlicht.

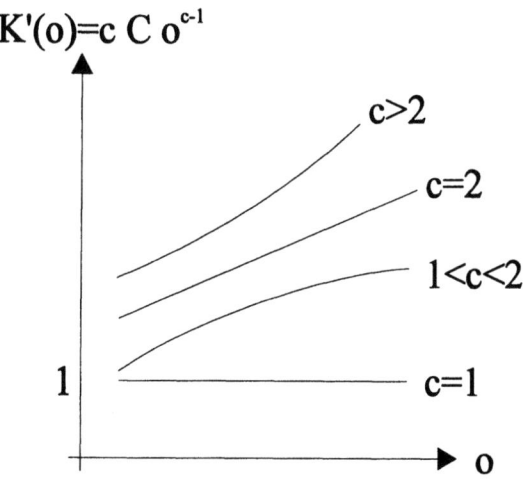

Abbildung 5.4.3.2

Nur im Grenzfall $c = 1$ verläuft die Grenzkostenkurve waagerecht (wir haben den Grenzfall $c = 1$ ausgeschlossen, da hierfür das Maximierungsproblem nicht eindeutig lösbar ist). Im Bereich $1 < c < 2$ verläuft die Grenzkostenkurve konkav, im Spezialfall $c = 2$ linear steigend und im Bereich $c > 2$ konvex.

Statt wie in Abbildung 5.4.3.1 mittels der Preisgeraden und der Grenzkostenkurve kann die gewinnmaximale Menge o^* auch mittels der Erlös- und Kostenkurve selbst ermittelt werden. In der Abbildung 5.4.3.3 haben wir neben der Kostenkurve $K(o) = Co^c$ mit $c > 1$ auch die wegen des konstanten Verkaufspreises v lineare **Erlöskurve** $E(o) = v \cdot o$ sowie die **Gewinnkurve** $\prod(o) = E(o) - K(o)$ eingezeichnet. Die Bedingung $v = K'(o^*)$ besagt für diese Darstellung, daß bei der Menge o^* die Tangente an die Kostenkurve $K(o)$ parallel zur Erlöskurve verlaufen muß (in der Abbildung 5.4.3.3 verlaufen die gepunktet eingezeichnete Tangente und die Erlöskurve parallel). Ab der Menge $\bar{o}$ wird der Gewinn negativ, während im gesamten Intervall von $o = 0$ bis $o = \bar{o}$ der Gewinn positiv ausfällt. □

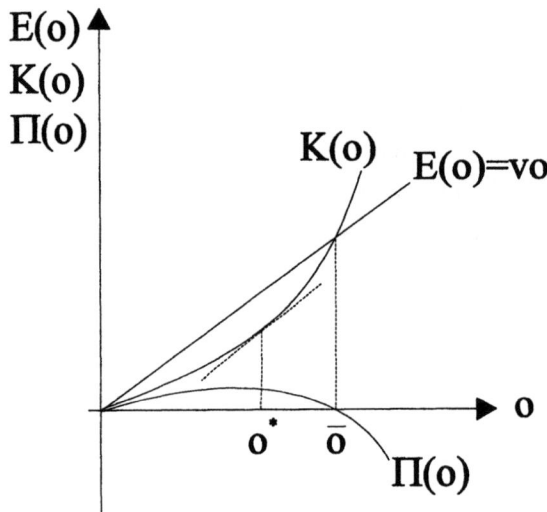

Abbildung 5.4.3.3

Beispiel:

$$K(o) = \alpha + \beta\, o - \frac{\gamma}{2}o^2 + \frac{\delta}{3}o^3 \text{ mit } \alpha, \beta, \gamma, \delta > 0.$$

Will man negative Grenzkosten ausschließen, so muß man wegen

$$K'(o) = \beta - \gamma\, o + \delta\, o^2$$

die zusätzliche Bedingung

$$\beta \geq \frac{\gamma^2}{4\delta}$$

einführen. Wegen

$$K''(o) = -\gamma + 2\,\delta\, o$$

verläuft die Grenzkostenkurve im Bereich $o < \gamma/2\delta$ fallend, d.h. nur im Bereich $o \geq \gamma/2\delta$ sind lokale Extrema der Gewinnfunktion lokale Gewinnmaxima.

Generell gilt, daß nur der steigende Bereich der Grenzkostenkurve die **Angebotskurve** der Unternehmung angibt, sofern bei diesem Verkaufspreis Produktion überhaupt lohnt.

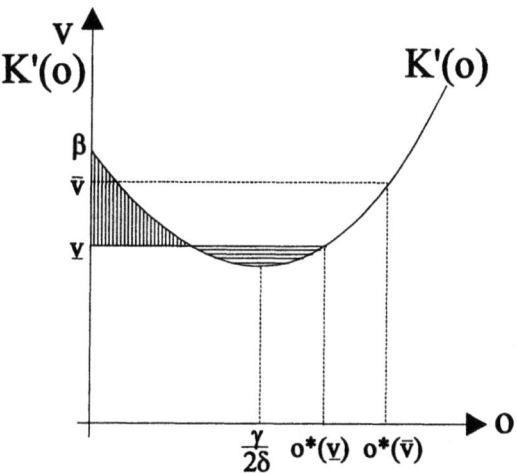

Abbildung 5.4.3.4

Der Grenzkostenverlauf $K'(o)$ ist in der Abbildung 5.4.3.4 graphisch verdeutlicht. Die Grenzkosten fallen vom Wert $K'(0) = \beta$ bis zum Grenzkostenminimum für $o = \gamma/2\delta$, um dann monoton zu steigen. Beim Preis $\bar{v}$ lohnt die

Produktion eindeutig, da die Erlöse (das Rechteck mit den Kantenlängen $\bar{v}$ und $o^*(\bar{v})$) die gesamten, von der Outputmenge o abhängigen Kosten (die Fläche zwischen $K'(o)$ und der Abszissenachse von $o = 0$ bis $o = o^*(\bar{v})$) übersteigen. Beim Preis $\underline{v}$ übersteigen jedoch die Kosten bei der Schnittpunktmenge von $\underline{v}$ und dem steigenden Ast der Grenzkostenkurve die Erlöse, da die senkrecht schraffierte Fläche größer ist als die waagerecht schraffierte Fläche. Dies zeigt an, daß bei bereichsweise fallenden Grenzkostenkurven nicht notwendig der gesamte steigende Ast der Grenzkostenkurve als Angebotskurve der Unternehmung zu betrachten ist.

Die Bedingung dafür, daß die Produktion der Menge o^* mit $v = K'(o^*)$ und $K''(o^*) > 0$ überhaupt lohnt, ist durch

$$v\, o^* \geq \int_0^{o^*} K'(o) do =: K^v(o^*)$$

gegeben. $K^v(o^*)$ werden die **variablen Kosten** der Produktion von o^* genannt. Die Produktion lohnt also nur dann, wenn die Erlöse $v \cdot o^*$ die variablen Kosten abdecken. Die von $K_v(o^*)$ nicht erfaßten Kosten $K(o) = \alpha$ werden **Fixkosten** genannt. Die Fixkosten haben keinen Einfluß auf die gewinnmaximale Outputmenge, da sie unabhängig von der gewählten Menge o anfallen. Mit Hilfe der variablen Kosten $K^v(o)$ kann die Bedingung dafür, daß die Produktion von o^* lohnt, auch geschrieben werden als

$$v \geq \frac{K^v(o^*)}{o^*},$$

d.h. der Produktpreis muß mindestens die durchschnittlichen variablen Kosten abdecken. Aus

$$\frac{d\left(\frac{K^v(o^*)}{o^*}\right)}{do^*} = \frac{o^* K'(o^*) - K^v(o^*)}{(o^*)^2} = 0$$

für $o^* > 0$ folgt, daß

$$K'(o^*) = \frac{K^v(o^*)}{o^*},$$

d.h. die Grenzkostenkurve schneidet die Kurve der durchschnittlichen variablen Kosten $K^v(o^*)/o^*$ genau in deren Minimum.

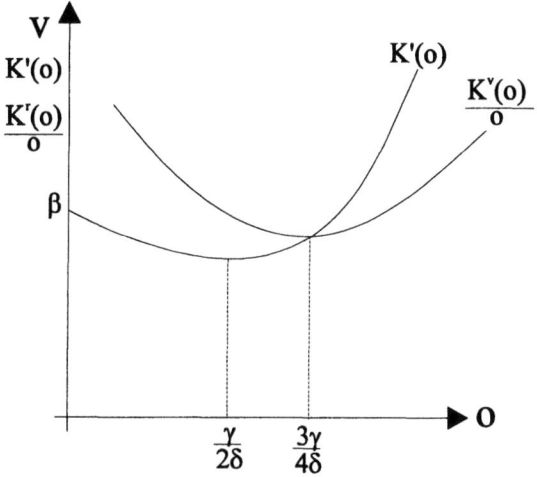

Abbildung 5.4.3.5

In Abbildung 5.4.3.5 haben wir das Diagramm der Abbildung 5.4.3.4 um die Kurve der durchschnittlichen variablen Kosten ergänzt. Bei dem u–förmigen Grenzkostenverlauf kann das Minimum der durchschnittlichen variablen Kosten nur rechts vom Minimum der Grenzkosten bei der Menge $\gamma/2\delta$ liegen. Man nennt den steigenden Ast der Grenzkostenkurve $K'(o)$ ab dem Minimum der durchschnittlichen variablen Kosten die **kurzfristige Angebotskurve** der Unternehmung. In unserer Beispielssituation konkretisiert sich die Bedingung

$$K'(o) = \frac{K^v(o)}{o}$$

für $o > 0$ zu

$$\frac{2}{3}\delta\, o^2 - \frac{\gamma}{2}o = 0$$

bzw. wegen $o > 0$ zu $o = 3\gamma/4\delta$. Die Unternehmung wird daher nur dann positive Mengen anbieten, wenn der Verkaufspreis v den Mindestpreis

$$\underline{v} = K'\left(o = \frac{3\gamma}{4\delta}\right) = \beta - \frac{3\gamma^2}{4\delta} + \frac{9\gamma^2}{16\delta} = \beta - \frac{3\gamma^2}{16\delta}$$

nicht unterschreitet.

Soll die Unternehmung erst noch gegründet werden, so entstehen natürlich auch die Fixkosten $K(0) = \alpha$ erst mit der Entscheidung für die Unternehmungsgründung. Nun bedingt ein nichtnegativer Gewinn, daß die Bedingung

$$v \cdot o^* \geq K(o^*)$$

bzw.

$$v \geq \frac{K(o^*)}{o^*}.$$

erfüllt wird. Da

$$\frac{d\left(\frac{K^v(o^*)}{o^*}\right)}{do^*} = \frac{o^* K'(o^*) - K(o^*)}{(o^*)^2} = 0$$

die Bedingung

$$K'(o^*) = \frac{K(o^*)}{o^*}$$

impliziert, verläuft die Grenzkostenkurve auch durch das Minimum der durchschnittlichen Kosten $K(o^*)/o^*$, wie es in der Abbildung 5.4.3.6 graphisch veranschaulicht wird.

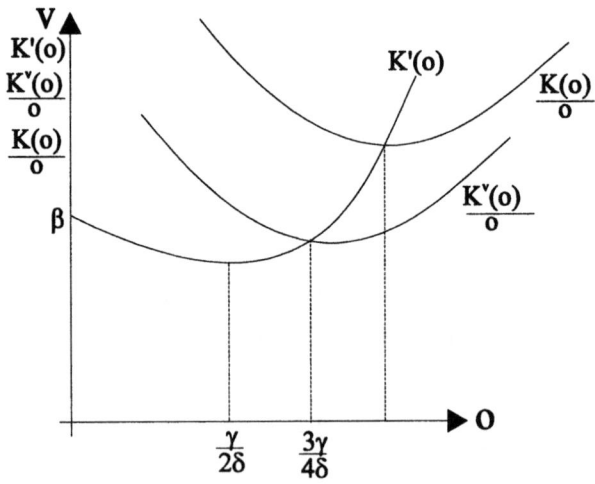

Abbildung 5.4.3.6

Da die durchschnittlichen Fixkosten $K(o)/o = \alpha/o$ für $o > 0$ mit o sinken, wird der senkrechte Abstand von $K(o)/o$ und $K^v(o)/o$ mit zunehmendem o immer geringer, was auch erklärt, daß das Minimum der durchschnittlichen Kosten insgesamt rechts von dem der durchschnittlichen variablen Kosten liegt. Man nennt den steigenden Ast der Grenzkostenkurve ab dem Minimum der durchschnittlichen Gesamtkosten die **langfristige Angebotskurve** der Unternehmung. „Langfristig" soll hierbei besagen, daß in der Zeitspanne sowohl die Unternehmensgründung als auch die Unternehmensstillegung möglich ist, so daß auch die sogenannten Fixkosten $K(o)$ variabel bzw. disponibel werden. In unserer Beispielsituation ergibt sich das Minimum der Durchschnittskosten aus

$$\frac{2}{3}\delta\, o^3 - \frac{\gamma}{2} o^2 = \alpha$$

bzw.

$$o^3 - \frac{3\gamma}{4\delta} o^2 - \frac{3\alpha}{2\delta} = 0.$$

Mit Hilfe von

$$a = -\frac{3\gamma}{4\delta} \quad \text{und} \quad c = \frac{3\alpha}{2\delta}$$

können wir die Gleichung in die Form

$$o^3 + a\, o^2 + c = 0$$

bringen. Substituiert man o durch $y - \frac{a}{3}$, so erhält man

$$\left(y - \frac{a}{3}\right)^3 + a\left(y - \frac{a}{3}\right)^2 + c = 0$$

bzw.

$$y^3 + p\, y + q = 0 \quad \text{mit} \quad p = -\frac{a^2}{3} \quad \text{und} \quad q = \frac{2}{27}a^3 + c.$$

Da

$$\begin{aligned} D &= \left(\frac{q}{2}\right)^2 + \left(\frac{p}{3}\right)^3 = \left(\frac{1}{27}a^3 + \frac{c}{2}\right)^2 - \frac{a^6}{9^3} = \frac{a^6}{27^2} - \frac{a^6}{9^3} + \frac{a^3 c}{27} + \frac{c^2}{4} \\ &= \frac{a^3 c}{27} + \frac{c^2}{4} = c\left(\frac{a^3}{27} + \frac{c}{4}\right) = -\frac{3\alpha}{2\delta}\left(-\frac{3^2 \gamma^3}{27 \cdot 4^3 \delta^3} - \frac{3\alpha}{8\delta}\right) \\ &= \frac{3\alpha}{2\delta}\left(\frac{\gamma^2}{192\,\delta^3} - \frac{3\alpha}{8\delta}\right) \end{aligned}$$

wegen α, γ, $\delta > 0$ positiv ist, hat die kubische Gleichung nur eine einzige reelle Lösung (vgl. zum Beispiel BRONSTEIN und SEMENDJAJEW, 1983, Stichwort „Kubische Gleichungen"), die durch

$$\tilde{y} = u + v$$

mit

$$u = \left(-\frac{q}{2} + \sqrt{D}\right)^{\frac{1}{3}} \text{ und } v = \left(-\frac{q}{2} - \sqrt{D}\right)^{\frac{1}{3}}$$

bestimmt ist. Einsetzen dieser Lösung $\tilde{y} = u + v$ bzw.

$$\tilde{o} = \tilde{y} - \frac{2}{3}$$

in die Grenzkostenfunktion liefert dann

$$\underline{v} = K'(\tilde{o}) = \beta - \gamma \tilde{o} + \delta \tilde{o}^2.$$

Dieser Wert ist der Mindestverkaufspreis, ab dem die Unternehmungsgründung bzw. das langfristige Verbleiben auf dem betrachteten Produktmarkt lohnt. Der steigende Ast der Grenzkostenkurve $K'(o)$ ab der Menge $\tilde{o}$ ist mithin die langfristige Angebotskurve.

Statt mittels der Grenzkostenkurve und der Preisgeraden kann man die gewinnmaximale Menge o^* auch mittels der Erlös- und Kostenkurve graphisch ableiten, wie es in der Abbildung 5.4.3.7 verdeutlicht wird. Neben der Kostenkurve $K(o)$, die wegen des u-förmigen Grenzkostenverlaufs S-förmig aussieht, haben wir die (wegen der Konstanz des Produktpreises v lineare) Erlöskurve $E(o) = v \cdot o$ sowie die Gewinnkurve $\prod(o)$ eingezeichnet. Da $\prod(o) = E(o) - K(o)$ gilt, ist der Gewinn $\prod(o)$ stets der vertikale Abstand von Erlös $E(o)$ und Kosten $K(o)$ bei der Menge o. Bei der gewinnmaximalen Menge o^* ist die Tangente an die Kostenkurve (die gepunktete Tangente in der Abbildung 5.4.3.7) parallel zur Erlöskurve, wie es auch in der Bedingung $v = K'(o^*)$ zum Ausdruck kommt. Der Gewinn ist nur im Intervall von $\underline{o}$ bis $\bar{o}$ positiv. Die Menge $\underline{o}$ wird gelegentlich als **Gewinnschwelle** oder als **break–even–point** bezeichnet. Abgesehen vom maximalen Gewinn $\Pi(o^*)$ ist damit jedes Gewinnniveau $\prod$ mit $0 \leq \prod \leq \prod(o^*)$ durch zwei Outputmengen realisierbar.

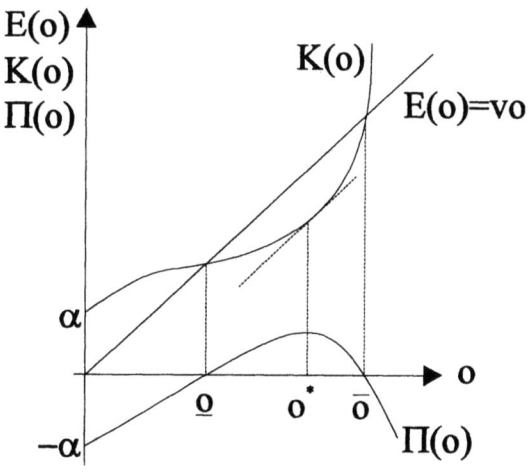

Abbildung 5.4.3.7

Ein gemeinnütziges Unternehmen, das lediglich Verluste vermeiden will, könnte damit sowohl mit $\underline{o}$ als auch mit $\bar{o}$ einen Nullgewinn anstreben. Besteht das sonstige Unternehmensziel darin, eine möglichst große Güterversorgung sicherzustellen (zum Beispiel bei einer gemeinnützigen Wohnungsbaugesellschaft), so wäre dann die Menge $\bar{o}$ zu realisieren, die die maximale Güterversorgung bei Ausschluß von Verlusten gewährleistet.

Wir wollen nun die gewinnmaximale Verkaufsmenge o^* des Produkts der Unternehmung bestimmen. Aus

$$K'(o) = \beta - \gamma\, o + \delta\, o^2 = v$$

folgt

$$o^* = \frac{\gamma \pm \sqrt{4\delta(v-\beta)+\gamma^2}}{2\delta}$$

Für $v > \beta$ kann o^* nur positiv sein, falls das Pluszeichen gilt. Wir erhalten daher die Lösung

$$o^* = \frac{\gamma + \sqrt{4\delta(v-\beta)+\gamma^2}}{2\delta}.$$

Einsetzen von o^* in $K''(o^*) > 0$ liefert die Bedingung

$$-\gamma + 2\delta o^* = \sqrt{4\delta(v-\beta)+\gamma^2} > 0$$

bzw.

$$v > \beta - \frac{\gamma^2}{4\delta},$$

die garantiert, daß wir uns im steigenden Bereich der Grenzkosten bewegen. Wegen

$$K'\left(o = \frac{3\gamma}{4\delta}\right) = \beta - \frac{3\gamma^2}{16\delta} > \beta - \frac{\gamma^2}{4\delta}$$

muß für positives Angebot o^* natürlich die schärfere Bedingung

$$v \geq \beta - \frac{3\gamma^2}{16\delta}$$

erfüllt sein, die sicherstellt, daß die variablen Kosten $K^v(o^*)$ durch die Erlöse abgedeckt werden. Die gewinnmaximale Verkaufsmenge o^* des Produkts ist also durch

$$o^* = \begin{cases} 0 & \text{für } v < \beta - \frac{3\gamma^2}{16\delta} \\ \frac{\gamma+\sqrt{4\delta(v-\beta)+\gamma^2}}{2\delta} & \text{für } v \geq \beta - \frac{3\gamma^2}{16\delta} \end{cases}$$

bestimmt. Die Angebotskurve der Unternehmung ist im Preisbereich von 0 bis zum Mindestpreis $\beta - \frac{3\gamma^2}{16\delta}$ durch $o = 0$ gegeben und wird erst ab diesem Mindestpreis durch den steigenden Ast der Grenzkostenkurve bestimmt (vgl. die Abbildung 5.4.3.8).

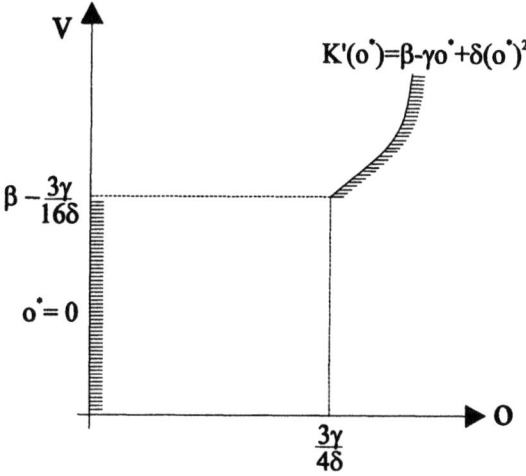

Abbildung 5.4.3.8

□

In den beiden Beispielsituationen haben wir einfach bestimmte Kostenverläufe unterstellt, ohne sie aus Annahmen über Produktionsfunktionen abzuleiten. Obwohl in der wirtschaftstheoretischen Literatur und insbesondere in der Anwendung der Wirtschaftstheorie häufig Hypothesen über die Kostenverläufe formuliert werden, wollen wir kurz für beide Beispiele skizzieren, durch welche produktionstheoretischen Hypothesen man die unterstellten Kostenverläufe rechtfertigen kann. Im ersten Beispiel (der Kostenfunktion $K(o) = Co^c$ mit $c > 1$ und $C > 0$) können wir uns auf unser Beispiel im Abschnitt 5.4.2 beziehen, für das wir die Kostenfunktion

$$K(o) = o^{\frac{1}{a}} \sum_{j=1}^{L} \prod_{i=1}^{L} \left(\frac{\alpha_i}{\alpha_j q_j} \right)^{\frac{-\alpha_i}{a}}$$

mit $0 < a < 1$ abgeleitet haben. Stetzt man $c = \frac{1}{a}$, so gilt $c > 1$ wegen $0 < a < 1$. Durch Renormierung der Mengeneinheit des Outputgutes kann man ferner erreichen, daß

$$K(1) = C$$

gilt, was zeigt, daß der Grenzkostenverlauf $K(o) = Co^c$ mit $c > 1$ durch die Produktionsfunktion

$$f(r) = \prod_{i=1}^{L} r_i^{\alpha_i}$$

mit $\alpha_i > 0$ für $i = 1, ..., n$ und $\sum_{i=1}^{L} \alpha_i = a < 1$ impliziert wird.

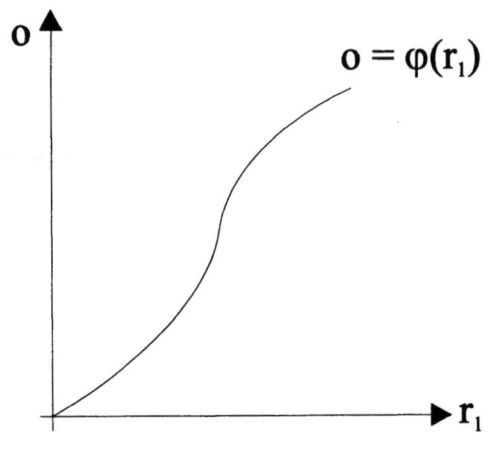

Abbildung 5.4.3.9

Im zweiten Beispiel mit der Kostenfunktion

$$K(o) = \alpha + \beta\, o - \frac{\gamma}{2} o^2 + \frac{\delta}{3} o^3$$

wollen wir von der Annahme ausgehen, daß jegliche positive Outputmenge eine technologisch vorgegebene Einsatzmenge $\bar{r}_i$ der Produktionsfaktoren $i = 2, ..., n$ impliziert. Die Kosten des Einsatzes dieser Faktoren

$$\alpha = \sum_{i=2}^{n} q_i \bar{r}_i$$

sind die sogenannten Fixkosten. Um die Outputmenge o zu steigern, muß dann die Einsatzmenge r_1 des ersten Produktionsfaktors variiert werden. Um den angestrebten S–förmigen Kostenverlauf zu begründen, gehen wir vom **ertragsgesetzlichen** (und invertierbaren) **Produktionszusammenhang**

$$\varphi(r_1) = f(r_1, \bar{r}_2, ..., \bar{r}_n)$$

aus, der in der Abbildung 5.4.3.9 graphisch veranschaulicht wird. Da die Kosten des Einsatzes des Produktionsfaktors 1 mittels der inversen Funktion $r_1 = \varphi^{-1}(o)$ durch $q_1 \varphi^{-1}(o)$ beschrieben werden können, ergeben sich die Gesamtkosten als

$$K(o) = \alpha + q_1 \varphi^{-1}(o).$$

Durch Renormierung der Mengeneinheit des Produktionsfaktors 1 kann offenbar der Preis q_1 des Produktionsfaktors 1 ohne Verlust an Allgemeinheit auf 1 normiert werden. Vertauschen von Ordinate und Abzisse in Abbildung 5.4.3.9 zeigt dann, daß die variablen Kosten

$$K^v(o) = \varphi^{-1}(o)$$

einen S–förmigen Verlauf haben. Da die Hinzufügung der Fixkosten α nur zu einer Parallelverschiebung führt (vgl. Abbildung 5.4.3.10), haben wir einen S–förmigen Gesamtkostenverlauf, wie er in unserem zweiten Beispiel zugrundegelegt wurde.

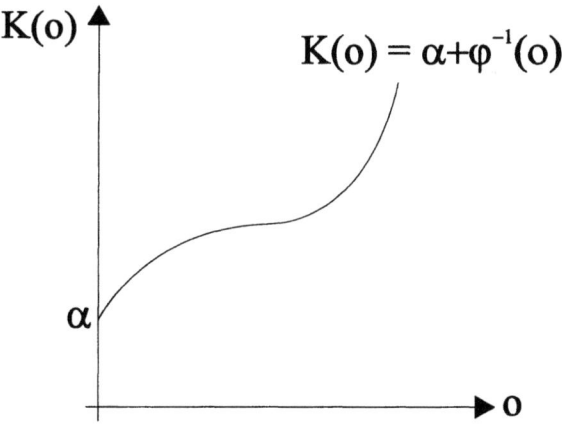

Abbildung 5.4.3.10

Der ertragsgesetzliche Produktionszusammenhang, wie er in Abbildung 5.4.3.9 veranschaulicht wird, basiert auf der Annahme, daß die **Grenzproduktivität** des Produktionsfaktors 1, d.h. die Steigung $\varphi'(r_1)$ der Produktionskurve $o = \varphi(r_1)$ zunächst zu und dann wieder abnimmt. Bei der Beurteilung einer solchen produktionstheoretischen Hypothese kommt es nicht darauf an, ob dies eine generell vernünftige Annahme über Produktionszusammenhänge ist. Es mag einige wenige spezielle Unternehmen geben, für die diese Hypothese zutrifft, während für die meisten anderen Unternehmen andere Zusammenhänge gelten können. Relevant ist die Annahme bereichsweise steigender Grenzproduktivitäten bzw. bereichsweise sinkender Grenzkostenverläufe eigentlich nur für die Existenz von Mindestpreisen für lohnendes Angebotsverhalten, wie es im Begriff der kurzfristigen Angebotskurve und langfristigen Angebotskurve zum Ausdruck kommt.

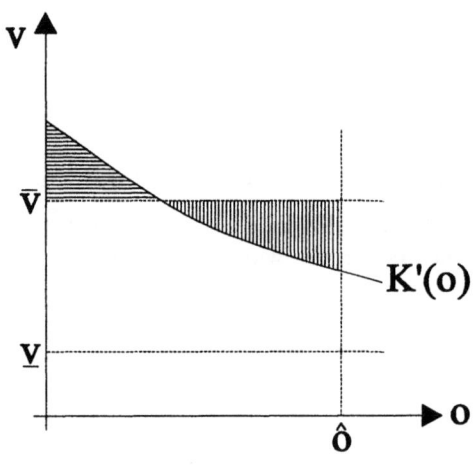

Abbildung 5.4.3.11

Bei insgesamt steigenden Grenzproduktivitäten und damit monoton fallenden Grenzkostenverläufen kann, sofern Produktion überhaupt lohnt, eine optimale Menge o^* nur durch Einführung einer Kapazitätsschranke für die Outputmenge o abgeleitet werden. In der Abbildung 5.4.3.11 haben wir in das Preisgeraden/Grenzkosten–Diagramm die Kapazitätsschranke $\hat{o}$ eingezeichnet, d.h. es sind lediglich die Outputmengen o mit $0 \leq o \leq \hat{o}$ technologisch realisierbar. Während beim Verkaufspreis $\underline{v}$ Produktion nicht lohnt, ist die optimale Verkaufsmenge beim Preis $\bar{v}$ die Kapazitätsmenge $\hat{o}$, sofern die senkrecht schraffierte Fläche größer als die waagerecht schraffierte ist. Die

Angebotskurve der Unternehmung verläuft damit bei der Menge $o^* = \hat{o}$ senkrecht nach oben, und zwar beginnend mit dem Wert der durchschnittlichen variablen Kosten $K^v(\hat{o})/\hat{o}$. Graphisch ist der Punkt $K^v(\hat{o})/\hat{o}$ in der Abbildung 5.4.3.11 dadurch bestimmbar, daß man den Preis $v = K^v(\hat{o})/\hat{o}$ für das Produkt sucht, bei dem die waagerecht und die senkrecht schraffierte Fläche gleich groß sind.

5.4.4 Typen von Produktionsfunktionen

Wenn, wie bei der Begründung des ertragsgesetzlichen Produktionszusammenhangs bzw. des S-förmigen Kostenverlaufs, nur ein einziger Produktionsfaktor variiert werden kann oder $n = 1$ gilt, kann im Prinzip jede monoton steigende Funktion $f : \mathbb{R}_+ \longrightarrow \mathbb{R}_+$ als Produktionshypothese unterstellt werden. Sinnvoll scheinen jedoch nur die in der Abbildung 5.4.4.1 unterstellten Ertragszusammenhänge. $o = f^e(r_1)$ illustriert den ertragsgesetzlichen Zusammenhang mit zunächst steigender, dann fallender Grenzproduktivität, f^l beschreibt den Spezialfall der konstanten Grenzproduktivität, während gemäß f^s die Grenzproduktivität

$$\frac{do}{dr_1} = \frac{df^s(r_1)}{dr_1}$$

mit zunehmender Einsatzmenge r_1 des Produktionsfaktors 1 stets abnimmt. Während f^e den S-förmigen Kostenverlauf impliziert, ist die Kostenkurve gemäß f^l linear. f^s impliziert steigende Grenzkosten.

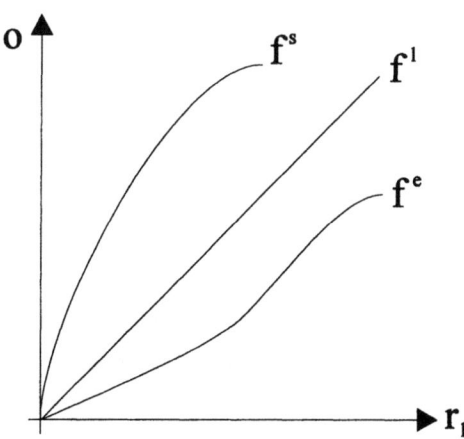

Abbildung 5.4.4.1

Sind mehrere Produktionsfaktoren in ihrer Einsatzmenge variabel, so haben wir schon den Typ

$$f(r) = \prod_{i=1}^{n} r_i^{\alpha_i}$$

mit $\alpha_i > 0$ für $i = 1, ..., n$ und $\sum_{i=1}^{n} \alpha_i = a < 1$ behandelt. Die Annahme $a < 1$ haben wir unterstellt, um einen steigenden Grenzkostenverlauf zu gewährleisten. Gilt $a = 1$, so wäre die Kostenkurve linear, während im Falle $a > 1$ die Grenzkosten mit der Outputmenge sinken, d.h. die optimale Outputmenge wäre die durch die Kapazitätsschranke bestimmte maximale Produktion, sofern Produktion überhaupt lohnt.

Produktionsfunktionen vom Typ

$$f(r) = \prod_{i=1}^{n} r_i^{\alpha_i} \text{ mit } \alpha_i > 0 \text{ für } i = 1, ..., n$$

werden häufig als **Cobb–Douglas–Produktionsfunktionen** bezeichnet. Sie haben die spezielle Eigenschaft, daß das Verhältnis der Faktoreinsatzmengen gemäß der Minimalkostenkombination für alle positiven Outputniveaus o gleich ist (gemäß $\frac{r_i}{r_j} = \frac{\alpha_i q_j}{\alpha_j q_i}$ hängt das kostenminimale Einsatzverhältnis sowohl von den Parametern der Produktionsfunktion als auch von den Faktorpreisen ab). Wegen

$$f(\lambda\, r) = \prod_{i=1}^{n} (\lambda\, r_i)^{\alpha_i} = \lambda^a f(r)$$

mit $a = \sum_{i=1}^{n} \alpha_i$ sind diese Produktionsfunktionen homogen vom Grade a. Gilt $a < 1$, spricht man von **abnehmenden Skalenerträgen**, da zum Beispiel eine Verdoppelung aller Faktoreinsatzmengen nicht ausreicht, um auch ein doppelt so hohes Outputniveau zu erzielen.

Analog spricht man im Fall $a = 1$ von **konstanten Skalenerträgen** (Verdoppelung der Einsatzmengen aller Produktionsfaktoren verdoppelt die Outputmenge) und im Fall $a > 1$ von **zunehmenden Skalenerträgen** (Verdoppelung der Inputmengen erhöht die Outputmenge stärker, als es einer Verdoppelung entspricht). Produktionsfunktionen mit der Eigenschaft, daß die

Relationen der Inputmengen gemäß der Minimalkostenkombination für alle Outputniveaus gleich sind, werden homothetisch genannt. Eine Funktion $f(r)$ nennen wir generell dann **homothetisch**, wenn f in der Form

$$f(r) = h(g(r))$$

mittels einer monoton steigenden Funktion $h : \mathbb{R} \longrightarrow \mathbb{R}$ und einer homogenen Funktion $g : \mathbb{R}^n \longrightarrow \mathbb{R}$ dargestellt werden kann. Ist die Funktion $f(r)$ selbst schon homogen, so kann für h offenbar die Identität gewählt werden. Dies zeigt, daß Cobb–Douglas–Produktionsfunktionen spezielle homothetische Produktionsfunktionen sind.

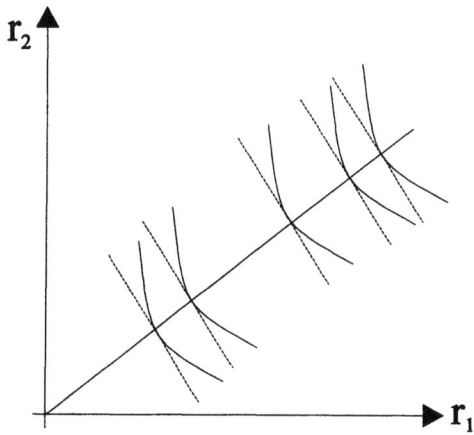

Abbildung 5.4.4.2

In der Abbildung 5.4.4.2 haben wir für den Fall $n = 2$ versucht, eine nicht homogene homothetische Produktionsfunktion graphisch zu veranschaulichen. Die gekrümmten Kurven seien Isoquanten, die sich von der nächstliegenden Isoquanten in der Abbildung 5.4.4.2 jeweils um eine konstante Outputdifferenz Δo (> 0) unterscheiden. Da die Produktionsfunktion homothetisch ist, muß auf einem Ursprungsstrahl, wie in der Abbildung durch die parallelen Tangenten an die Isoquanten verdeutlicht, die Grenzrate der Substitution, d.h. die Steigung der Isoquanten, für alle Isoquanten gleich sein. Die Produktionsfunktion ist nicht homogen, da die Outputerhöhung um Δo zunächst relativ geringe, dann hohe und dann wieder geringe Inputerhöhungen verlangt, wenn wir auf dem Ursprungsstrahl höhere Outmengen ansteuern. Eine nicht homogene homothetische Produktionsfunktion erhält man zum Beipiel aus der Cobb–Douglas–Produktionsfunktion, indem man die Transformation

$$h(x) = \begin{cases} \sqrt{x} & \text{für } x \leq 1 \\ x^2 & \text{für } x > 1 \end{cases}$$

anwendet, so daß

$$f(r) = h\left(\prod_{i=1}^{n} r_i^{\alpha_i}\right)$$

gilt.

Für die Minimalkostenkombination

$$r^*(q,o) = (r_1^*(q,o), ..., r_n^*(q,o)),$$

kann man messen, wie die Relationen $r_i^*(q,o)/r_j^*(q,o)$ der Faktorinputs auf das Preisverhältnis q_i/q_j reagieren. Ein dimensionsfreies Maß für diese Abhängigkeiten ist die sogenannte **Substitutionselastizität**

$$\sigma_{i,j} = \frac{\partial\left(\frac{r_i^*(q,o)}{r_j^*(q,o)}\right)}{\partial\left(\frac{q_i}{q_j}\right)} \cdot \frac{\frac{q_i}{q_j}}{\frac{r_i^*(q,o)}{r_j^*(q,o)}}.$$

Für die Cobb–Douglas–Produktionsfunktion gilt zum Beispiel

$$\sigma_{i,j} = \frac{\partial\left(\frac{\alpha_i q_j}{\alpha_j q_i}\right)}{\partial\left(\frac{q_i}{q_j}\right)} \cdot \frac{\frac{q_i}{q_j}}{\frac{\alpha_i q_j}{\alpha_j q_i}} = \frac{-\frac{\alpha_i}{\alpha_j}\left(\frac{q_i}{q_j}\right)^{-2}}{\left(\frac{\alpha_i q_j^2}{\alpha_j q_i^2}\right)} =, 1,$$

d.h. die Substitutionselastizität ist stets gleich -1. Die sogenannten **CES–Produktionsfunktionen (constant elasticity of substitution)**, die durch

$$o = f(r) = \left(\sum_{i=1}^{n} \alpha_i r_i^\rho\right)^{\frac{1}{\rho}}$$

definiert sind, zeichnen sich ebenfalls durch eine konstante Substitutionselastizität aus, die durch den Parameter $\rho > o$ parametrisiert wird, und verallgemeinern die Cobb–Douglas–Produktionsfunktionen, die durch $\rho \longrightarrow o$ approximiert werden (vgl. VARIAN, 1985, Beispiel 1.13). Konvexität der Inputerfordernismengen würde natürlich $\rho < 1$ verlangen, da mit $\rho \longrightarrow 1$ die Indifferenzkurven linear werden. Wegen

$$\frac{\partial f(r)}{\partial r_i} = \alpha_i \left(f(r)^\rho\right)^{\frac{1}{\rho}-1} \cdot r_i^{\rho-1} \text{ für } i = 1,...,n$$

gilt für die Minimalkostenkombination

$$\frac{\alpha_i r_i^{\rho-1}}{\alpha_j r_j^{\rho-1}} = \frac{q_i}{q_j} \text{ für } i,j = 1,...,n$$

und damit

$$\sigma_{i,j} = \frac{\partial \left(\frac{\alpha_j q_i}{\alpha_i q_j}\right)^{\frac{1}{\rho-1}}}{\partial \left(\frac{q_i}{q_j}\right)} \cdot \frac{\frac{q_i}{q_j}}{\left(\frac{\alpha_j q_i}{\alpha_i q_j}\right)^{\frac{1}{\rho-1}}} = \frac{1}{\rho-1} \cdot \frac{\alpha_j^{\frac{1}{\rho-1}} \cdot \left(\frac{q_i}{q_j}\right)^{\frac{1}{\rho-1}-1}}{\left(\frac{\alpha_j}{\alpha_i}\right)^{\frac{1}{\rho-1}} \left(\frac{q_i}{q_j}\right)^{\frac{1}{\rho-1}-1}}$$

$$= \frac{1}{\rho-1} \text{ für } i,j = 1,...,n \text{ und } i \neq j.$$

Die Substitutionselastizität ist damit für alle Paare von Inputfaktoren gleich und konstant, wobei der konkrete Wert der Substitutionselastizität gemäß $\sigma_{i,j} = 1/(\rho-1)$ durch den Parameterwert $\rho > 0$ vorgegeben ist. Ist die Substitutionselastizität nicht konstant, so spricht man von einer **VES–Produktionsfunktion (variable elasticity of substitution)**. Ein Beispiel für eine VES–Produktionsfunktion für $n = 2$ ist die Produktionsfunktion

$$o = f(r_1, r_2) = \gamma \left((1-\delta)r_1^{-\rho} + r_1^{-m\rho} \cdot r_2^{-(1-m)\rho}\right)^{\frac{-1}{\rho}}$$

mit den Parametern γ, δ, ρ und m, die für $m \longrightarrow 0$ gegen die CES–Produktionsfunktion für $n = 2$ konvergiert und über die Substitutionselastizität

$$\sigma_{2,1} = \frac{r_1 \frac{\partial f(r_1,r_2)}{\partial r_1}}{(1+\rho-m\rho)r_1 \frac{\partial f(r_1,r_2)}{\partial r_1} - m\rho r_2 \frac{\partial f(r_1,r_2)}{\partial r_2}}$$

verfügt (vgl. LIU und HILDENBRAND, 1965, sowie NADIRI, 1982).

Der Extremfall nicht substituierbarer Produktionsfaktoren ist die **limitationale Produktionsfunktion**

$$f(r) = h(\min\{\alpha_i r_i : i = 1, ..., n\})$$

wobei $h : \mathbb{R} \longrightarrow \mathbb{R}$ eine monoton steigende Funktion ist. Der Spezialfall mit $h(x) = x$, d.h.

$$f(r) = \min\{\alpha_i r_i : i = 1, ..., n\},$$

wird häufig **Leontief–Produktionsfunktion** genannt. Die Isoquanten der limitationalen Produktionsfunktion sind in der Abbildung 5.4.4.3 für den Spezialfall $n = 2$ graphisch veranschaulicht.

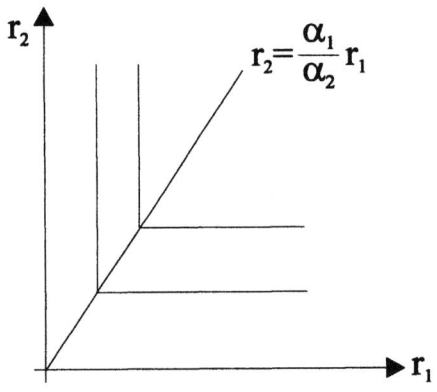

Abbildung 5.4.4.3

Die einzigen effektiven Produktionspläne sind die Eckpunkte der rechtwinkligen Isoquanten auf dem Ursprungsstrahl $r_2 = \frac{\alpha_1}{\alpha_2} r_1$, da nur dort jede Reduktion auch nur einer Faktoreinsatzmenge die Outputmenge o verringert. Für die Minimalkostenkombinationen kommen daher nur die Inputvektoren $r^*(o)$ mit

$$o = \alpha_1 r_1^* = ... = \alpha_n r_n^*$$

in Frage. Dies zeigt, daß die Minimalkostenkombination $r^*(o)$ für eine vorgegebene Outputmenge o völlig unabhängig von den Faktorpreisen ist. Die

Kostenfunktion für die limitationale Produktionsfunktion ergibt sich daher als

$$K(o) = h^{-1}(o) \sum_{i=1}^{n} \frac{q_i}{\alpha_i}.$$

Ist $h(\cdot)$ linear, so gilt dies auch für die Kostenfunktion $K(\cdot)$, während ein konkaver (konvexer) Verlauf von $h(\cdot)$ einen konvexen (konkaven) Kostenverlauf impliziert. Beschreibt $h(\cdot)$ einen ertragsgesetzlichen Zusammenhang, so induziert dies den S-förmigen Kostenverlauf. Dies zeigt, daß gemäß der limitationalen Produktionsfunktion eigentlich nur ein einziger „Produktionsfaktor" r_1 variiert werden kann, der als ein Bündel

$$\left[1, \frac{\alpha_2}{\alpha_1}, ..., \frac{\alpha_n}{\alpha_1}\right] \cdot r_1$$

mit konstanter Zusammensetzung seiner n Bestandteile darstellbar ist.

Es wird häufig behauptet, daß die limitationale Produktionsfunktion für großindustrielle Produktionsprozesse typisch sei. Wir wollen dies nicht näher diskutieren, da eine überzeugende Überprüfung dieser Hypothese gründliche empirische Untersuchungen erfordert, auf deren Probleme und Möglichkeiten wir im Rahmen dieser Einführung überhaupt nicht eingehen.

5.4.5 Stochastische Produktionsfunktionen

Bislang wurde davon ausgegangen, daß einem bestimmten Inputvektor $r \in \mathbb{R}_+^n$ eindeutig die damit maximal herstellbare Outputmenge $o = f(r)$ zugeordnet werden kann. Für die meisten Produktionsprozesse ist das eine heroische Annahme, da das Outputergebnis in der Regel mehr oder weniger zufällig streut. Im Bereich der Landwirtschaft wird das Produktionsergebnis zum Beispiel sehr stark durch die Witterungsbedingungen während der gesamten Ausreifungsphase beeinflußt , die sich zum Teil nur probabilistisch vorhersagen lassen. Im folgenden soll kurz erörtert werden, wie man einen optimalen Inputvektor definieren und ableiten könnte, wenn der Produktionszusammenhang sich nicht mehr wie bislang als deterministisch, sondern nur als stochastisch erweist.

Es sei $r \in \mathbb{R}_+^n$ ein vorgegebener Inputvektor mit $\bar{0} \neq r \in \mathbb{R}_+^n$. Wir bezeichnen mit $O(r)$ die **Zufallsvariable**, deren mögliche Realisationen die verschiedenen Outputniveaus o sind, die beim Faktoreinsatz r resultieren können. Geht man von einer kontinuierlich variierenden Zufallsgröße $O(r)$ aus, so lassen sich die Produktionsaussichten beim Faktoreinsatz r durch eine Dichtefunktion

$$\varphi(r,\cdot):\quad \mathbb{R}_+ \longrightarrow \mathbb{R}_+ \\ O \longmapsto \varphi(r,O)$$

beschreiben, mittels der man gemäß

$$\Psi(r,o) = \int_0^o \varphi(r,O)dO$$

die Wahrscheinlichkeit $\Psi(r,o)$ dafür berechnen kann, daß das Outputniveau den Wert o nicht überschreitet. Dies zeigt, daß einem bestimmten Inputvektor r gemäß

$$q\,r = \sum_{i=1}^n q_i r_i$$

zwar genau die durch ihn verursachten Kosten, aber nicht eindeutig ein bestimmter Erlös zugeordnet werden kann. Mit anderen Worten: Nicht nur das Produktionsergebnis, sondern auch der Gewinn eines vorgegebenen Inputvektors ist eine Zufallsvariable. Wegen

$$\prod(r) = v\,O - q\,r$$

ist die Dichtefunktion der Zufallsvariablen $\prod(r)$ durch die Dichtefunktion $\varphi(\cdot)$ der Zufallsvariablen O definiert.

Wir wollen hier nicht in allgemeiner Form diskutieren, wie man sich zwischen Inputvektoren $r \in \mathbb{R}_+^n$ entscheiden soll, deren Produktionsergebnisse stochastisch bestimmt sind (vgl. z.B. GÜTH, 1992, wo Präferenzrelationen über Lotterien — d.h. über Handlungsalternativen mit zufallsbestimmten Ergebnissen — axiomatisch abgeleitet werden, die durch kardinale Nutzenfunktionen repräsentierbar sind). Stattdessen werden wir einfach davon ausgehen, daß das Unternehmen den erwarteten Gewinn maximiert, d.h. den Inputvektor r auswählt, für den der **erwartete Gewinn**

$$E(r) = \int_0^\infty (vO - qr)\varphi(r,O)dO$$
$$= v\int_0^\infty O\,\varphi(r,O)dO - qr$$

maximal ist. Die notwendigen Bedingungen

$$v\int_0^\infty O\frac{\partial \varphi(r,O)}{\partial r_i}dO = q_i \;(i = 1, ..., n)$$

für ein lokales Gewinnmaximum postulieren die Gleichheit von Faktorpreis q_i und **erwarteter Wertgrenzproduktivität**

$$v\int_0^\infty O\frac{\partial \varphi(r,O)}{\partial r_i}dO$$

des Produktionsfaktors i. Im optimalen Inputvektor r^* müssen sich daher die erwarteten Grenzproduktivitäten wie die Faktorpreise verhalten:

$$\frac{\int_0^\infty O\frac{\partial \varphi(r,O)}{\partial r_i}dO}{\int_0^\infty O\frac{\partial \varphi(r,O)}{\partial r_j}dO} = \frac{q_i}{q_j} \;(i,j = 1, ..., n)$$

Beispiel: Es sei $n = 1$ und $O(r_1) = r_1^A$, wobei A eine Zufallsvariable mit uniformer Dichte auf dem Intervall $[0, 1]$ ist:

Wegen

$$\int_0^1 r_1^A dA = \int_0^1 e^{A \ln r_1} dA$$
$$= \left[\frac{e^{A \ln r_1}}{\ln r_1}\right]_0^1$$
$$= \frac{r_1 - 1}{\ln r_1}$$

konkretisiert sich die Optimalitätsbedingung

$$v \int_0^\infty O \frac{\partial \varphi(r,O)}{\partial r_i} dO = q_1$$

zu

$$v \frac{d\left(\frac{r_1-1}{\ln r_1}\right)}{dr_1} = q_1$$

bzw.

$$v \frac{\ln r_1^* - \frac{r_1^*-1}{r_1^*}}{(\ln r_1^*)^2} = q_1,$$

einer Gleichung, mit der sich die optimale Einsatzmenge r_1^* des einzigen Produktionsfaktors 1 bestimmen läßt. □

Beispiel: Es sei $n = 1$ und $O(r_1) = Ar_1^\alpha$ mit $0 < \alpha < 1$, wobei A wiederum eine Zufallsvariable mit uniformer Dichte auf dem Intervall $[0,1]$ ist.

Die Gewinnerwartung $E(r_1)$ ergibt sich damit als

$$E(r_1) = v \int_0^1 Ar_1^\alpha dA - q_1 \cdot r_1.$$

Wegen

$$\int_0^1 A r_1^\alpha dA = r_1^\alpha \int_0^1 A \, dA = r_1^\alpha \left[\frac{A^2}{2}\right]_0^1 = \frac{r_1^\alpha}{2}$$

ergibt sich als notwendige Bedingung für ein lokales Optimum

$$v \frac{\alpha}{2} r_1^{\alpha-1} = q_1$$

bzw.

$$r_1^* = \left(\frac{2q_1}{\alpha \, v}\right)^{\frac{1}{\alpha-1}}.$$

Da
$$E''(r_1) = v\frac{\alpha}{2}(\alpha - 1)r_1^{\alpha-2}$$

wegen $0 < \alpha < 1$ für alle r_i negativ ist, erweist sich die Gewinnerwartung $E(r_1)$ als streng konkav, so daß r_1^* nicht nur das lokale, sondern auch das globale Optimum darstellt. □

Beispiel: Es sei $O(r) = A \prod_{i=1}^{n} r_i^{\alpha_i}$ mit $0 < \alpha_i < 1$ für $i = 1, ..., n$ und $\sum_{i=1}^{n} \alpha_i = a < 1$, wobei A eine Zufallsvariable mit uniformer Dichte konzentriert auf das Intervall $[0, 1]$ ist.

Wegen
$$\int_0^1 A \prod_{i=1}^{n} r_i^{\alpha_i} dA = \frac{1}{2} \prod_{i=1}^{n} r_i^{\alpha_i}$$

erhält man die Bedingung
$$\frac{q_i}{q_j} = \frac{\alpha_i r_j}{\alpha_j r_i} \text{ bzw. } r_i = \frac{\alpha_i q_j}{\alpha_j q_i} r_j \text{ für } i, j = 1, ..., n.$$

Einsetzen in die Optimalitätsbedingung
$$\frac{\partial E(r)}{\partial r_j} = 0$$

bzw.
$$\frac{v}{2}\alpha_j \prod_{i=1}^{n} r_i^{\alpha_i} = q_j r_j$$

ergibt
$$\frac{v}{2}\alpha_j r_j^a \prod_{i=1}^{n} \left(\frac{\alpha_i q_j}{\alpha_j q_i}\right)^{\alpha_i} = q_j r_j$$

bzw.

$$r_j^* = \left[\frac{2q_j}{\alpha_j v} \prod_{i=1}^{n} \left(\frac{\alpha_j q_i}{\alpha_i q_j}\right)^{\alpha_i}\right]^{\frac{1}{a-1}} \text{ für } j = 1,...,n.$$

Auch hier ist der Erwartungsgewinn wegen $a < 1$ eine streng konkave Funktion des Inputvektors r, so daß $r^* = (r_1^*,...,r_n^*)$ sich nicht nur als lokales, sondern auch als globales Optimum erweist. □

Die Beispiele verdeutlichen, daß stochastische Produktionszusammenhänge im Grunde keine fundamental neuen Probleme verursachen, wenn man statt von der Gewinnmaximierung von der Maximierung des erwarteten Gewinns ausgeht. Dies trifft jedoch nicht ohne weiteres für die indirekte Methode zur Ableitung des optimalen Inputvektors r^* zu, gemäß der man — bei deterministischen Produktionsfunktionen — zunächst die Minimalkostenkombinationen und die Kostenfunktion und dann die optimale Outputmenge ableitet. Der Grund hierfür beruht auf der Tatsache, daß einer bestimmten Outputmenge o nicht eindeutig ein konkreter „kostenminimaler" Inputvektor r und damit Kostenbetrag $q \cdot r$ zugeordnet werden kann. Da bei stochastischer Produktion im oben definierten Sinne die Outputmenge durch Wahl des Inputvektors r nicht eindeutig bestimmt ist, erweisen sich Begriffe wie Minimalkostenkombination und Kostenfunktion als — zu enge! — ökonomische Konzepte, die nur für den Spezialfall deterministischer Produktionszusammenhänge anwendbar sind.

Natürlich könnte man versuchen, diese Instrumente dadurch zu retten, daß man für erwartete Outputmengen die Minimalkostenkombination bestimmt, um dann eine Kostenfunktion zu definieren, die jeder Outputerwartung die minimalen Kosten zuordnet. Hierfür wäre allerdings zunächst erst einmal nachzuweisen, daß ein solches Verhalten eine notwendige Bedingung für die Optimierung des Unternehmensziels darstellt. Die Maximierung des erwarteten Gewinns ist im allgemeinen nur eines von vielen möglichen Unternehmenszielen bei stochastischen Produktionszusammenhängen.

5.5 Die betriebliche Organisationsproblematik

Bislang sind wir davon ausgegangen, daß die betrieblichen Entscheidungen aus einer einzigen Zielsetzung hergeleitet werden können, nämlich der Gewinnmaximierung bzw. der Maximierung des erwarteten Gewinns. Nun ist es sicherlich fragwürdig, das Gewinnstreben als einziges Unternehmensziel anzusehen. Viele Aspekte unternehmerischen Verhaltens — zum Beispiel Spenden — lassen sich nur schwerlich als gewinnbringend begründen. Allerdings ließe sich sehr wohl eine Nutzenfunktion definieren, die nicht nur den Gewinn als Argument enthält, sondern auch andere fundamentale Unternehmensziele wie zum Beispiel die Sicherung bzw. Erweiterung des Marktanteils, die Vermeidung von Entlassungen, das Prestige der Produkte. Auch eine derart verallgemeinerte Zielvorgabe der Unternehmung würde jedoch das **betriebliche Organisationsproblem** unberücksichtigt lassen, das daraus resultiert, daß in einer Unternehmung in der Regel mehrere Personen über mehr oder minder große Freiräume verfügen, innerhalb derer sie autonom entscheiden dürfen, und daß die Zielsetzungen dieser Personen fast niemals identisch sind. In der Literatur wird dieses betriebliche Organisationsproblem auch als **Prinzipal–Agenten–Problem** bezeichnet, da der Eigentümer bzw. Prinzipal in der Regel eine andere Zielsetzung verfolgt als seine Mitarbeiter bzw. Agenten.

Generell umfaßt die betriebliche Organisationsproblematik alle die Probleme, die aus der Tatsache resultieren, daß es in vielen Unternehmen mehrere Entscheidungsträger gibt, deren Interessen teilweise divergieren. Das egoistische Verhalten der verschiedenen Entscheidungsträger kann dann offenbar zu einer Situation führen, in der alle Entscheidungsträger der Unternehmung ihre Zielerreichung verbessern könnten, wenn sie ihr Verhalten besser koordinieren würden.

5.5.1 Beispiel eines Prinzipal–Agenten–Problems

Anhand eines einfachen Beispiels eines Prinzipal–Agenten–Problems soll im folgenden die betriebliche Organisationsproblematik verdeutlicht werden. In der Abbildung 5.5.1.1 muß zunächst der Zufall 0 am Entscheidungsknoten o, dem Ursprung des Spielbaums, darüber entscheiden, ob der Agent/Arbeiter vom Typ A^g oder A^s ist. Der Typ A^g wird mit der Wahrscheinlichkeit

w und der Typ A^s mit der Restwahrscheinlichkeit $1 - w$ ausgewählt. Da beide Typen mit positiver Wahrscheinlichkeit auftreten sollen, unterstellen wir $0 < w < 1$. Den Typ A^g werden wir den guten Arbeitertyp und A^s den schlechten Arbeitertyp nennen.

In Unkenntnis darüber, ob der Arbeiter vom Typ A^g oder A^s ist (graphisch wird dies dadurch zum Ausdruck gebracht, daß die beiden Entscheidungsknoten eingekreist werden, in denen der Prinzipal P zwischen L und G zu wählen hat), muß der Prinzipal P entscheiden, ob er seinem Agenten A ein festes Lohneinkommen anbietet (die Entscheidung L des P) oder ob er ihn an seinem Gewinn beteiligen will (das ist der Zug G des P).

Der Arbeiter A, der seinen Typ A^g oder A^s genau kennt, kann dann in Kenntnis der Vertragsform L oder G über die Höhe seiner subjektiven Anstrengung befinden (die Entscheidung E^g bzw. E^s nach L oder die Entscheidung e^g bzw. e^s nach G seitens des A^g bzw. des A^s). Mit der Entscheidung über die Arbeitsanstrengungen des Agenten A ist das Spiel beendet.

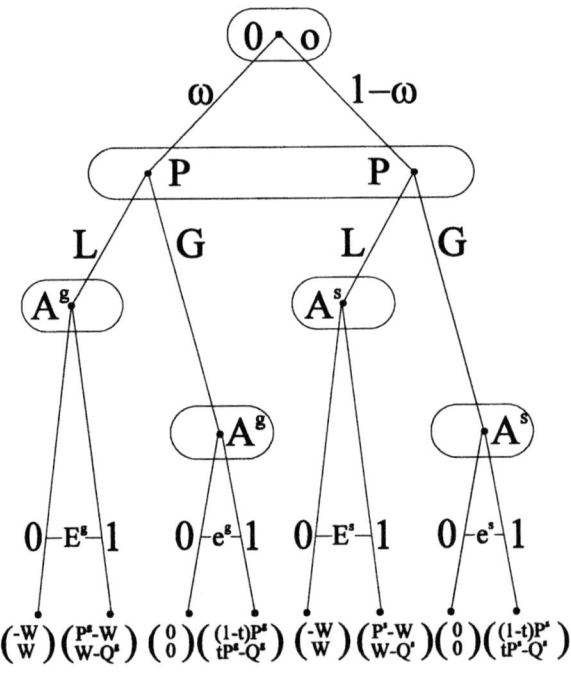

Abbildung 5.5.1.1

Eine **Partie** ist eine Streckenfolge, die ausgehend vom Ursprung o zu einem Endpunkt führt, in dem der Streckenzug nicht weiter nach unten verlängert werden kann. Eine mögliche Partie ist zum Beispiel die Wahl von A^s, die Entscheidung des P für L und die abschließende Wahl von E^s seitens des Agententyps A^s. Da jedem Endpunkt genau eine Partie entspricht, kann die Bewertung einer Partie durch Angabe eines Auszahlungsvektors am jeweiligen Endpunkt definiert werden. In der Abbildung haben wir nur für die extremen Werte 0 und 1 der normierten Höhe der Arbeitsanstrengungen des A die Auszahlungsvektoren

$$u = \begin{pmatrix} u_P \\ u_A \end{pmatrix}$$

vermerkt, deren obere Komponente die Auszahlung an den Prinzipal P und deren untere Komponente die Auszahlung an den Agenten A angibt. Falls der A das Anstrengungsniveau 0 wählt, ist die erzielte Wertschöpfung der Unternehmung, d.h. die Summe aus Löhnen und Gewinn, gleich Null. Bei festem Lohneinkommen $W(>0)$ verliert der P mithin W, während der A das Lohneinkommen W bezieht. Im Falle einer Gewinnbeteiligung (der A erhält den Anteil t mit $0 < t < 1$ vom Gewinn) erhalten dagegen beide Parteien ein Einkommen von Null.

Wählt A hingegen sein maximales Anstrengungsniveau 1, so entsteht die maximale Wertschöpfung P^g im Falle von $A = A^g$ bzw. P^s im Falle von $A = A^s$. Die Auszahlung an den P beträgt damit $P^g - W$ bzw. $P^s - W$ im Falle des festen Lohnkontrakts L und $(1-t)P^g$ bzw. $(1-t)P^s$ im Fall der Gewinnbeteiligung G. Die Bezeichnung des A^g als „guten Arbeiter" und des A^s als „schlechten Arbeiter" rechtfertigt die Annahme $P^g > P^s > W$.

Für den Agenten A soll die maximale Arbeitsanstrengung 1 des A eine (monetäre) „Auszahlungseinbuße" von Q^g im Falle $A = A^g$ bzw. von Q^s für $A = A^s$ implizieren. Wir gehen dabei davon aus, daß ein guter Arbeiter Erfüllung in der Arbeit findet (Q^g ist negativ), während ein schlechter Arbeiter unter Arbeit leidet (Q^s ist positiv).

Für generelle Arbeitsanstrengungen E^g, e^g, E^s und e^s im Intervall von 0 bis 1 sind die Auszahlungen des P durch

$P^g E^g - W$	für $A = A^g$ und den Vertrag L
$(1-t)P^g e^g$	für $A = A^g$ und den Vertrag G
$P^s E^s - W$	für $A = A^s$ und den Vertrag L
$(1-t)P^s e^s$	für $A = A^s$ und den Vertrag G

gegeben, während der Agent A^g den Auszahlungsbetrag

$$W - Q^g E^g \qquad \text{beim Vertrag } L$$
$$(t\, P^g - Q^g)e^g \qquad \text{beim Vertrag } G$$

und der Agent A^s die Auszahlung

$$W - Q^s E^s \qquad \text{beim Vertrag } L$$
$$(t\, P^s - Q^s)e^s \qquad \text{beim Vertrag } G$$

erhält. Mit der Angabe der Auszahlungen ist unser einfaches Beispiel des Prinzipal-Agenten-Problems vollständig beschrieben, so daß wir das rationale Entscheidungsverhalten der beteiligten Parteien analysieren können.

5.5.2 Die strategische Interaktion von Prinzipal und Agent

Wegen $Q^g < 0$ wird der Typ A^g des Agenten A offenbar immer die maximale Arbeitsleistung erbringen, d.h.

$$E^g = e^g = 1.$$

Umgekehrt wird der Typ A^s die minimale Arbeitsleistung

$$E^s = 0$$

erbringen, wenn er ein von seiner Arbeitsleistung unabhängiges Lohneinkommen bezieht. Im Falle der Gewinnbeteiligung G ist für den A^s die Entscheidung

$$e^s = \begin{cases} 0 \text{ für } Q^s > t\, P^s \\ 1 \text{ für } Q^s < t\, P^s \end{cases}$$

optimal. Den Spezialfall $Q^s = t\, P^s$ wollen wir ausschließen.

Der Fall $Q^S > tP^S$: In diesem Fall impliziert die Entscheidung L die Gewinnerwartung

$$w(P^g - W) - (1-w)W = w\,P^g - W$$

und die Entscheidung G die Gewinnerwartung

$$w(1-t)P^g$$

für den Prinzipal, wenn man das rationale Entscheidungsverhalten des A antizipiert. Offenbar ist die Entscheidung für L dann besser, wenn

$$tw\,P^g > W.$$

Im Falle der umgekehrten strikten Ungleichung ist die Entscheidung G für den P besser als der Vertrag L mit dem festen Lohneinkommen W für den A. Der Spezialfall $tw\,P^g = W$ sei wiederum vernachlässigt.

Der Fall $Q^S < tP^S$: Wenn der P die rationalen Entscheidungen des A antizipiert, beinhaltet L für ihn die Gewinnerwartung

$$w\,P^g - W$$

wie im Fall $Q^s > t\,P^s$, wohingegen die Gewinnbeteiligung G zu der gegenüber $Q^s > t\,P^s$ veränderten Gewinnerwartung

$$w(1-t)P^g + (1-w)(1-t)P^s = (1-t)(w\,P^g + (1-w)P^s)$$

führt. Die Entscheidung L bzw. G ist mithin für den Prinzipal P optimal, falls

$$tw\,P^g - (1-t)(1-w)P^s > W$$

bzw. die umgekehrte strikte Ungleichung gilt. Diese Ungleichung kann natürlich nur dann erfüllt werden, falls ihre linke Seite positiv ist.

Die Lösung unserer Beispielsituation kann man graphisch im Koordinatensystem mit den Achsen Q^s und W verdeutlichen. In der Abbildung 5.5.2.1 wird von der Bedingung

$$tw\ P^g > (1-t)(1-w)P^s$$

ausgegangen. Unterhalb der durchgezogenen stufenförmigen Trennlinie wird dem Agenten der Vertrag L mit festem Lohneinkommen angeboten, während oberhalb dieser Kurve die Lösung den Gewinnbeteiligungsvertrag vorschreibt. Ferner wird der Agent A^s für $Q^s > t\ P^s$ stets die minimale Arbeitsanstrengung erbringen, während er dies im Bereich $Q^s < t\ P^s$ nur im Falle des konstanten Lohneinkommensvertrags L tun wird. Im Bereich $Q^s > t\ P^s$ beinhaltet mithin selbst die Gewinnbeteiligung G Drückebergerverhalten (**shirking**) des Agenten. Dies zeigt, daß Gewinnbeteiligung der Arbeitnehmer zwar die Anreize zum Drückebergertum mindert, aber Drückebergertum nicht notwendig ausschließt.

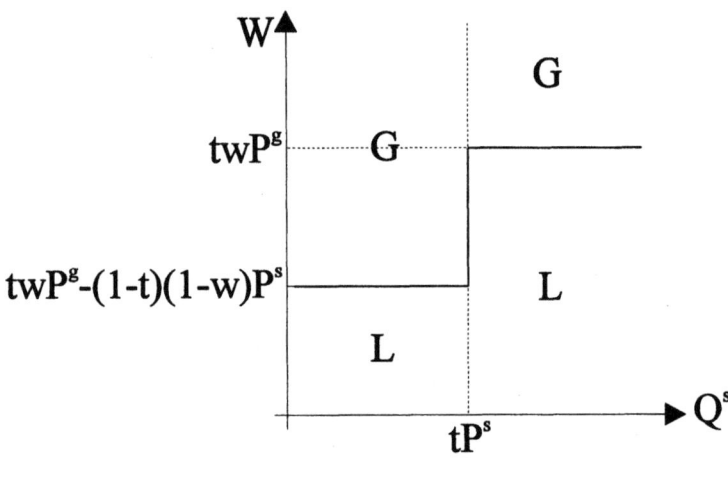

Abbildung 5.5.2.1

5.5.3 Typenverheimlichende und typenoffenbarende Gleichgewichte

Das obige Beispiel verdeutlicht, daß die Interessenautonomie der in einer Unternehmung mehr oder minder autonom entscheidenden Personen zu einem für die Unternehmung insgesamt ungünstigen Ergebnis führen kann. Man könnte nämlich im Falle des Arbeitnehmertyps A^s beide Parteien besserstellen als im Fall des Betriebsergebnisses, das für das Modell der Abbildung 5.5.1.1 bei rationalem Entscheidungsverhalten aller Beteiligten resultiert.

Eine besondere Annahme der obigen Beispielssituation ist, daß der Arbeitgeber P die Vertragsform L oder G anbieten muß, bevor der Arbeitnehmer A sich entscheidet. Dadurch wird ausgeschlossen, daß der Arbeitnehmer durch vorherige Züge seinen Typ offenbaren kann. Ein Modell, das (typen-)offenbarendes bzw. (typen-)signalisierendes Verhalten ermöglicht, ist in der Abbildung 5.5.3.1 in ähnlicher Weise wie in der Abbildung 5.5.1.1 graphisch verdeutlicht. Anders als dort müssen nunmehr die Agententypen A^g und A^s die Vertragsform L (festes Lohneinkommen) oder G (Gewinnbeteiligung) vorschlagen, d.h. zwischen L^g und G^g bzw. L^s und G^s auswählen. Der Prinzipal P muß dann in Kenntnis der vorgeschlagenen Vertragsform, aber in Unkenntnis des wahren Typs des Agenten A darüber befinden, ob er den Agenten A einstellt (der Zug Y bzw. y oder nicht (der Zug N bzw. n). Im Fall N bzw. n endet das Spiel ohne Einstellung des Arbeitnehmers mit Nullgewinnen beider Parteien.

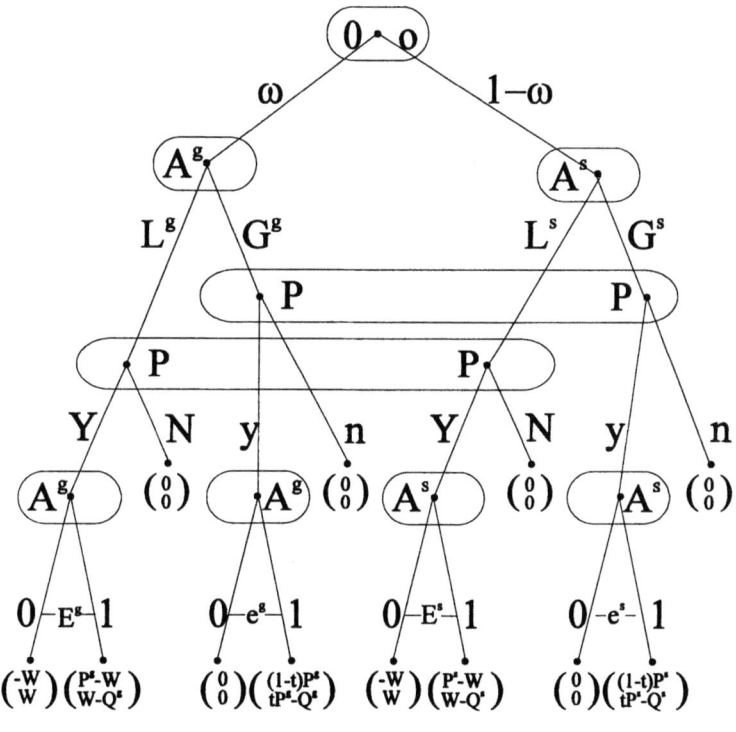

Abbildung 5.5.3.1

Andernfalls muß der Arbeitnehmer A über das Niveau seiner Arbeitsanstrengungen E^g, e^g, E^s bzw. e^s im Intervall von 0 bis 1 befinden. Die Auszahlungen hierfür entsprechen denen der Abbildung 5.5.1.1.

Zusätzlich zu den bisherigen Annahmen $0 < w < 1$, $P^g > P^s > W > 0$, $0 < t < 1$, $Q^g < 0 < Q^s$, $Q^s \neq t\,P^s$ und $W \neq t\,P^g$ wollen wir zunächst von der Bedingung

$$Q^s > t\,P^s$$

ausgehen. Aufgrund dieser Annahme bestimmen sich die individuell rationalen Arbeitsanstrengungen gemäß

$$E^g = 1 = e^g \text{ und } E^s = 0 = e^s.$$

Falls nun der A^g die Vertragsform G^g und der A^s die Vertragsform L^s anbietet und der P den Vertrag G annimmt, aber den Vertrag L ablehnt, kann sich keiner der Beteiligten dadurch verbessern, daß er von seinem Verhalten abweicht. Würde der A^s zum Beispiel den Vertrag G anbieten, den der P annimmt, so kann er nicht mehr als 0 verdienen, während für die Vertragsform L^s und $E^s = 0$ die minimale Auszahlung 0 ist (der Zug G^s ist dominiert, vgl. GÜTH, 1992). Für den A^g lohnt es nicht, L^g vorzuschlagen, da der P diesen Vertrag ablehnt. Würde der P die Vertragsform L annehmen, d.h. Y statt N wählen, so impliziert dies den Verlust von W mit Wahrscheinlichkeit $1 - w$. Die Wahl von n statt y würde ebenfalls zu einer Verschlechterung für den P führen. Damit haben wir gezeigt, daß keiner der Beteiligten gewinnt, wenn er alleine von dem **Strategienvektor**

$$s^s = ((y, N), (E^g = 1 = e^g, G^g), (E^s = 0 = e^s, L^s))$$

abweicht. Die erste Komponente von s^s beschreibt das Entscheidungsverhalten des P, während die zweite und dritte Komponente dasjenige der Arbeitnehmertypen A^g bzw. A^s beschreiben. Wir wollen von s^s als einem **signalisierenden** bzw. **typenoffenbarenden Gleichgewicht (signaling equilibrium)** sprechen. Signalisierend bedeutet hier, daß der P aufgrund der vorgeschlagenen Vertragsform erfährt, welchem Arbeitnehmertyp er begegnet. Wird der Vorschlag G unterbreitet, so kann der P schließen, daß der Arbeitnehmer vom Typ A^g ist. Analog wird der P beim Vorschlag L folgern, daß ihm dieser Vorschlag vom Typ A^s des Arbeitnehmers unterbreitet wurde.

Den Ausdruck „**Gleichgewicht**" verwenden wir allgemein zur Beschreibung von Verhaltenskonstellationen, in denen für keinen Beteiligten eine (unilaterale) Abweichung lohnt.

Das signalisierende Gleichgewicht zeigt, daß die **private Information** des Agenten (nur der Agent kennt seinen Typ) durchaus offenbart werden kann, wenn der Agent Entscheidungen zu treffen hat, bevor der Prinzipal endgültig über das Beschäftigungsverhältnis entscheidet. Vorstellungsgespräche, Eignungstests, Probezeiten, Kündigungsvorschriften und dergleichen sind im wesentlichen Versuche, signalisierende Gleichgewichte zu ermöglichen, die es dem Prinzipal erlauben, die Spreu (zum Beispiel den A^s) vom Weizen (zum Beispiel dem A^g) zu trennen.

Ein sequentieller Entscheidungsprozeß der in Abbildung 5.5.3.1 dargestellten Form garantiert jedoch nicht notwendig typenoffenbarendes Verhalten. Wir wollen dies für den Fall

$$Q^s < t\, P^s$$

verdeutlichen, der das Arbeitnehmerverhalten

$$E^g = 1 = e^g, E^s = 0 \text{ und } e^s = 1$$

impliziert. Wir wollen zeigen, daß sich hierfür

$$s^P = ((y, N), (E^g = 1 = e^g, G^g), (E^s = 0, e^s = 1, G^s))$$

als Gleichgewicht ergibt, wonach dem P der Arbeitnehmertyp verheimlicht wird, da beide Agententypen dieselbe Vertragsform vorschlagen. Da die Vertragsform G für beide Agententypen positive Auszahlungen impliziert, lohnt es sich nicht für sie, die Vertragsform L vorzuschlagen, die der P ablehnt. Für den P ist es besser, G anzunehmen statt abzulehnen, da P^g und P^s beide positiv sind und $0 < t < 1$ gilt. Die Ablehnung der Vertragsform L könnte man leicht dadurch rechtfertigen, daß man dem P unterstellt, daß er eine solche Abweichung nur seitens des A^s erwartet. In GÜTH (1992) wird genauer begründet, wie man rationales Verhalten für Entscheidungssituationen ableitet, die gemäß der allgemeinen Verhaltenserwartung gar nicht erreicht werden. Geht man nämlich von der durch s^p beschriebenen Verhaltenserwartung aus, so wird sich der P niemals zwischen Annahme und Ablehnung der Vertragsform L entscheiden müssen, da beide Arbeitnehmertypen die Vertragsform G vorschlagen.

Gemäß s^p kann der Prinzipal nicht an den Vorschlägen der möglichen Agententypen ablesen, ob er mit dem A^g oder mit dem A^s konfrontiert ist. Wir können deshalb s^p ein **(typen)verheimlichendes Gleichgewicht (pooling equilibrium)** nennen, gemäß dem die private Information des Agenten nicht durch den Vertragsvorschlag verraten wird.

In einer Marktwirtschaft gibt es vielfältige Situationen, in denen die interagierenden Vertragspartner mit ähnlichen Problemen konfrontiert sind wie Prinzipal und Agent in einer Unternehmung. So ist zum Beispiel bei einem Kredit- oder Versicherungsvertrag der Kreditnehmer bzw. der zu Versichernde in der Regel sehr viel besser über seine Kreditwürdigkeit bzw. seine individuellen Risiken informiert, als dies für den Kreditgeber bzw. den Versicherungsanbieter zutrifft. Die betriebswirtschaftliche Organisationstheorie kann daher als ein Teilgebiet der **ökonomischen Theorie der Verträge (theory of contracts)** angesehen werden. In der ökonomischen Theorie der Verträge versucht man, die ökonomischen Konsequenzen bestimmter Vertragsregelungen abzuleiten, um letztendlich die ökonomisch sinnvollste Vertragsgestaltung zu bestimmen (vgl. den Überblick von HART und HOLMSTRÖM, 1987). Wir wollen dieses Problem anhand der Auswahl des optimalen Entlohnungssystems für eine einfache Prinzipal-Agenten-Situation verdeutlichen.

5.5.4 Zur Bestimmung optimaler Entlohnungssysteme

Im folgenden gehen wir von einem einzigen Typ A des Agenten/Arbeitnehmers aus, der einerseits ein hohes Lohneinkommen W erzielen möchte, andererseits zum Faulenzen (**shirking**) neigt. Der Prinzipal/Arbeitgeber P sei sich der Anreize des A voll bewußt. Da das Produktionsergebnis sowohl vom Arbeitseinsatz r des A, als auch vom Zufall abhängt, kann P dem A shirking nicht zweifelsfrei nachweisen. Wir wollen hier der Frage nachgehen, in welcher Form in einer derartigen Situation der Prinzipal den Agenten in Abhängigkeit vom Produktionsergebnis entlohnen sollte. Dies ist ein spezielles Problem des sogenannten **mechanism design**, d.h. der ordnungspolitischen Aufgabe, sinnvolle Regelsysteme für ökonomische Allokationsprobleme mit mehreren Entscheidungsinstanzen zu entwerfen. Hierbei kann es sich um Fragen internationaler bzw. nationaler Güterallokation, aber auch um betriebliche Allokationsprobleme wie im vorliegenden Fall handeln. Wir werden das Problem nur beispielhaft anhand des sogenannten **LEN** (Linear/ Exponential/Normal)-**Modells** illustrieren, das von einem linearen Zusammenhang zwischen dem Produktionsergebnis y und dem Arbeitseinsatz r, einer exponentiellen Nutzenfunktion für Lohneinkünfte sowie einem normalverteilten Zufallseinfluß θ auf das Produktionsergebnis ausgeht. Ferner werden wir nur **lineare Entlohnungssysteme** in Erwägung ziehen, gemäß denen der Lohn W sich als Summe einer Gehaltskomponente G sowie eines konstanten Anteils s vom Produktionsergebnis y bestimmt, d.h. $W = G + s\,y$. Unsere Ausführungen orientieren sich an dem Beitrag von SPREMANN (1987), den wir zusätzlich zu HART und HOLMSTRÖM (1987) als weiterführende Lektüre empfehlen.

Das LEN–Modell:

Der Produktionszusammenhang sei durch

$$y = r + \theta$$

bestimmt. θ sei eine normalverteilte Zufallsvariable mit dem Erwartungswert 0 und der Varianz σ^2. Man beachte, daß damit negative Produktionsergebnisse zugelassen werden. Der Arbeitseinsatz r sei zwischen minimalem Arbeitseinsatz $r = 0$ und maximalem Einsatz $r = 1$ kontinuierlich variierbar. Ein lineares Entlohnungssystem

$$W = G + sy \text{ mit } G \geq 0 \text{ und } 0 \leq s \leq 1$$

ist durch die zwei Parameter G und s eindeutig determiniert. Der Nutzen des Arbeitnehmers A ist die Differenz des Nutzens

$$u_A(W) = \frac{-1}{e^{\alpha\,W}} \text{ mit } \alpha > 0,$$

den ihm sein Lohneinkommen W stiftet, sowie des Arbeitsleids r^2, d.h. der Gesamtnutzen des Agenten A

$$U_A(W, r) = -\frac{1}{e^{\alpha\,W}} - r^2$$

hängt positiv vom Lohneinkommen W und negativ vom Arbeitseinsatz r des A ab. Die Auszahlung des Prinzipals P sei durch

$$U_P = y - W = (1-s)(r+\theta) - G$$

gegeben. Da y und — für $s > 0$ — auch W Zufallsvariablen sind, können beide Akteure in der Regel nicht den Nutzen selbst, sondern nur den erwarteten Nutzen maximieren (vgl. hierzu GÜTH, 1992, Kapitel 1).

Es sei darauf hingewiesen, daß der Agent gemäß der Nutzenfunktion $U_A(\cdot)$ **risikoavers** ist, während der Prinzipal sich gemäß $U_P(\cdot)$ als **risikoneutral** erweist.

Das **Ausmaß an Risikoaversion** wird üblicherweise durch den Quotienten $-U''(\cdot)/U'(\cdot)$ angegeben. $U(\cdot)$ ist hierbei die Funktion, die jedem sicheren Ergebnis X, zum Beispiel einer sicheren Geldauszahlung, den dadurch implizierten Nutzenbetrag $U(X)$ zuordnet. Für den Agenten A gilt $X = W$ und $-u_A''(W)/u_A'(W) = \alpha$ unabhängig vom Lohneinkommen W, d.h. die Risikoaversion des A ist positiv und konstant. Für den Prinzipal P gilt $X = y - W$ und $U_P(X) = X$, so daß $-U''(X)/U_P'(X) = 0$. Der Prinzipal hat damit eine konstante Risikoaversion von Null, d.h. er ist **risikoneutral**.

Der Agent wird nur dann bereit sein, einen Arbeitsvertrag mit dem linearen Entlohnungssystem abzuschließen, wenn der erwartete Nutzen $E\,U_A$, den ihm dieser Vertrag einbringt, seine **Opportunitätskosten** $\bar{U}_A$ aus anderweitiger Verwendung seiner Arbeitskraft nicht unterschreitet. Wir werden $\bar{U}_A$ auch als **Reservationsnutzen** des A bezeichnen. Während $\bar{U}_A$, σ^2 und α Parameter des Modells darstellen, sind r, G und s Entscheidungsgrößen. Um diese modellendogen festzulegen, muß man zunächst für ein vorgegebenes Entlohnungssystem $W = G + s\,y$ den optimalen Arbeitseinsatz $r^*(G,s)$ des Agenten A ableiten. Die Kenntnis, wie der optimale Arbeitseinsatz von den Parametern G und s abhängt, ermöglicht es dann, das für den P optimale lineare Entlohnungssystem festzulegen.

Der optimale Arbeitseinsatz bei
gegebenem linearen Entlohnungssystem

Der erwartete Nutzen des Agenten ergibt sich als

$$E\{U_A(W,r)\} = E\{u_A(W)\} - r^2.$$

Das deterministische Einkommen, das der Agent genau so hoch einschätzt wie sein stochastisches Lohneinkommen W ist sein sogenanntes **Sicherheitsäquivalent**

$$u_A^{-1}(E\{u_A(W)\}).$$

Da

$$u_A\left[u_A^{-1}(E\{u_A(W)\})\right] = E\{u_A(W)\},$$

stiftet das Sicherheitsäquivalent denselben Nutzen wie das stochastisch bestimmte Lohneinkommen. Wir können daher den optimalen Arbeitseinsatz mittels Maximierung des durch ihn implizierten Sicherheitsäquivalents berechnen.

Theorem: Für $u(W) = -\exp(-\alpha W)$ mit $\alpha > 0$, wobei W eine normalverteilte Zufallsvariable mit Erwartungswert μ und Varianz σ^2 ist, gilt

$$u^{-1}(E\{u(W)\}) = \mu - \frac{\alpha}{2}\sigma^2.$$

Beweis (das Theorem beweist auch SCHNEEWEISS, 1967):

Der Erwartungswert $E\{u(W)\}$ bestimmt sich wie folgt:

$$
\begin{aligned}
E\{u(W)\} &= \int_{-\infty}^{\infty} \frac{-e^{-\alpha W}}{\sigma\sqrt{2\pi}} e^{-\frac{(W-\mu)^2}{2\sigma^2}} dW \\
&= -\frac{1}{\sigma\sqrt{2\pi}} \int_{-\infty}^{\infty} e^{-\frac{2\alpha\sigma^2 W + (W-\mu)^2}{2\sigma^2}} dW \\
&= -\frac{1}{\sigma\sqrt{2\pi}} \int_{-\infty}^{\infty} e^{-\frac{(W+\alpha\sigma^2-\mu)^2 + 2\alpha\sigma^2(\mu-\frac{\alpha}{2}\sigma^2)}{2\sigma^2}} dW \\
&= -\frac{e^{-\alpha(\mu-\frac{\alpha}{2}\sigma^2)}}{\sigma\sqrt{2\pi}} \int_{-\infty}^{\infty} e^{-\frac{(W+\alpha\sigma^2-\mu)^2}{2\sigma^2}} dW \\
&= -e^{-\alpha(\mu-\frac{\alpha}{2}\sigma^2)}
\end{aligned}
$$

Die letzte Umformung ist möglich, da

$$\int_{-\infty}^{\infty} \frac{e^{-\frac{(W-(\mu-\alpha\sigma^2))^2}{2\sigma^2}}}{\sigma\sqrt{2\pi}} dW = 1$$

das Integral über der normierten Wahrscheinlichkeitsdichte der normalverteilten Zufallsvariable W mit Erwartungswert $\mu - \alpha\,\sigma^2$ und der Varianz σ^2 ist.

Da

$$u^{-1}(x) = -\frac{1}{\alpha}\ln(-x)$$

gilt, wie man leicht nachrechnen kann, ergibt sich $u^{-1}(E\{u(W)\})$ gemäß

$$\begin{aligned} u^{-1}(E\{u(W)\}) &= -\frac{1}{\alpha}\ln\left(e^{-\alpha(\mu-\frac{\alpha}{2}\sigma^2)}\right) \\ &= \mu - \frac{\alpha}{2}\sigma^2.\ \square \end{aligned}$$

Der Nutzen $U_A(r)$ des Agenten A in Abhängigkeit von seiner Arbeitsanstrengung r kann wegen des obigen Theorems wie folgt geschrieben werden:

$$U_A(r) = G + sr - \frac{\alpha}{2}s^2\sigma^2 - r^2.$$

Die Größe $G + sr$ ist der Erwartungswert seiner Lohneinkünfte $E\{W\}$ und $s^2\sigma^2$ deren Varianz. Der Term $-r^2$ ist das durch r implizierte Arbeitsleid.

Der optimale Arbeitseinsatz r^* kann damit durch Maximierung von

$$U_A(r) = G + sr - r^2 - \frac{\alpha}{2}s^2\sigma^2$$

bestimmt werden. Wegen

$$U_A'(r) = s - 2\,r = 0$$

und

$$U_A''(r) = -2\,r \leq 0 \text{ für } r \geq 0$$

folgt

$$r^*(G,s) = \frac{s}{2}.$$

Der optimale Arbeitseinsatz des Agenten hängt lediglich von s ab, da der Lohnbestandteil G unabhängig vom Produktionsergebnis bezahlt wird.

Das beste lineare Entlohnungssystem:

Zunächst müssen wir uns überlegen, welche linearen Entlohnungssysteme Erwartungsnutzen $E\{U_A\}$ mit

$$E\{U_A\} \geq \bar{U}_A$$

implizieren. Einsetzen von $r^*(G,s)$ in $U_A(r)$ ergibt

$$U_A(r) = G + \frac{s^2}{4}(1 - 2\,\alpha\,\sigma^2).$$

Der feste Gehaltsbetrag G muß daher mindestens

$$\bar{U}_A - \frac{s^2}{4}(1 - 2\,\alpha\,\sigma^2)$$

betragen.

Wegen $E\,y = r$ ergibt sich der erwartete Nutzen des Prinzipals als

$$E\,U_P = (1-s)r - G.$$

Antizipation von $r^*(G,s)$ impliziert daher

$$E\,U_P = (1-s)\frac{s}{2} - G.$$

Da G keinerlei Einfluß auf $r^*(G,s)$ ausübt, wird der Prinzipal dann seinen erwarteten Gewinn maximieren, wenn er G so gering wie möglich wählt, d.h.

$$G^*(s) = \bar{U}_A - \frac{s^2}{4}(1 - 2\,\alpha\,\sigma^2).$$

Der optimale Beteiligungsgrad s kann durch Maximierung von

$$U_P(s) = (1-s)\frac{s}{2} + \frac{s^2}{4}(1 - 2\,\alpha\,\sigma^2) - \bar{U}_A$$

bestimmt werden. Aus

$$U'_P(s) = \frac{1}{2} - s + \frac{s}{2}(1 - 2\,\alpha\,\sigma^2) = 0$$

und

$$U''_P(s) = -(\frac{1}{2} + \alpha\,\sigma^2) < 0$$

folgt

$$s^* = \frac{1}{1 + 2\,\alpha\,\sigma^2}.$$

Das beste lineare Entlohnungssystem ist damit durch s^* und

$$G^*(s^*) = \bar{U}_A - \frac{1 - 2\,\alpha\,\sigma^2}{4(1 + 2\,\alpha\,\sigma^2)^2}$$

bestimmt.

Aus der Ableitung ergibt sich, daß das beste lineare Entlohnungssystem für den Agenten genau seinen Reservationsnutzen $\bar{U}_A$ impliziert, den er sich durch bestmögliche anderweitige Verwendung seiner Arbeitskraft sichern kann. Für den Prinzipal P folgt aus s^* und $G^*(s^*)$ der erwartete Gewinn von

$$U_P(s^*) = \frac{1}{4(1 + 2\,\alpha\,\sigma^2)} - \bar{U}_A.$$

Steigt $\bar{U}_A$, so erhöht sich die Auszahlung des Agenten im gleichen Umfang, während der Gewinn des P um denselben Betrag sinkt. Aus der Gleichung für $U_P(s^*)$ kann man ferner ablesen, daß der erwartete Gewinn des P höher ausfällt, wenn die Parameterwerte α und σ^2 klein sind. Dies hätte man von vornherein wegen der Risikoaversion des Agenten vermuten können: Da der Agent mindestens seinen Reservationsnutzen $\bar{U}_A$ erhält und risikoavers ist, muß sich seine Lohnerwartung $E\{W\}$ erhöhen, wenn die Varianz σ^2 der Zufallsvariablen θ ansteigt oder seine Risikoaversion bzw. sein Risikoaversionsparameter α erhöht wird.

Bemerkenswert ist auch, daß die Parameter α und σ^2 nur mittels ihres Produkts $\alpha\,\sigma^2$ das Entlohnungssystem und die Erwartungsnutzen beeinflussen. Unterschiedliche Parameterkonstellationen $(\bar{U}_A, \alpha, \sigma^2)$ und $(\widehat{\bar{U}}_A, \hat{\alpha}, \hat{\sigma}^2)$ mit $\bar{U}_A = \widehat{\bar{U}}_A$ und $\alpha\sigma^2 = \hat{\alpha}\hat{\sigma}^2$ beinhalten daher dasselbe Entlohnungssystem und die gleichen Erwartungsnutzen.

Am LEN–Modell besticht, daß das optimale Entlohnungssystem auf so einfache und elegante Weise abgeleitet werden kann. Die Annahme der unbeschränkt normalverteilten Zufallsvariablen θ widerspricht jedoch der Nichtnegativität der Produktionsmenge y. Das LEN–Modell kann daher allenfalls die Ableitung optimaler Entlohnungssysteme illustrieren oder realistischere Modelle approximieren.

5.5.5 Intrinsisch motivierte Agenten

Falls die vom Agenten zu leistende Arbeit wenig Selbstbestätigung vermittelt — zum Beispiel bei stereotypen Arbeitsverrichtungen — ist die Gefahr des Drückebergertums sicher nicht zu vernachlässigen. Insbesondere für leitende Manager oder Arbeitsverrichtungen, die eine hohe Selbstbestätigung beinhalten, muß man jedoch in aller Regel von einer hohen intrinsischen Motivation ausgehen. Hiermit ist gemeint, daß ein Agent unabhängig von den konkreten monetären Anreizen, sofern sie die Vertragsbeziehung überhaupt als lohnend erscheinen lassen, stets optimal arbeitet (vgl. FREY, 1996).

Für das LEN–Modell sei wie bisher davon ausgegangen, daß der P dem A einen Vertrag der Form (G, s) anbietet, gemäß dem sich das Lohneinkommen $W = G + sy$ ergibt. Anders als im vorherigen Abschnitt sei die Aufgabe des A jedoch nicht, durch eigene Anstrengungen das Outputniveau zu erhöhen, sondern sie sei dispositiver Natur. Konkret sei unterstellt, daß nur der A über die Menge Y alternativer Investitionsprojekte $I \in Y$ informiert ist, von denen er eines auswählen soll. Die monetären Gewinne der Investitionsalternativen $I \in Y$ seien zufallsbestimmt und normalverteilt. Ferner sollen für zwei verschiedene Projekte $I, I' \in Y$ die Erwartungswerte $\mu(I)$ bzw. $\mu(I')$ und die Varianzen $\sigma^2(I)$ bzw. $\sigma^2(I')$ der monetären Gewinne niemals gleich sein.

Da der P risikoneutral ist, möchte er offensichtlich, daß der A dasjenige Projekt $I^* \in Y$ auswählt, für das $\mu(I^*)$ maximal ist, d.h. $\mu(I^*) > \mu(I)$ für alle $I \in Y$ mit $I \neq I^*$. Da aber der A wegen $\alpha > 0$ risikoavers ist, wird er im Fall $s > 0$ stattdessen dasjenige Investitionsprojekt $I^+ \in Y$ auswählen, für das

$$s(\mu(I^+) - \frac{\alpha s}{2}\sigma^2(I^+)) > s(\mu(I) - \frac{\alpha s}{2}\sigma^2(I))$$

für alle $I \in Y$ mit $I \neq I^+$ gilt. Der Prinzipal P wird daher versuchen, durch Wahl einer geringen Gewinnbeteiligungsquote s den Einfluß der Varianz $\sigma^2(I)$ der Investitionsprojekte $I \in Y$ auf die Entscheidung des A zu mindern. Bei nur endlich vielen Projekten schließt dies nicht aus, daß s dennoch positiv ist. Den Grenzfall $s = 0$ wird der P vermeiden wollen, da er dann dem A keinerlei monetäre Anreize bietet, sinnvoll die Investitionsentscheidung zu treffen.

Das Ergebnis, daß bei Entscheidungen dispositiver Natur der P durch geringe Gewinnbeteiligungsquote s die Auswirkungen der Risikoaversion des A vermeiden möchte, findet eine gewisse Bestätigung in der Tatsache (vgl. SCHWALBACH und GRASSHOFF, 1995), daß die Entlohnung von Topmanagern (man spricht hier von Chief Executive Officers bzw. CEOs) kaum vom Unternehmenserfolg abhängt. Unsere einfache Analyse zeigt, daß sowohl das Ergebnis erheblicher Gewinnbeteiligung — zur Vermeidung von Drückebergertum — als auch das sehr geringer Gewinnbeteiligung — um die aus der Sicht des P optimale Investitionsentscheidung zu gewährleisten — mit dem LEN-Modell vereinbar ist. Man sollte daher erwarten, daß Agenten im operativen Bereich (zum Beispiel Arbeiter) stärker in Abhängigkeit von ihrem kurzfristigen (Produktions-)Ergebnis entlohnt werden als Topmanager (vgl. die ausführlichere Diskussion in GÜTH, 1996).

Kapitel 6

Produktionsökonomien

Im Abschnitt über Tauschökonomien haben wir die wesentlichen Konzepte der Marktwirtschaftstheorie, wie die Begriffe der Konkurrenzallokation und der effizienten Allokation, schon für den Fall definiert, in dem die soziale Interaktion auf Märkten allein aus Tauschaktivitäten besteht. Man kann eine Tauschökonomie auch als den Spezialfall der Produktionsökonomie bezeichnen, der resultiert, wenn für alle Unternehmen die Technologiemenge durch

$$Y = \{y \in \mathbb{R}^L : y \leq \bar{0} = (0,...,0) \in \mathbb{R}^L\}$$

gegeben ist, d.h. nur der Produktionsplan $y = \bar{0}$ ist effektiv. Von einer **Produktionsökonomie** sprechen wir hingegen dann, wenn für wenigstens ein Unternehmen die Technologiemenge wenigstens einen Produktionsplan mit positiven und negativen Komponenten enthält.

Wie wir sehen werden, lassen sich die Konzepte der Konkurrenzallokation und der effizienten Allokation in offenbarer Weise so verallgemeinern, daß sie auch auf Produktionsökonomien anwendbar sind. Dies rechtfertigt auch unsere relativ breite Diskussion von Tauschökonomien, die man in der Realität kaum vorfindet. Da viele theoretische Probleme für Tausch- und Produktionsökonomien in ähnlicher Form auftreten, bietet sich für ihre Behandlung der einfachere institutionelle Rahmen der Tauschwirtschaft an.

6.1 Die Beschreibung von Produktionsökonomien

Wie bislang sei $H = \{a, b, ...\}$ die Menge der Haushalte h. Die Menge

$$U = \{u^1, u^2, ...\}$$

sei die Menge der Unternehmen in der betrachteten Volkswirtschaft. Wenn wir von einem beliebigen Unternehmen in U sprechen, so wählen wir dafür die Bezeichnung $u \in U$. Wie bislang sei $L(\geq 2)$ die Anzahl der Güter, d.h. der Konsumgüterraum jedes Haushalts $h \in H$ ist $\mathbb{R}_+^L$ und die Technologiemenge jedes Unternehmens $u \in U$ ist eine Teilmenge $\mathbb{R}^L$.

Eine Unternehmung $u \in U$ ist vollständig beschrieben durch ihre Technologiemenge $Y^u \in \mathbb{R}^L$, von der wir annehmen, daß sie die Anforderungen des Abschnitts 5.1 erfüllt. Der Unternehmenssektor ist damit durch

$$(Y^u)_{u \in U} = (Y^{u^1}, Y^{u^2}, ...)$$

eindeutig definiert. Die **Charakteristik der Haushalte** muß im Vergleich zur Tauschwirtschaft dadurch ergänzt werden, daß man für jeden Haushalt $h \in H$ angibt, welche Eigenkapital- und damit Gewinnanteile der verschiedenen Unternehmen $u \in U$ dem Haushalt h zustehen. Der Anteil

$$s_u^h \text{ mit } 0 \leq s_u^h \leq 1 \text{ für alle } h \in H, u \in U \text{ und } \sum_{h \in H} s_u^h = 1 \text{ für alle } u \in U$$

bezeichnet den **(Eigen-)Kapitalanteil** des Haushalts $h \in H$ an der Unternehmung $u \in U$, der dem Haushalt h auch den Anteil s_u^h vom Gewinn der Unternehmung u sichert. Man kann zeigen (vgl. BOLLE und GÜTH, 1991), daß auch in Situationen, in denen Unternehmen eigene Aktien oder Anteile anderer Unternehmen besitzen, die letztlichen Eigentumsverhältnisse in dieser Form beschrieben werden können.

$$s^h = (s_u^h)_{u \in U} = (s_{u^1}^h, s_{u^2}^h, ...)$$

beschreibt damit für alle Unternehmen, über welche Kapital- und damit Gewinnanteile der Haushalt h verfügt. Wir nennen s^h das **Anlageprofil des Haushalts** h. Ein Haushalt $h \in H$ läßt sich damit durch den Vektor

$$(u^h, e^h, s^h)$$

beschreiben, der seine Nutzenfunktion

$$u^h : \quad \mathbb{R}_+^L \longrightarrow \mathbb{R}$$
$$x^h \longmapsto u^h(x^h),$$

seinen Erstausstattungsvektor $e^h \in \mathbb{R}_+^L$ und sein Anlageprofil s^h enthält. Die Produktionsökonomie ist mithin durch den Vektor

$$\mathcal{E} = ((u^h, e^h, s^h)_{h \in H}, (Y^u)_{u \in U})$$

vollständig beschrieben.

6.2 Konkurrenzallokationen

y^u bezeichne für alle $u \in U$ den Produktionsplan $y^u \in Y^u$, den die Unternehmung u realisiert. Eine **Allokation** der Produktionsökonomie $\mathcal{E} = ((u^h, e^h, s^h)_{h \in H}, (Y^u)_{u \in U})$ ist ein Vektor

$$X = ((x^h)_{h \in H}, (y^u)_{u \in U})$$

mit $x^h \in \mathbb{R}_+^L$ für alle $h \in H$ und $y^u \in Y^u$ für alle $u \in U$, der die **Markträumungsbedingung**

$$\sum_{h \in H} (x^h - e^h) = \sum_{u \in U} y^u$$

bzw.

$$\sum_{h \in H} (x_i^h - e_i^h) = \sum_{u \in U} y_i^u \text{ für } i = 1, ..., L$$

für alle L Gütermärkte erfüllt. Die linke Seite dieser Markträumungsbedingung ist die **Nettonachfrage des Haushaltssektors** der Volkswirtschaft, d.h. die Summe der Nettotauschvektoren aller Haushalte. Die rechte Seite kann man als das **Nettoangebot des Unternehmenssektors** bezeichnen, wobei dieses Nettoangebot genauso wie die Nettonachfrage des Haushaltssektors für bestimmte Güter negativ sein kann. Die Markträumungsbedingung ist also nichts anderes als die Forderung nach Ausgleich von Angebot und Nachfrage auf allen L Gütermärkten.

Wird ein Gut i insgesamt vom Unternehmenssektor stärker als Input eingesetzt, als es im Unternehmenssektor produziert wird, so muß der Haushaltssektor dieses Gut als Produktionsfaktor im Unternehmensbereich anbieten. Ist das Nettoangebot $\sum_{u \in U} y_i^u$ des Guts i positiv, so kann der Haushaltssektor diese Menge zusätzlich zu dem vorhandenen Erstbestand $\sum_{h \in H} e_i^h$ konsumieren.

Eine Allokation $X = ((x^h)_{h \in H}, (y^u)_{u \in U})$ von $\mathcal{E}$ heißt **Konkurrenzallokation**, falls es einen Preisvektor $p = (p_1, ..., p_L) \in \mathbb{R}_+^L$ gibt, so daß für alle $u \in U$ der Produktionsplan y^u beim Preisvektor p gewinnmaximal ist, d.h.

$$p \cdot y^u = \max\{p \cdot y : y \in Y^u\},$$

und für alle $h \in H$ der Konsumvektor x^h den Nutzen des Haushalts h in der durch p definierten **Budgetmenge**

$$B(e^h, s^h, p) = \{x \in \mathbb{R}_+^L : p \cdot x \leq p \cdot e^h + \sum_{u \in U} s_u^h \, p \cdot y^u\}$$

maximiert. Den Preisvektor p bezeichnen wir wiederum als **Konkurrenzpreisvektor** zur Konkurrenzallokation X. In einer Konkurrenzallokation sind sowohl alle Unternehmen, als auch alle Haushalte optimal an den Konkurrenzpreisvektor angepaßt, wobei die Verhaltensmaxime der Unternehmen die Gewinnmaximierung und die der Haushalte die Nutzenmaximierung ist. Man kann natürlich auch den Gewinn als den Nutzen der Unternehmung betrachten und von der Nutzenmaximierung als genereller Verhaltensmaxime ausgehen.

Die Definition der Budgetmenge $B(e^h, s^h, p)$ berücksichtigt die Gewinneinkünfte

$$\sum_{u \in U} s_u^h p \cdot y^u,$$

die aus dem Unternehmensbereich an den Haushalt h fließen. Damit hängt die Budgetmenge nicht nur von den exogenen Parametern e^h und s^h sowie dem Preisvektor p ab, wie es unsere Schreibweise vielleicht suggeriert, sondern auch von den Produktionsplänen y^u der Unternehmen $u \in U$. Erst durch die Allokation X wird somit die Budgetmenge eindeutig bestimmt. Wir haben für den Spezialfall $L = 2$ die Budgetmenge in der Abbildung 6.2.1 graphisch veranschaulicht. Wie man sieht, verläuft die Budgetgerade

$$p\,x = p \cdot e^h + p \sum_{u \in U} s^u y^u$$

im allgemeinen nicht mehr durch den Erstausstattungspunkt e^h, da positive Gewinneinkünfte eine Parallelverschiebung nach außen und damit eine Vergrößerung der Butgetmenge bewirken. Wie bislang ist die Steigung der Budgetgeraden durch $-p_1/p_2$ bestimmt.

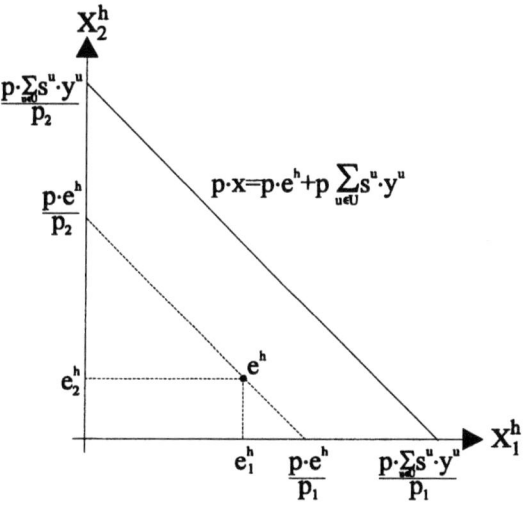

Abbildung 6.2.1

Ist $X = ((x^h)_{h \in H}, (y^u)_{u \in U})$ eine Konkurrenzallokation, p ein zugehöriger Konkurrenzpreisvektor und sind alle Gütermärkte $j = 1,...,L$ mit $j \neq i$ geräumt, so impliziert die Allokationsbedingung

$$\sum_{h \in H}(x^h - e^h) = \sum_{u \in U} y^u$$

die Bedingung

$$p\sum_{h\in H}(x^h - e^h) = p\sum_{u\in U} y^u$$

bzw.

$$p_i \sum_{h\in H}(x_i^h - e_i^h) - p_i \sum_{u\in U} y_i^u = \sum_{\substack{j=1\\j\neq i}}^{L} p_j \underbrace{\left[\sum_{u\in U} y_i^u - \sum_{h\in H}(x_j^h - e_j^h)\right]}_{=0} = 0$$

und damit die Markträumungsbedingung

$$\sum_{h\in H}(x_i^h - e_i^h) = \sum_{u\in U} y_i^u$$

für den verbleibenden Markt des Gutes i, sofern der Preis p_i positiv ist. In der Literatur wird dieser Sachverhalt häufig als **Walras–Gesetz** bezeichnet.

Mit dem Konkurrenzpreisvektor p sind auch alle Vektoren

$$\lambda\, p = (\lambda\, p_1, ..., \lambda\, p_L) \text{ mit } \lambda > 0$$

Konkurrenzpreisvektoren zur Konkurrenzallokation X. Dies erkennt man daran, daß eine Multiplikation aller Preise mit $\lambda > 0$ die Budgetmenge unverändert läßt und darüberhinaus keinen Einfluß auf die gewinnmaximalen Produktionspläne ausübt. Man spricht hier wieder vom **Geldschleier** oder von der Homogenität vom Grade Null in den Preisen, da allein die relativen Preise, d.h. die Preisverhältnisse p_i/p_j für $i,j = 1, ..., L$ die reale Güterallokation bestimmen.

Beispiel: Bestimme die Konkurrenzallokation für die Produktionsökonomie

$$\mathcal{E} = ((u^h, e^h, s^h)_{h\in H}, (Y^u)_{u\in U}) \text{ mit}$$
$$u^h(x^h) = \prod_{i=1}^{L}(x_i^h + d) \text{ für alle } h \in H,$$

$$e_i^h = \begin{cases} 0 & \text{für } i = 1, ..., m \\ \text{positiv} & \text{für } j = m+1, ..., n, \end{cases}$$

$$Y^u = \left\{ y \in \mathbb{R}^L : \sum_{i=1}^{m} (y_i^u)^c \leq \prod_{j=m+1}^{L} (-y_j^u)^\alpha \right.$$

$$\text{mit} \quad y_i^u \geq 0 \ (i = 1, ..., m)$$
$$\text{und} \quad y_i^u \leq 0 \ (j = m+1, ..., L)$$

für alle $u \in U$ mit $1 \leq m < L, d > 0, c > 1$, und $0 < a = (L - m) \cdot \alpha < 1$!

Gemäß unserem Beispiel in Abschnitt 5.2 ist für jeden Preisvektor $p \in \mathbb{R}_+^L$ mit ausschließlich positiven Komponenten der gewinnmaximale Produktionsplan $y^{*u}(p)$ in Y^u durch

$$y^{*u}(p) = (y_1^{*u}(p), ..., y_L^{*u}(p))$$

mit

$$y_i^*(p) = \left(\frac{P}{S} p_i^{\frac{c}{c-1}} p_j^a (-y_j^*(p))^a \right)^{\frac{1}{c}}$$

und

$$-y_j^*(p) = \frac{(\frac{c}{\alpha})^{\frac{c}{a-c}} P^{\frac{1}{c-a}} S^{\frac{-1}{c-a}}}{p_j}$$

für alle $i = 1, ..., m$ und $j = m+1, ..., L$ sowie $u \in U$ bestimmt. Die hierbei verwandten Hilfsgrößen sind wie folgt definiert worden:

$$S = \sum_{k=1}^{m} p_k^{\frac{c}{c-1}}$$

$$P = \prod_{k=m+1}^{L} p_k^{-\alpha}$$

Die Budgetgleichung eines Haushalts $h \in H$ ist durch

$$p \cdot x^h = p \cdot e^h + p \sum_{u \in U} s_u^h y^{*u}(p)$$

gegeben. Wie in Abschnitt 3.2 vorgeführt, implizieren die notwendigen Bedingungen für ein lokales Nutzenmaximum folgende Gleichungen:

$$p_i(x_i^h + d) = p_j(x_j^h + d) \text{ für } i, j = 1, ..., L \text{ und } h \in H$$

Einsetzen in die Budgetgleichung ergibt die Gleichung

$$L\, p_k x_k^h + L\, dp_k - d \sum_{l=1}^{L} p_l = pe^h + p \sum_{u \in U} s_u^h\, y^{*u}(p),$$

aus der sich die optimalen Konsumnachfragemengen

$$x_k^{*h}(p) = \frac{p\, e^h + d \sum_{l=1}^{L} p_l + p \sum_{u \in U} s_u^h\, y^{*u}(p)}{L \cdot p_k} - d$$

für alle $k = 1, ..., L$ und $h \in H$ ableiten lassen.

Bezeichnet N die Anzahl der Unternehmen und M die der Haushalte insgesamt, so lassen sich mit Hilfe von

$$E = (E_1, ..., E_L) = \sum_{h \in H} e^h$$

die Markträumungsbedingungen für die Güter $i = 1, ..., m$ mit

$$\sum_{h \in H} x_i^{*h}(p) = \frac{pE + Md \sum_{l=1}^{L} p_l + Npy^{*u}(p)}{Lp_i} - Md = Ny_i^{*u}(p)$$

angeben. Für die Güter $j = m+1, ..., L$ gilt analog

$$\frac{pE + Md \sum_{l=1}^{L} p_l + Npy^{*u}(p)}{Lp_j} - Md = Ny_j^{*u}(p) + E_j.$$

Einsetzen der optimalen Produktionspläne ergibt ein Gleichungssystem mit L Gleichungen in den L Unbekannten p_i^* und p_j^* für $i = 1, ..., m$ und $j = m + 1, ..., L$. Von diesen L Gleichungen sind nur $L - 1$ unabhängig. Diese $L-1$ unabhängigen Gleichungen legen die $L-1$ Konkurrenzpreisverhältnisse $r_l = p_l / p_L$ für $l = 1, ..., L - 1$ fest.

Einsetzen dieser Konkurrenzpreisrelationen r_l in die Tauschfunktionen $x^{*h}(p)$ der Haushalte $h \in H$ sowie in die gewinnmaximalen Produktionspläne $y^{*u}(p)$ der Unternehmen $u \in U$ liefert die Konkurrenzallokation

$$X^* = \left((x^{*h}(p^*))_{h \in H}, (y^{*u}(p^*))_{u \in U}\right).$$

Hierbei bezeichnet $p^* = (p_1^*, ..., p_L^*)$ einen beliebigen Konkurrenzpreisvektor, dessen Preisrelationen die Bedingungen

$$\frac{p_l^*}{p_L^*} = r_l \text{ für } l = 1, ..., L - 1$$

erfüllen. □

Beispiel: „Makroökonomie"

In der **Makroökonomie** wird statt individueller Entscheidungen nur das Gruppenverhalten betrachtet, d.h. makroökonomische Modelle enthalten in der Regel nur Variablen, die das Gesamt- oder Durchschnittsverhalten einer Gruppe von Agenten, zum Beispiel der Menge H aller Haushalte oder der Menge U aller Unternehmen, beschreiben. Typischerweise werden dabei die Hypothesen über das Gesamt- bzw. Durchschnittsverhalten der Gruppe nicht dadurch gewonnen, daß man zunächst individuelle Verhaltenshypothesen generiert und diese dann aggregiert. Stattdessen geht man häufig von einem **repräsentativen Agenten** aus, der den Durchschnittstyp der Gruppe darstellt. In unserem Beispiel würde man zum Beispiel von einem einzigen Haushalt $\bar{h}$ bzw. einer einzigen Unternehmung $\bar{u}$ ausgehen, die den gesamten Haushalts- bzw. Unternehmenssektor repräsentieren. Dies zeigt, daß makroökonomische Modelle sich in aller Regel als sehr spezielle Marktwirtschaftsmodelle erweisen. Geht man in unserem vorigen Beispiel davon aus, daß die Menge H der Haushalte nur den **repräsentativen Haushalt** $\bar{h}$ und die Menge U der Unternehmung nur die **repräsentative Unternehmung** $\bar{u}$ enthält, so ist durch die Konkurrenzallokation $X = (x^{*\bar{h}}, u^{*\bar{u}})$

das makroökonomische Gleichgewicht dieses einfachen Modells beschrieben, das nur Güter- und Faktormärkte enthält. Die Größen $x^{*\bar{h}}$ und $y^{*\bar{u}}$ lassen sich mittels der Markträumungsgleichungen für die Güter $i = 1, ..., m$ und $j = m + 1, ..., L$ berechnen, indem man einen hierdurch determinierten Konkurrenzpreisvektor p in die Tauschfunktionen $x^{*\bar{h}}(p)$ und $y^{*\bar{u}}(p)$ einsetzt.

Eine weitere Vereinfachung vieler makroökonomischer Modelle besteht darin, daß sie statt der Produktvielfalt nur ein einziges Produkt enthalten und daß sie die Vielfalt der Produktionsfaktoren durch einen einzigen Produktionsfaktor repräsentieren. Basiert das Modell des repräsentativen Agenten auf der Aggregation individueller Verhaltensmerkmale, so liegt dem **repräsentativen Produkt** oder **Inputgut** die Aggregation von Gütern zugrunde, wie sie im Begriff des repräsentativen Warenkorbs zum Ausdruck kommt. Im vorigen Beispiel könnte man von $L = 2$ und $m = 1$ und damit $S = p_1^{\frac{c}{c-1}}$ ausgehen. Gut 1 wäre dann das repräsentative Produkt, das Sozialprodukt, und Gut 2 das Faktorangebot, üblicherweise die gesamtwirtschaftliche Beschäftigung (des Produktionsfaktors Arbeit). Die Konkurrenzallokation

$$X = \left[\left(x_1^{*\bar{h}}, x_2^{*\bar{h}}\right), y^{*\bar{u}} = \left(y_1^{*\bar{u}} y_2^{*\bar{u}}\right)\right]$$

ergibt sich in unserem Beispiel, indem man $p_2 = 1$ setzt und — wegen des Walras–Gesetzes — eine der beiden Markträumungsbedingungen, zum Beispiel die für Gut 1, nach dem Preis p_1 auflöst und den Konkurrenzpreisvektor $p = (p_1, 1)$ in die Tauschfunktionen $x^{*\bar{h}}(p)$ sowie $y^{*u}(p)$ einsetzt. Die so abgeleitete Konkurrenzallokation beschreibt das Gleichgewicht des makroökonomischen Modells, das zwar nur aus einem einzigen Güter- und Faktormarkt besteht, sich aber durch Einführung eines Marktes für Geld, durch Einbeziehung des Staates sowie des Auslands noch verallgemeinern ließe. Auch die Makroökonomie analysiert daher — allerdings überaus spezielle — Marktwirtschaftsmodelle. □

Beispiel: Der Fall eines repräsentativen Haushalts, dem dann auch die einzige repräsentative Unternehmung gehört, soll noch einmal in einfacherer Form dargestellt werden. Gibt es nur einen Haushalt und eine einzige (Einprodukt) Unternehmung, so ist die Produktionsökonomie vollständig durch die Produktionsfunktion $y_1 = o = f(r)$ und die Nutzenfunktion $u(o, e - r)$ sowie den Erstausstattungsvektor e, der nur Produktionsfaktoren beinhalten soll, d.h. $e_1 = 0$, beschrieben. Natürlich könnte man hierfür direkt, d.h. ohne das Konzept der Konkurrenzallokation, den optimalen Inputmengenvektor r^*

ableiten, indem man

$$u(f(r), e-r)$$

im Bereich $0 \leq r \leq e$, d.h. $0 \leq r_i \leq e_i$ für $i = 2, ..., L$, maximiert. Man erhält dasselbe Ergebnis, wenn man zunächst für einen vorgegebenen Produktpreis $v > 0$ und vorgegebene Faktorpreise $q_i > 0$ für $i = 2, ..., L$ den gewinnmaximalen Inputmengenvektor $r^*(v, q)$ sowie den nutzenmaximalen Konsumvektor $x^*(v, q)$ und dann via Markträumungsbedingungen

$$\begin{aligned} x_1^*(v,q) &= f(r^*(v,q)) \\ x_i^*(v,q) &= e_i - r_i^*(v,q) \text{ für } i = 2, ..., L \end{aligned}$$

den Konkurrenzpreisvektor (v^*, q^*) ableitet, der die Konkurrenzallokation mit $x^*(v^*, q^*)$ sowie $y^*(v^*, q^*) = (f(r^*(v^*, q^*)), -r^*(v^*, q^*))$ determiniert.

Im einfachsten Fall $L = 2$ und

$$y_1 = o = f(r_2) = \sqrt{r_2}$$

sowie

$$u(o, e_2 - r_2) = o \cdot (e_2 - r_2)$$

erhält man durch Maximierung von

$$u(\sqrt{r_2}, e_2 - r_2) = \sqrt{r_2} \cdot (e_2 - r_2)$$

direkt $r_2^* = e_2/3$ und damit $x^* = \left(\sqrt{e_2/3}, 2e_2/3\right)$ den optimalen Produktionsplan bzw. Konsumvektor. Will man dasselbe Ergebnis via Konkurrenzallokation ableiten, so leitet man zunächst die gewinnmaximale Inputmenge

$$r_2^*(v, q_2) = \left(\frac{v}{2q_2}\right)^2$$

und den daraus resultierenden Gewinn von

$$v\sqrt{r_2^*(v, q_2)} - q_2 r_2^*(v, q_2) = \frac{v^2}{4q_2}$$

ab. Mit dem auf der Budgetmenge

$$\left\{(x_1, x_2) \in \mathbb{R}_+^2 : v \cdot x_1 + q_2 \cdot x_2 \leq q_2 \cdot e_2 + \frac{v^2}{4q_2}\right\}$$

basierenden Lagrange-Ansatz

$$L(o, r_2, \lambda) = o \cdot (e_2 - r_2) - \lambda \left[v \cdot o + q_2 \cdot (e_2 - r_2) - q_2 \cdot e_2 - \frac{v^2}{4q_2}\right]$$

berechnet man dann den nutzenmaximalen Konsumvektor

$$x^*(v, q_2) = \left(\frac{q_2 \cdot e_2 + \frac{v^2}{4q_2}}{2v}, \frac{q_2 \cdot e_2 + \frac{v^2}{4q_2}}{2q_2}\right).$$

Aus der — auf Grund des Walras-Gesetzes — einzigen Markträumungsbedingung

$$x_1^*(v, q_2) = \left(\frac{q_2}{v}\right)\frac{e_2}{2} + \frac{1}{8}\left(\frac{v}{q_2}\right) = f(r_2^*(v, q_2)) = \frac{1}{2}\left(\frac{v}{q_2}\right)$$

bestimmt man die Relation

$$\frac{v^*}{q_2^*} = 2\sqrt{\frac{e_2}{3}}$$

der Konkurrenzpreise v^* und q_2^*. Einsetzen in $x^*(v, q_2)$ bzw. $r^*(v, q)$ ergibt dann

$$x^*(v^*, q^*) = \left(\sqrt{\frac{e_2}{3}}, \frac{2}{3}e_2\right)$$

und

$$r_2^*(v^*, q^*) = \frac{e_2}{3}.$$

Man kann also das optimale Handeln des einzigen Haushalts und Unternehmens auch als Konkurrenzallokation darstellen.

6.3 Effiziente Allokationen

Es sei $X = \big((x^h)_{h\in H}, (y^u)_{u\in U}\big)$ eine Allokation der Produktionsökonomie $\mathcal{E} = \big((u^h, e^h, s^h)_{h\in H}, (Y^u)_{u\in U}\big)$. Die Allokation X heißt **effizient**, falls es keine andere Allokation $\hat{X} = \big((\hat{x}^h)_{h\in H}, (\hat{y}^u)_{u\in U}\big)$ von $\mathcal{E}$ mit

$$u^h(\hat{x}^h) > u^h(x^h) \text{ für alle } h \in H$$

gibt, d.h. falls es nicht möglich ist, alle Haushalte im Vergleich zu X besserzustellen. Statt die Verbesserung aller Haushalte zu fordern, wird oft postuliert, daß $\hat{X}$ keinen Haushalt schlechter als X versorgen darf und zumindest einen Haushalt besserstellen muß. Bei beliebiger Teilbarkeit der Güter und Monotonie der Präferenzen sind diese beiden Definitionen jedoch äquivalent.

Ähnlich wie für Tauschökonomien gilt das

Grundtheorem der Wohlfahrtsökonomik:

Jede Konkurrenzallokation von $\mathcal{E}$ ist effizient.

Beweis: Es sei $X = \big((x^h)_{h\in H}, (y^u)_{u\in U}\big)$ eine Konkurrenzallokation der Produktionsökonomie $\mathcal{E}$ mit dem zugehörigen Konkurrenzpreisvektor $p \in \mathbb{R}_+^L$, die nicht effizient ist. Dann gibt es eine andere Allokation $\hat{X} = \big((\hat{x}^h)_{h\in H}, (\hat{y}^u)_{u\in U}\big)$ von $\mathcal{E}$ mit

$$u^h(\hat{x}^h) > u^h(x^h) \text{ für alle } h \in H.$$

Da x^h optimal in der Budgetmenge $B(e^h, s^h, p)$ ist, folgt hieraus

$$p\hat{x}^h > px^h \text{ für alle } h \in H$$

und damit

$$p \sum_{h\in H} \hat{x}^h > p \sum_{h\in H} x^h.$$

Wegen

$$p \cdot \sum_{h\in H} x^h = p \sum_{h\in H} e^h + p \sum_{h\in H}\sum_{u\in U} s^h_u y^u = p \sum_{h\in H} e^h + p \sum_{u\in U} y^u$$

folgt daher

$$p \sum_{h \in H} \hat{x}^h > p \sum_{h \in H} e^h + p \sum_{u \in U} y^u.$$

Wegen der Markträumungsbedingung gilt aber

$$\sum_{h \in H} \hat{x}^h = \sum_{h \in H} e^h + \sum_{u \in U} \hat{y}^u$$

und damit

$$p \sum_{h \in H} \hat{y}^u > p \sum_{u \in U} y^u,$$

was aber im Widerspruch zur Voraussetzung steht, daß für alle $u \in U$ der Produktionsplan y^u beim Preisvektor p gewinnmaximal in Y^u ist. Eine Konkurrenzallokation muß daher effizient sein. □

Natürlich setzt das Grundtheorem der Wohlfahrtsökonomik wiederum voraus, daß keinerlei externe Effekte vorliegen. Während in einer Tauschökonomie nur externe Konsumeffekte auftreten können (der Konsum eines Haushalts beeinflußt den Nutzen eines anderen Haushalts), sind in Produktionsökonomien auch Unternehmen als Verursacher und Empfänger externer Effekte vorstellbar. So kann die Produktionstätigkeit eines Unternehmens, sei es durch Lärm, giftige Emissionen und dergleichen, das Wohlbefinden der in der Nachbarschaft lebenden Haushalte sehr erheblich beeinträchtigen bzw. benachbarten Unternehmen zusätzliche Kosten (zum Beispiel Lärmschutzmaßnahmen, Reinigung von Wasser und/oder Luft) aufbürden. Andererseits ist es vorstellbar, daß die Konsumtätigkeit der Haushalte den Unternehmen schadet. So sind die hohen Kosten der Versicherung gegen Waldbrände zum Teil auf fahrlässiges Verhalten der Haushalte zurückzuführen. Es sind natürlich auch positive Auswirkungen möglich. Standardbeispiel im Unternehmensbereich ist hierfür der Obstbauer und der Imker, die jeweils von der Produktionstätigkeit des anderen profitieren.

Um die Implikationen effizienter Allokationen ableiten zu können, setzen wir wiederum für alle Unternehmen $u \in U$ voraus, daß die Menge Y^{*u} effektiver Produktionspläne $u \in Y^u$ durch eine differenzierbare Funktion

$$F^u(y^u) = 0 \text{ für alle } y^u \in Y^{*u} \subset Y^u$$

beschrieben werden kann. Um eine effiziente Allokation abzuleiten, kann man wiederum den Nutzen aller Haushalte $k \in H$ mit $k \neq h \in H$ konstant setzen, während der Nutzen des verbleibenden Haushalts $h \in H$ maximiert wird. Da eine effiziente Allokation bei Monotonie effektive Produktion aller Unternehmen voraussetzt, kann eine effiziente Allokation durch Maximierung der Funktion

$$\begin{aligned} L &= L\left(x^h, \lambda^h = (\lambda_1^h, ..., \lambda_L^h), (\lambda^k)_{\substack{k \in H \\ k \neq h}}, (\lambda^u)_{u \in U}\right) \\ &= u^h(x^h) + \sum_{i=1}^L \lambda_i^h \left[\sum_{k \in H}(x_i^k - e_i^k) - \sum_{u \in U} y_i^u\right] + \\ &\quad \sum_{k \in H} \lambda^k \left[u^k(x^k) - \overline{u}^k\right] + \sum_{u \in U} \lambda^u \left[F^u(y^u) - 0\right] \end{aligned}$$

abgeleitet werden. Aus

$$\frac{\partial L}{\partial x_i^h} = \frac{\partial u^h(x^h)}{\partial x_i^h} + \lambda_i^h = 0 \qquad \text{für } i = 1, ..., L$$
$$\frac{\partial L}{\partial x_i^k} = \lambda^k \frac{\partial u^k(x^k)}{\partial x_i^k} + \lambda_i^h = 0 \qquad \text{für } i = 1, ..., L;\ k \in H,\ k \neq h,$$

folgt

$$\frac{\frac{\partial u^h(x^h)}{\partial x_i^h}}{\frac{\partial u^h(x^h)}{\partial x_j^h}} = \frac{\frac{\partial u^k(x^k)}{\partial x_i^k}}{\frac{\partial u^k(x^k)}{\partial x_j^k}} \text{ für alle } i,j = 1, ..., L;\ k, h \in H.$$

Im lokalen Maximum der Funktion L müssen also die Grenznutzenverhältnisse bzw. die Grenzraten der Substitution für alle Haushalte gleich sein. Aus

$$\frac{\partial L}{\partial y_i^u} = -\lambda_i^h + \lambda^u \frac{\partial F^u(y^u)}{\partial_i^u} = 0 \text{ für alle } i = 1, ..., L \text{ und } u \in U$$

folgt

$$\frac{\frac{\partial F^u(y^u)}{\partial\, y_i^u}}{\frac{\partial F^u(y^u)}{\partial\, y_j^u}} = \frac{\frac{\partial F^{\hat u}(y^{\hat u})}{\partial y_i^{\hat u}}}{\frac{\partial F^{\hat u}(y^{\hat u})}{\partial y_j^{\hat u}}} \quad \text{für alle } i,j = 1,...,L \text{ und } u,\hat u \in U,$$

d.h. die Gleichheit der Grenzrate der Substitution zwischen zwei Outputgütern bzw. zwischen zwei Inputgütern für alle Unternehmen. Beide Bedingungen zusammen implizieren ferner

$$\frac{\frac{\partial u^k(x^k)}{\partial\, x_i^k}}{\frac{\partial u^k(x^k)}{\partial\, x_j^k}} = \frac{\frac{\partial F^u(y^u)}{\partial\, y_i^u}}{\frac{\partial F^u(y^u)}{\partial\, y_j^u}} \quad \text{für alle } i,j = 1,...,L \text{ und } k \in H, u \in U,$$

d.h. die für alle Haushalte gleiche Grenzrate der Substitution entspricht genau der für alle Unternehmen gleichen Grenzrate der Substitution. Durch diese sogenannten Marginalbedingungen für Effizienz wird offenbar ausgeschlossen, daß noch lohnende Tauschmöglichkeiten für zwei Haushalte, zwei Unternehmen oder zwischen Haushalten und Unternehmen existieren.

Die Menge der effizienten Allokationen hängt weder von der Aufteilung der Gesamterstausstattung

$$\sum_{h \in H} e^h \in \mathbb{R}^L_+$$

auf die Haushalte ab, noch von den Anlageprofilen s^h der einzelnen Haushalte. Dies verdeutlicht wiederum, daß der Effizienzbegriff nicht auf dem **Privateigentum an Konsumgütern und Produktionsmitteln** basiert, wie dies für Konkurrenzallokationen zutrifft.

6.4 Der Kern von Produktionsökonomien

Die Anwendung des Kerns auf Produktionsökonomien ist weniger zufriedenstellend als die Anwendung auf Tauschwirtschaften. Befindet sich nämlich ein Unternehmen im Besitz mehrerer Haushalte, d.h. gilt $s_u^h > 0$ für mehrere Haushalte $h \in H$, so ist nicht klar, in welcher Form eine Teilmenge dieser Anteilseigner des Unternehmens u über die Produktion des Unternehmens u

verfügen kann. Es gibt allerdings zwei Extremfälle, in denen diese Probleme vermieden werden: Gibt es für alle $u \in U$ einen Haushalt $h \in H$ mit $s_u^h = 1$, d.h. hat jedes Unternehmen einen einzigen Anteilseigner, so kann dieser Haushalt beliebig über dieses Unternehmen verfügen. Der Fall mehrerer Anteilseigner läßt sich behandeln, wenn man davon ausgeht, daß für die Realisation eines bestimmten Produktionsplans y^u die Zustimmung aller Haushalte $h \in H$ mit $s_u^h > 0$ erforderlich ist.

Ist $X = \big((x^h)_{h \in H}, (y^u)_{u \in U}\big)$ eine Allokation der Produktionsökonomie $\mathcal{E} = \big((u^h, e^h, s^h)_{h \in H}, (Y^u)_{u \in U}\big)$, in der für alle $u \in U$ ein Haushalt $h \in H$ mit $s_u^h = 1$ existiert, so kann sich die Koalition C mit $\emptyset \neq C \subset H$ gegenüber der Allokation X **verbessern**, falls es eine andere Allokation $\hat{X} = \big((\hat{x}^h)_{h \in H}, (\hat{y}^u)_{u \in U}\big)$ von $\mathcal{E}$ gibt, die folgende Bedingungen erfüllt:

(i)
$$u^h(\hat{x}^h) > u^h(x^h) \text{ für alle } h \in C$$

(ii)
$$\sum_{h \in C}(\hat{x}^h - e^h) \in Y^C,$$

wobei die Menge Y^C durch

$$Y^C = \left(y = (y_1, ..., y_L) \in \mathbb{R}^L : \begin{array}{l} \text{Es gibt Unternehmen } \tilde{u} \in U \text{ mit } s_{\tilde{u}}^h = 1 \\ \text{für } h \in C \\ \text{und } y^{\tilde{u}} \in Y^{\tilde{u}}, \text{ so daß } y = \sum_{\tilde{u}} y^{\tilde{u}}. \end{array} \right)$$

definiert ist. Gemäß der Bedingung (i) müssen sich alle Mitglieder der Koalition C durch $\hat{X}$ gegenüber X verbessern. Bedingung (ii) besagt, daß die Versprechungen der Allokation $\hat{X}$ an die Mitglieder von C durch die Mitglieder von C selbst realisiert werden können. Konkret erfordert dies, daß die Mitglieder von C Eigentümer von Unternehmen sind, für die sich Produktionspläne finden lassen, so daß die Gesamtüberschußnachfrage der Koalition C bereitgestellt werden kann.

Kann sich keine Koalition C mit $\emptyset \neq C \subset H$ gegenüber der Allokation X von $\mathcal{E}$ verbessern, so nennen wir X eine **Kernallokation**. Offenbar ist eine Allokation X von $\mathcal{E}$ effizient, falls sich die Koalition $C = H$ nicht gegenüber X verbessern kann. Daraus ergibt sich die

Anmerkung: Kernallokationen sind effizient.

Analog zum Fall der Tauschwirtschaft zeigt man auch das

Theorem: Konkurrenzallokationen sind Kernallokationen.

Beweis: Es sei X eine Konkurrenzallokation von $\mathcal{E}$ und $p \in \mathbb{R}_+^L$ ein zugehöriger Konkurrenzpreisvektor und C mit $\emptyset \neq C \subset H$ eine Koalition, die sich mittels der Allokation $\hat{X}$ von $\mathcal{E}$ gegenüber X verbessern kann. Da für alle $h \in H$ der Konsumvektor x^h in der Budgetmenge optimal ist, folgt

$$p\hat{x}^h > px^h \text{ für alle } h \in C$$

und damit

$$p\sum_{h \in C} \hat{x}^h > p\sum_{h \in C} x^h$$

bzw.

$$p\sum_{h \in C}(\hat{x}^h - e^h) > p\sum_{h \in C}(x^h - e^h) = p\sum_{\substack{u \in U \\ s_u^h = 1 \text{ für } h \in C}} y^u$$

Da aber aufgrund der Bedingung (ii) gilt, daß

$$\sum_{h \in C}(\hat{x}^h - e^h) \in Y^C,$$

steht dies im Widerspruch zu der Annahme, daß die Produktionspläne y^u der Unternehmen u mit $s_u^h = 1$ für $h \in C$ beim Preisvektor p gewinnmaximal sind. Es kann daher keine Koalition C existieren, die sich bezüglich einer Konkurrenzallokation verbessern kann. □

Gibt es mehrere Anteilseigner der Unternehmen $u \in U$, die jedoch einstimmig einen Produktionsplan $y^u (\neq \bar{0})$ festlegen müssen, so kann sich eine Koalition gegenüber der Allokation X von $\mathcal{E}$ dann verbessern, falls es eine andere Allokation $\hat{X}$ von $\mathcal{E}$ gibt, für die folgende Bedingungen gelten:

(i)
$$u^h(\hat{x}^h) > u^h(x^h) \text{ für alle } h \in C$$

(ii)
$$\sum_{h \in C} (\hat{x}^h - e^h) \in Y^C$$

mit

$$Y^C = \left(y = (y_1, ..., y_L) \in \mathbb{R}^L : \begin{array}{l} \text{Es gibt Unternehmen } \tilde{u} \in U \text{ mit } s_{\tilde{u}}^h > 0 \\ \text{nur für } h \in C \\ \text{und } y^{\tilde{u}} \in Y^{\tilde{u}}, \text{ so daß } y = \sum_{\tilde{u}} y^{\tilde{u}}. \end{array} \right)$$

Gemäß dieser Definition von Y^C muß eine Koalition C, um über die Produktionsmöglichkeiten einer Unternehmung $u \in U$ verfügen zu können, alle Anteilseigner h mit $s_u^h > 0$ enthalten. Mit anderen Worten: Eine Koalition kann sich nicht dadurch verbessern, daß sie auf die Produktion von Unternehmen setzt, die nicht ganz in der Hand ihrer Mitglieder sind. Kann sich keine Koalition C mit $\emptyset \neq C \subset H$ gegenüber einer Allokation X von $\mathcal{E}$ verbessern, so sprechen wir wiederum von einer **Kernallokation**. Auch hierfür läßt sich zeigen, daß Kernallokationen effizient sind und daß sich Konkurrenzallokationen als Kernallokationen erweisen.

Analog zu Tauschökonomien kann man auch Produktionsökonomien „vergrößern" und den Zusammenhang von Kern- und Konkurrenzallokationen für große Ökonomien untersuchen. Auch hier gilt, daß sich die Aussagen für Tauschökonomien in naheliegender Weise verallgemeinern lassen (vgl. HILDENBRAND, 1974), worauf hier jedoch nicht eingegangen wird.

Tauschökonomien sind Produktionsökonomien ohne praktische Relevanz. Wir haben sie hier relativ breit abgehandelt, da sie es erlauben, wesentliche konzeptionelle Aspekte der Marktwirtschaftstheorie in einfacher Form zu diskutieren. Insbesondere die Frage, wann mit Konkurrenzallokationen zu rechnen ist, erweist sich damit auch für Produktionsökonomien als weitgehend ungelöst. Im Vergleich zu Tauschökonomien können sich in Produktionsökonomien zusätzliche Hemmnisse für Konkurrenzallokationen ergeben. Ähnlich einem Haushalt, der als einziger über eine positive Erstausstattung von einem bestimmten Gut verfügt, kann es Unternehmen geben, die einziger Anbieter oder Nachfrager für bestimmte Güter sind und nur einen oder wenige Eigentümer aufweisen. Wenn derartige Monopolstellungen auch beim Übergang zu „großen Produktionsökonomien" mit vielen Haushalten und vielen Unternehmen erhalten bleiben, gibt es Haushalte, deren Einfluß auf das Allokationsergebnis nicht vernachlässigbar gering ist und deren strategisches Handeln Konkurrenzallokationen verhindern kann.

Kapitel 7

Abschließende Bemerkungen

In den vorangegangenen Kapiteln haben wir versucht, die wichtigsten Aussagen der Marktwirtschaftstheorie darzustellen und zu würdigen. Unseres Erachtens sollte die (mikro)ökonomische Ausbildung mit der Theorie der Marktwirtschaft beginnen, da hierdurch die Beschränkungen von ökonomischer Partialanalyse und Makroökonomie offenbar werden. Ferner ist zu erwarten, daß man zunächst und vor allem die Theorie der Marktwirtschaft kennenlernen möchte, wenn man sich für ökonomische Theorie interessiert.

Unbefriedigend an der Marktwirtschaftstheorie ist vor allem die fehlende strategische Erklärung des Konkurrenzverhaltens, die wir im Abschnitt 4.7 diskutiert haben. Letztlich müssen alle Tauschergebnisse auf individuelle Entscheidungen zurückgeführt werden. Dies gilt nicht nur für die Preise bzw. Austauschrelationen der verschiedenen Güter, sondern auch für die (Güter–)Allokation selbst. Im Sinne des methodologischen Individualismus erscheint die Marktwirtschaftstheorie trotz ihrer beeindruckenden Eleganz noch unausgereift. Wichtig wäre es auch, die Theorie der Marktwirtschaft durch die Einbeziehung von Ungewißheit und speziell privater Information, wie sie im Abschnitt 5.5 diskutiert wurde, zu verallgemeinern, damit sie realen Marktwirtschaften besser entspricht.

Trotz dieser offenen Probleme ist die Theorie der Marktwirtschaft ein relativ weit entwickeltes Teilgebiet der Mikroökonomie, das hier nur in seinen wesentlichen Aussagen dargestellt werden konnte. Dies zeigt sich vor allem in der breiten Verwendung der sogenannten **axiomatischen Methode**, gemäß der eine Ökonomie durch grundlegende Axiome für die individuellen Präferenzrelationen bzw. Technologiemengen charakterisiert wird. Damit verknüpft ist die mittlerweile sehr mathematisierte Darstellung der Marktwirtschaftstheorie, die sich bei der präzisen Formulierung ihrer Aussagen und ihren exakten Beweisen als überaus fruchtbar erwiesen hat. Wir haben hier versucht, die exakten Definitionen der modernen Marktwirtschaftstheorie einzuführen, um den Leser an die neuere Literatur heranzuführen, ohne jedoch besondere mathematische Vorkenntnisse voraussetzen zu müssen. Hinweise zum vertiefenden Studium insbesondere der mathematisch ausgerichteten Marktwirtschaftstheorie finden sich im Handbook of Mathematical Economics (ARROW und INTRILIGATOR [Hrsg.], 1984).

Die traditionelle Ergänzung zur Marktwirtschaftstheorie ist die Partialanalyse von Einzelmärkten für bestimmte Güter einer Produktklasse. Früher hat man dieses Gebiet als **Oligopoltheorie** oder allgemeiner als Markt- und Preistheorie (vgl. GÜTH 1994) bezeichnet. Heute firmiert es häufig als **Industrieökonomik**, die sich jedoch ursprünglich als empirische Mikroökonomik verstanden hat. Insbesondere die Anwendung moderner spieltheoretischer Methoden (vgl. GÜTH, 1992) hat zu einer enormen Belebung der Oligopoltheorie geführt (vgl. zum Beispiel TIROLE, 1988). Wegen der Beschränkung auf einen einzigen Markt ist es im Rahmen der Partialanalyse ungleich einfacher, institutionelle Aspekte wie private Information, sequentielle Entscheidungsabläufe, Marktbesonderheiten und dergleichen einzubeziehen, was zu einem großen Facettenreichtum an Marktmodellen geführt hat. Es bleibt zu hoffen, daß das so gewonnene Verständnis derartiger Marktinstitutionen sich letztlich auch für die Marktwirtschaftstheorie in dem Sinne als fruchtbar erweist, daß wir in nicht allzu ferner Zukunft auch institutionell reichhaltigere Modelle von Marktwirtschaften analysieren können.

Kapitel 8

Literaturverzeichnis

ARROW, K.J. und INTRILIGATOR, M.D. [Hrsg.] (1984): Handbook of Mathematical Economics. North Holland, Amsterdam – New York – Oxford.

BESTER, H. (1988): Bargaining, Search Costs and Equilibrium Price Distributions. Review of Economic Studies LV, 201–214.

BEWLEY, T.F. [Hrsg.] (1987): Advances in Economic Theory – Fifth World Congress. Cambridge University Press, Cambridge, Massachusetts.

BOLLE, F. und GÜTH, W. (1991): Competition Among Mutually Dependent Sellers. Erscheint in: Journal of Institutional and Theoretical Economics.

BRONSTEIN, I.N. und SEMENDJAJEW, K.A. (1983): Taschenbuch der Mathematik. Verlag Harri Deutsch, Thun und Frankfurt/Main.

BROUWER, L.E.J. (1910): Über eineindeutige, stetige Transformationen von Flächen in Sich. Mathematische Annalen 67, 176–180.

BURGER, E. (1966): Einführung in die Theorie der Spiele, 2. Auflage. Berlin.

COASE, R. (1960): The problem of social cost. Journal of Law and Economics 3, 1–44.

DEBREU, G. (1959): The Theory of Value. New York.

EDGEWORTH, F. (1881): Mathematical Psychics. Kegean, London.

FRERICHS, W. (1976): Elemente der mikroökonomischen Theorie. Neuwied.

FREY, B.S. (1990): Ökonomie ist Sozialwissenschaft. Vahlen.

FREY, B.S. (1996): On the Relationship between Intrinsic and Extrinsic Work Motivation. Erscheint in: Managerial Compensation, Strategy and Firm Performance, Special Issue of the International Journal of Industrial Organisation.

GÜTH, W. (1990): Incomplete Information about Reciprocal Incentives — An Evolutionary Approach to Explaining Cooperative Behavior. Arbeitspapier, Universität Frankfurt.

GÜTH, W. (1992): Spieltheorie und ökonomische (Bei)Spiele. Springer Verlag, Heidelberg – Berlin – New York.

GÜTH, W. (1994): Markt- und Preistheorie. Springer Verlag, Heidelberg – Berlin – New York.

GÜTH, W. (1996): Shrinking versus managerial incentives — A note on a possible misunderstanding of principal agent theory. Erscheint in: Journal of Institutional and Theoretical Economics.

GÜTH, W. und KLIEMT, H. (1994): Competition or co-operation — On the evolutionary economics of trust, exploitation and moral attitudes. Metroeconomica 45, 155–187.

GÜTH, W. und TIETZ, R. (1990): Ultimatum Bargaining Behavior: A survey and comparison of results. Journal of Economic Psychology, Vol. 11, No. 3, 417–449.

GÜTH, W. und YAARI, M. (1991): Explaining Reciprocal Behavior in Simple Strategic Games: An Evolutionary Approach, in: Explaining Process and Change: Approaches to Evolutionary Economics, Michigan University Press.

HANDBOOK of Economic Psychology (1988): van RAAIJ, W.F., van VELDHOVEN, G.M. und WÄRNERYD, K.E. [Hrsg.], Kluwer Academic Publishers.

HANDBOOK of Experimental Economics (1995): KAGEL, J.H. und ROTH, A.E. [Hrsg.], Princeton University Press.

HARSANYI, J.C. (1953): Cardinal Utility in Welfare Economics and in the Theory of Risk-taking. Journal of Political Economy 61, 434–435.

HARSANYI, J.C. (1955): Cardinal Welfare, Individualistic Ethics, and Interpersonal Comparisons of Utility. Journal of Political Economy 63, 309–321.

HART, O. und HOLMSTRÖM, B. (1987): The theory of contracts. In: Advances in Economic Theory — Fifth World Congress. Cambridge University Press, Cambridge, Massachusetts.

HENDERSON, J.M. und QUANDT, R.E. (1983): Mikroökonomische Theorie, 5. Auflage. Vahlen.

HILDENBRAND, W.(1974): Core and Equilibria of a Large Economy. Princeton University Press, Princeton, New Jersey.

HILDENBRAND, W. und KIRMAN, P. (1988): Equilibrium Analysis. Amsterdam.

KAKUTANI, S. (1941): A generalization of Brouwer's fixed point theorem. Duke Math. Journal 8, 457–459.

LIU, T.C. and HILDENBRAND, G.H. (1965): Manufacturing Production Functions in the United States, 1957. Cornell University School of Industrial Relations, Ithaca.

MAYNARD SMITH, J. und PRICE, G.R. (1973): The Logic of Animal Conflict. Nature 246, 15.

MINKOWSKI, H. (1911): Theorie der Konvexen Körper, Insbesondere Begründung ihres Oberflächenbegriffs, Gesammelte Abhandlungen II, Leipzig.

NADIRI, M.I. (1982): Producers Theory. In: Handbook of Mathematical Economics, Vol. II. Elsevier Science Publishers, Amsterdam, The Netherlands.

OSBORNE, M.J. and RUBINSTEIN, A. (1990): Bargaining and Markets. Academic Press, San Diego, California.

RAWLS, J. (1971): A Theory of Justice. Harvard University Press, Cambridge, Massachusetts.

SCARF, H. (1973): The computation of economic equilibria (with the collaboration of Teye Hansen). Yale University Press, New Haven.

SCHNEEWEISS, H. (1967): Entscheidungskriterien bei Risiko. Berlin.

SCHWALBACH, J. und GRASSHOFF, U. (1995): Managervergütung und Unternehmenserfolg, Working Paper, Humboldt Universität zu Berlin.

SMALE, S. (1976a): A convergent process of price adjustment and Global Newton methods, Journal of Mathematical Economics 3, 1–14.

SMALE, S. (1976b): Dynamics in general equilibrium theory, American Economic Review 66, 288–294.

SPREEMANN, K. (1987): Agent and Principal, in: Agency Theory, Information, and Incentives. Springer Verlag, Berlin – Heidelberg – New York, 3–37.

TIROLE, J. (1988): The Theory of Industrial Organization. M.I.T. Press, Cambridge, Massachusetts (UK).

VARIAN, H. (1985): Mikroökonomie, 2. Auflage. Oldenbourg Verlag, München.

VARIAN, H. (1991): Grundzüge der Mikroökonomik, 2. Auflage. Oldenbourg Verlag, München.

YI, G. (1991): Manipulation via Withholding: A Generalization. Review of Economic Studies 58, 817–820.

Kapitel 9

Index

abgeschlossene Menge 11

abnehmende Skalenerträge 54, 174

Agent, repräsentativer 211

Allokation 61

Allokation, effiziente 79, 205, 215

Allokation einer Produktionsökonomie 205

Allokationsbereich 62

Angebotskurve der Unternehmung 158, 161

Angebotskurve, kurzfristige 163

Angebotskurve, langfristige 165

Anlageprofil des Haushalts 204

Ausmaß der Risikoaversion 196

Auktionatormodell 94

axiomatische Methode 224

Basisökonomie 110

behavioristisch 4

beste Antwort auf eine Population 33

betriebliches Organisationsproblem 185

bilaterale Verhandlungen 102

Bimatrix 30

break–even–point 167

Budgetgerade 37

Budgetmenge 37, 206

CES–Produktionsfunktionen 176

Charakteristik eines Haushalts 35, 204

Cobb–Douglas–Produktionsfunktion 54, 174

constant elasticity of substitution 176

contracts, theory of 194

effektive Inputvektoren 127

effektive Isoquante 127

effektive Outputvektoren 130

effiziente Allokation 79, 205, 215

Eigenkapitalanteil des Haushalts 204

Einkommenseffekt 50

Einkommenserhöhung 50

Entlohnungssysteme, lineare 195

Erfolg, reproduktiver 25

Erlöskurve 160

Erstausstattungsvektor 35

ertragsgesetzlicher Produktionszusammenhang 170

erwarteter Gewinn... 181

erwartete Wertgrenzproduktivität..................................... 181

Erwartungsnutzen 22

evolutionär stabile Strategie... 32

externe (Konsum–)Effekte 85

Faktorpreisvektor 143

Fixkosten 162

Fixpunkt einer Abbildung 75

Fixpunktsätze 76

Geldschleier... 208

Gewinn.. 124

Gewinn, erwarteter 181

Gewinnkurve.. 160

gewinnmaximaler Produktionsplan.................................... 132

Gewinnschwelle... 167

Giffen–Güter 50

Gleichbehandlungseigenschaft... 111

Gleichgewicht 193

Gleichgewicht, (typen–)offenbarendes, –signalisierendes............. 191, 192

Gleichgewicht, (typen–)verheimlichendes 194

Gleichgewichtspunkt... 97

Gleichgewichtspunkt, teilspielperfekter 95

Grenzkostenkurve 158

Grenznutzen des Geldes...39

Grenznutzen eines Gutes 39

Grenzproduktivität eines Gutes 134, 172

Grenzrate der Substitution 15, 41, 133

Grundtheorem der Wohlfahrtsökonomik 83, 215

Gut, inferiores 50

Haushalt, Anlageprofil des 204

Haushalt, Charakteristik des 35, 204

Haushalt, (Eigen-)Kapitalanteil des 204

Haushalt, repräsentativer 211

Haushaltssektor 205

Hesse–Matrix 38

homogene Funktion 54

homothetische Funktion 175

Indifferenzkurve 12

individuelle Tauschpreisfestlegung 96

Industrieökonomik 224

inferiores Gut 50

Information, private 193

Informationsbezirk 28

Inputerfordernismenge 126

Inputgut 124

Inputgut, repräsentatives 212

Inputvektor 125, 143

Inputvektor, kostenminimaler 152

Irreversibilität der Technologiemenge 128

isoelastisch 47
Isoerlösgerade 134
Isokostengerade............ 135
Isoquante............ 143
Isoquante, effektive 127

Kapitalanteil des Haushalts............ 204
Kern einer Tauschökonomie............ 108
Kernallokation 107, 219, 221
Konkurrenzallokation 65, 206
Konkurrenzpreisvektor............ 65, 206
konstante Skalenerträge............ 54, 174
Konsumeffekte, externe............ 85
Konsumgüter, Privateigentum an 218
Konsumnachfragefunktion 46
Konsumnachfragekurve 71
Konsum(mengen)vektor............ 11, 58
Kontraktkurve............ 83
konvex, (streng)............ 14, 131
Konvexität der Inputerfordernismenge 127
Konvexität der Outputbereiche 130
Konvexität von Mengen............ 14
Kosten, Fix-............ 162
Kosten, variable 162
Kostenfunktion 152
Kostenkurve............ 157
kostenminimaler Inputvektor............ 152
Kreuzpreiselastizität der Nachfrage............ 47
kurzfristige Angebotskurve............ 163

Lagrange–Funktion 38
Lagrange–Multiplikator 38
langfristige Angebotskurve 165
LEN–Modell 195
Leontief–Produktionsfunktion 178
Lexikographische Relation 12
limitationale Produktionsfunktion 178
lineare Entlohnungssysteme 195

Makroökonomik 2, 211
Marktabgrenzungsproblematik 122
Markträumungsbedingung 61, 205
Mechanism Design 194
Methode, axiomatische 224
Mikroökonomik 2
Minimalkostenkombination 152
Modell der Neuverhandlungen 104
Modell des Preisführers 99
Modell individueller Tauschpreisfestlegung 96
monotone Technologie 126, 129
Monotonie der Inputerfordernismenge 126
Monotonie der Outputbereiche 126
Monotonie von Präferenzrelationen 13

Nettoangebot des Unternehmenssektors 206
Nettonachfrage des Haushaltssektors 205
Nettotauschvektor eines Haushalts 59

Neuverhandlungen, Modell der 104

Nutzenfunktion 16, 60

Nutzenkonzept, ordinales 20

ökonomische Theorie der Verträge 194

Oligopoltheorie 224

Opportunitätskosten 196

ordinales Nutzenkonzept 20

Organisationsproblem, betriebliches 185

Outputbereich eines Inputvektors 129

Outputgut 124

Outputmenge 143

Output(mengen)vektor 125

Pareto–Optimalität 79

Partialanalyse 120

Partie 186

pooling equilibrium 194

Population 33

positiv monotone Transformation 20

Potenzmenge 78

Präferenzrelation 13, 60

Preisabsatzfunktion 158

Preisanpassungshypothese 105

Preiselastizität der Nachfrage 47

Preisführer, Modell des 99

Preisvektor 36

Prinzipal–Agenten–Problem 185
private Information 193
Privateigentum an Konsumgütern und Produktionsmitteln 218
Produkt, repräsentatives 212
Produktionsfaktor 124
Produktionsfunktion 140
Produktionsfunktion, CES– 176
Produktionsfunktion, Cobb–Douglas– 54, 174
Produktionsfunktion, Leontief– 178
Produktionsfunktion, limitationale 178
Produktionsfunktion, VES– 177
Produktionsfunktion, stochastische 179
Produktionsgut 124
Produktionskorrespondenz 140
Produktionsmenge 143
Produktionsmittel, Privateigentum an 218
Produktionsökonomie 203
Produktionsplan 124
Produktionsplan, gewinnmaximaler 132
Produktionszusammenhang, ertragsgesetzlicher 170
Prohibitivpreis 48

recontracting 104
Regularität der Inputerfordernismengen 126
Regularität der Outputbereiche 129
Relation 9
Relation, lexikographische 12

Replika–Tauschökonomie 110
Replikation 111
replizieren 110
Repräsentation einer Präferenzrelation 16
repräsentativer Agent 211
repräsentativer Haushalt 211
repräsentatives Inputgut 212
repräsentatives Produkt 212
repräsentatives Unternehmen 211
reproduktiver Erfolg 25
Reservationsnutzen 196
Risikoaversion 22, 196
Risikofreudigkeit 22
Risikoneutralität 23, 196

Sättigungsmenge 48
shirking 190, 194
Sicherheitsäquivalent 197
signaling equilibrium 192
Skalenerträge (zunehmende, konstante, abnehmende) 54, 174
Spielbaumdarstellung 28
stabile Lösungen von Preisanpassungsprozessen 105
Stetigkeit von Relationen 11
stochastische Produktionsfunktion 179
Strategie, evolutionär stabile 32
Strategienvektor 30, 192
Substitution, Grenzrate der 15, 41, 133

Substitutionseffekt 51
Substitutionselastizität 176

Tauschfunktion der Unternehmung 138
Tauschkurve des Haushalts 71
Tauschlinse 83
Tauschökonomie 60
Tauschpreisfestlegung, Modell individueller 96
Technologiemenge 125
technologisch möglicher Outputvektor 126
teilspielperfekter Gleichgewichtspunkt 95
theory of contracts (Theorie der Verträge) 194
Transformation, positiv monotone 20
Transformationskurve 130
Transitivität von Relationen 10
typenoffenbarendes (-signalisierendes) Gleichgewicht 191, 192
typenverheimlichendes Gleichgewicht 194

Unternehmenssektor 204, 206
Unternehmung, repräsentative 211
utilitaristische Wohlfahrt 80

variable elasticity of substitution 177
variable Kosten 162
Verbessern einer Allokation 106
verhaltenstheoretisch 4
Verhandlungen, bilaterale 102
Verkaufspreis 143
Verträge, ökonomische Theorie der 194

VES–Produktionsfunktion 177
Vollständigkeit von Relationen 10

Walras–Gesetz 67
Wertgrenzproduktivität 181
Wertgrenzproduktivität, erwartete 145
Wohlfahrt, utilitaristische 80
Wohlfahrtsfunktion 80
Wohlfahrtsökonomik 78, 80, 215
Wohlfahrtsökonomik, Grundtheorem der 83, 215

Zufallsvariable in Produktionsfunktionen 180
zunehmende Skalenerträge 54, 174

H. Wagner

Europäische Wirtschaftspolitik

Perspektiven einer Europäischen Wirtschafts- und Währungsunion (EWWU)

1995. XI, 278 S. 12 Abb., 6 Tab. Brosch. DM/sFr **39,80**; öS 290,60. ISBN 3-540-60238-0

Dieses Lehrhandbuch behandelt die makroökonomischen Auswirkungen und die wirtschaftspolitisch-institutionellen Vorkehrungen einer Europäischen Wirtschafts- und Währungsunion und zeigt ihre Chancen und Risiken auf.

P.J.J. Welfens

Grundlagen der Wirtschaftspolitik

1995. XVIII, 529 S. 57 Abb. Brosch. DM **55,-**; öS 429,-; sFr 53,- ISBN 3-540-59289-X

Wirtschaftspolitik als Gestaltung der nationalen bzw. internationalen Wirtschaftsordnung und als Auseinandersetzung mit den Problemen offener Volkswirtschaften steht im Mittelpunkt dieses Buches. Internationale Organisationen, neuere theoretische Ansätze, wirtschaftspolitische Entscheidungsprozesse und Aspekte der neuen politischen Ökonomie werden behandelt.

A. Heertje, H.-D. Wenzel

Grundlagen der Volkswirtschaftslehre

4., durchges. u. aktualisierte Aufl. 1993. XVI, 423 S. 119 Abb., 34 Tab. Brosch. DM/sFr **39,80**; öS 310,50. ISBN 3-540-57147-7

Dieses einführende Lehrbuch bietet eine systematische Darstellung aller relevanten Gebiete der Volkswirtschaftslehre.

G. Tichy

Konjunkturpolitik

Quantitative Stabilisierungspolitik bei Unsicherheit

3., neubearb. Aufl. 1995. XIII, 361 S. 50 Abb., 23 Tab. Brosch. DM/sFr **45,-**; öS 351,-. ISBN 3-540-59234-2

Dieses Lehrbuch gibt einen Überblick über die moderne Konjunkturpolitik. Es stellt die traditionellen Konzepte dar und liefert eine Diskussion ihrer Wirksamkeit im Lichte der neuesten Konjunkturtheorie. Aktueller Diskussionsstand und die Quantifizierung der Aussagen in Verbindung mit Praxisnähe zeichnen dieses Lehrbuch aus.

G. Dieckheuer

Makroökonomik

Theorie und Politik

2., verb. Aufl. 1995. XVI, 454 S. 123 Abb., 24 Tab. Brosch. DM/sFr **45,-**; öS 351,-. ISBN 3-540-58385-8

G. Dieckheuer

Übungen und Problemlösungen zur Makroökonomik

1994. IX, 244 S. 33 Abb., 43 Tab. Brosch. DM/sFr **25,-**; öS 195,-. ISBN 3-540-58195-2

Preisänderungen vorbehalten.

B. Felderer, S. Homburg
Makroökonomik und neue Makroökonomik
6., verb. Aufl. 1994. XV, 455 S. 97 Abb. Brosch.
DM/sFr **39,80**; öS 310,50. ISBN 3-540-57553-7

B. Felderer, S. Homburg
Übungsbuch Makroökonomik
3., verb. Aufl. 1993. VIII, 145 S. 38 Abb. Brosch.
DM/sFr **19,80**; öS 154,50. ISBN 3-540-56701-1

H. Hanusch, T. Kuhn
Einführung in die Volkswirtschaftslehre
Unter Mitarbeit von A. Greiner, F. Kugler

3., überarb. Aufl. 1994. XVI, 468 S. 167 Abb. Brosch.
DM/sFr **45,-**; öS 351,-. ISBN 3-540-58568-0

Das vorliegende Lehrbuch präsentiert eine leicht verständliche und moderne Einführung in die Volkswirtschaftslehre, die den Zugang zu anschließenden Spezialvorlesungen erleichtern soll.

H. Hanusch, T. Kuhn, A. Greiner
Arbeitsbuch zur Einführung in die Volkswirtschaftslehre
1995. VII, 181 S. 18 Abb. Brosch. DM/sFr **25,-**; öS 195,-. ISBN 3-540-59249-0

Dieses Übungsbuch ist als Ergänzung zu dem Lehrbuch „Einführung in die Volkswirtschaftslehre" konzipiert und soll dem Studenten die Möglichkeit geben, den dort behandelten Lehrstoff zu vertiefen und anzuwenden.

A. Stobbe
Volkswirtschaftliches Rechnungswesen
8., neu bearb. u. erw. Aufl. 1994. XV, 468 S. Brosch.
DM/sFr **39,80**; öS 310,50. ISBN 3-540-57851-X

Dieses Lehrbuch für Studienanfänger der Wirtschafts- und Sozialwissenschaften führt in Fachsprache und Methoden ein, mit denen die heutige Wirtschaftswissenschaft Zustand und Ablauf des Wirtschaftsprozesses beschreibt. Als Ergebnis werden unter anderem wichtige Konzepte wie Inlands- und Sozialprodukt, Geldmenge, Einkommens- und Vermögensverteilung, Preisniveau und Produktivität erarbeitet.

J. Weimann
Umweltökonomik
Eine theorieorientierte Einführung
3., überarb. u. erw. Aufl. 1995. XIV, 325 S. 22 Abb., 5 Tab. Brosch. DM/sFr **45,-**; öS 351,-.
ISBN 3-540-58764-0

Aus den Besprechungen der Vorauflagen: „Ein frisches und klares Buch, das ökonomisch kompetent analysiert und sein ökologisches Engagement nicht verhehlt."
(Holger Bonus) *Frankfurter Allgemeine Zeitung*

Preisänderungen vorbehalten.

Springer-Verlag und Umwelt

Als internationaler wissenschaftlicher Verlag sind wir uns unserer besonderen Verpflichtung der Umwelt gegenüber bewußt und beziehen umweltorientierte Grundsätze in Unternehmensentscheidungen mit ein.

Von unseren Geschäftspartnern (Druckereien, Papierfabriken, Verpackungsherstellern usw.) verlangen wir, daß sie sowohl beim Herstellungsprozeß selbst als auch beim Einsatz der zur Verwendung kommenden Materialien ökologische Gesichtspunkte berücksichtigen.

Das für dieses Buch verwendete Papier ist aus chlorfrei bzw. chlorarm hergestelltem Zellstoff gefertigt und im pH-Wert neutral.

MIX
Papier aus verantwortungsvollen Quellen
Paper from responsible sources
FSC® C105338

If you have any concerns about our products,
you can contact us on
ProductSafety@springernature.com

In case Publisher is established outside the EU,
the EU authorized representative is:
Springer Nature Customer Service Center GmbH
Europaplatz 3, 69115 Heidelberg, Germany

Printed by Libri Plureos GmbH
in Hamburg, Germany